租 税 理 論 研 究 叢 書 ························30

租税上の 先端課題への挑戦

日本租税理論学会 [編]

財経詳報社

租税理論研究叢書 30「租税上の先端課題への挑戦」によせて

　2019 年度研究大会および会員総会が，2019 年 12 月 7 日（土）～ 8 日（日）の両日，愛知大学名古屋キャンパス（大会幹事：鎌倉友一理事）において開催された。租税理論研究叢書 30 は，この 2019 年度（第 31 回）研究大会での記念講演，一般報告，シンポジウムの報告と質疑応答「討論」を収録したものである。

　はじめに，伊藤恭彦名古屋市立大学副学長による記念講演「タックス・ジャスティス――租税の規範学――」が行われた。一般報告（自由論題）では，①「韓国における納税者権利保護の動向」（阿部徳幸理事）および②「東アジアの儒教的経営と不正会計」（髙沢修一理事）について，それぞれ報告が行われた。

　伊藤講演では，政治哲学（theories of justice）の観点からタックス・ジャスティス，とりわけ市場主義の考え方をベースに税について規範的な分析が展開された。従来のマルクス主義的な政治哲学とは距離をおいたアプローチである。また，グローバル・タックスの課題にもふれられた。コロナ禍のなか，社会活動家のナオミ・クライン（Naomi Klein）が，「惨事便乗資本主義（disaster capitalism）」，「ショック・ドクトリン（shock doctrine）」として批判したメルトン・フリードマン（Milton Freedman/1912 年 – 2006 年）らが唱える「新自由主義で傷ついた人たちはベーシックインカムでカバーすればよい。」とするドミノ倒しの論理を正論化してよいのかどうかについては意見の分かれるところである。

　2019 年度の研究大会では，シンポジウムのテーマを「租税上の先端課題への挑戦」とした。①「巨大プラットフォーマーの出現とデジタル課税」（鶴田廣巳理事），②「クラウドファンディング（Crowdfunding, CF）に対する課税――資金調達者に贈与税を課すべきか，所得税を課すべきか――」（藤間大順会員），③「暗号資産（仮想通貨）取引と課税――私法上の性質論等の議論から得られる示唆――」（泉絢也会員），④「シェアリングエコノミーと課税――ギグワーカーの雇用実態を踏まえて――」（本村大輔会員），⑤「デジタル化・グローバル化と納税者権利保護――税務行政のデジタル化の進展とその影響を中心に――」（望月爾理事）について，それぞれ報告が行われた。

　鶴田報告では，国境のないネット空間でビジネスを展開する巨大デジタルプ

ラットフォーマーによる国際租税回避対策や税源配分問題について，理論や国際機関での検討状況を含めて，丹念に分析されている。国際協調に欠くトランプ政権のもと，国際的な合意は遅々として得られていない。今後の動向を占ううえでも貴重な分析である。藤間報告では，寄附型クラウドファンディング/プラットフォームに対する課税問題について点検している。泉報告では，暗号資産（仮想通貨）取引にかかる税制，課税取扱いのあり方について論じている。さらに，本村報告では，新たなシェアリングエコノミー（共有型経済）に関する課税問題について，ギグワーカーの雇用実態を踏まえて論じている。これらの報告は，鶴田報告を含め，ネット空間に構築されたデジタルプラットフォーム・ビジネスモデルとも深く関連し，まさに租税上の先端課題に果敢に挑戦した成果である。

　望月報告は，阿部報告とともに，納税者の手続上の権利と深く関連する分析である。とりわけ，取引のデジタル化/グローバル化の著しい今日，納税者の租税手続上の権利のあり方についての知見を深めるにも有益な示唆に富んだ分析である。

　これら一連の成果をさらに精査するうえで，各報告者の基礎的な研究「報告」に基づいて，研究者と実務家が一体となって多角的に議論が展開され，本叢書に収録された「討論」は貴重である。有益な質問をされた会員およびその質問に真摯に答えていただいた報告者の皆さまには，心からお礼申し上げる。シンポジウムが非常に充実したものになったのは，討論の司会を務めていただいた中村芳昭理事および長島弘理事のお力によるところが多い。両理事には，改めてお礼申し上げる。

　末尾ながら，2019年度研究大会・会員総会，役員（理事）会，懇親会の開催・運営にご尽力をいただいた本学会理事の愛知大学経営学部鎌倉友一教授と本学会監事の同大学経営学部木村幹雄准教授をはじめとして同大の関係者の皆さまには心から感謝申し上げる。

　また，本学会の租税理論研究叢書の発行にご尽力いただいている財経詳報社，同社の宮本弘明社長に心からお礼申し上げる。

石村耕治（日本租税理論学会理事長）

目　次

「租税上の先端課題への挑戦」によせて ………………… 石村　耕治　i

I　シンポジウム　租税上の先端課題への挑戦

講演
タックス・ジャスティス ………………………… 伊藤　恭彦　3
──租税の規範学

1 巨大プラットフォーマーの出現とデジタル課税
　………………………………………… 鶴田　廣巳　18

2 クラウドファンディング（Crowdfunding, CF）に
対する課税 ………………………………… 藤間　大順　77
──資金調達者に贈与税を課すべきか，所得税を課すべきか──

3 暗号資産（仮想通貨）取引と課税 ………… 泉　　絢也　95
──私法上の性質論等の議論から得られる示唆──

4 シェアリングエコノミーと課税 ………… 本村　大輔　112
──ギグワーカーの雇用実態を踏まえて──

5 デジタル化・グローバル化と納税者権利保護
　……………………………………………… 望月　爾　129
──税務行政のデジタル化の進展とその影響を中心に──

6 討 論 租税上の先端課題への挑戦 ……………………… 151

〔司会〕

　　長島　弘／中村芳昭

〔討論参加者〕

　　石村耕司／泉　絢也／黒川　功／鶴田廣巳／藤間大順／松井吉三／望月　爾

Ⅱ　一般報告

1 韓国における納税者権利保護の動向 ……… 阿部　徳幸　183

2 東アジアの儒教的経営と不正会計 ……… 高沢　修一　201

日本租税理論学会規約
日本租税理論学会理事名簿

■執筆者紹介〔執筆順〕

鶴田　廣巳 （つるたひろみ）　　関西大学名誉教授

藤間　大順 （ふじまひろのぶ）　神奈川大学法学部助教

泉　　絢也 （いずみじゅんや）　千葉商科大学商経学部准教授

本村　大輔 （もとむらだいすけ）　日本大学通信教育部非常勤講師

望月　　爾 （もちづきちか）　　立命館大学法学部教授

阿部　徳幸 （あべのりゆき）　　日本大学教授・税理士

髙沢　修一 （たかさわしゅういち）　大東文化大学経営学部

Ⅰ　シンポジウム

租税上の先端課題への挑戦

2019 年 12 月 7・8 日　第 31 回大会（於　愛知大学）

講演
タックス・ジャスティス
——租税の規範学——

伊 藤 恭 彦
（名古屋市立大学副学長）

I　はじめに

　現代政府はその政策活動を遂行する上で多額の資金を必要とする。市場社会を統治する現代政府はその資金を市場（民間）から調達する。これが租税である。民間から調達するので租税に対しては「誰からどのような基準で調達するのか」という論点がたえず提起される。この論点に応えるのが租税原則であり，「公平性，明確性，便宜性，最少徴税費用」というアダム・スミスの4原則が有名である（スミス 1978）。この中で正義に最も深く関連するのが「公平性」であるが，周知のように課税の公平性については「垂直的公平」と「水平的公平」という基準として定式化されている。この二つの公平基準は「等しきものは等しく，等しからざるものは等しからざるように」という正義の概念を忠実に反映したものである。その意味で「垂直的公平」と「水平的公平」はタックス・ジャスティスそのものともいえる重要な規範だが，租税体系全体の規範的評価や課税の公正基準のためには，より実質的な（したがって論争的な）規範が必要である。というのは，多様性と差異に満ちあふれた人間や個々の経済行為を「これとこれは等しい」「これとこれとは異なる」と判断するためには，具体的な内容を伴った規範が必要だからである。

　本報告は政治哲学の観点から具体的な内容を伴った規範としてのタックス・ジャスティスについて検討するものである。最初に市場社会における税を規範的に把握する視点を提示する。次のそれを踏まえて租税を規範的に評価する基準であるタックス・ジャスティスの規範内容を試論的に検討したい。現代の市

場社会は国境を越えて拡大しているが，そうした事態に対応する国境を越える
税制について最後に検討したい。

II　市場社会における租税

　現代の租税制度は市場社会という特殊な社会を前提にしている。そのため租
税を規範的に評価する基準を定式化するためには，前提となる市場社会の規範
的な把握が必要となる。市場社会の規範的な把握は多様だが，ここでは現代政
治哲学において有力視されている相対立する二つの市場社会把握を紹介し，そ
れぞれがどのような租税観とタックス・ジャスティスを導くのか検討したい。

　第一の市場社会観は「ロック＝ノジック的市場観（リバタリアニズムの市場
観）」と呼べるものである。人間の身体の労働と手の働きはその人に固有のも
のであるという観点から「自然が供給し，自然が残しておいたものから彼が取
りだすものは何であれ，彼はそれに自分の労働を混合し，それに彼自身のもの
である何ものかを加えたのであって，そのことにより，それを彼自身の所有物
とする」（ロック 2010：326）という所有論を基礎に市場社会を描こうとする。
この社会では各人は孤立的に自然に働きかけ，自らに必要な財を獲得し，獲得
した財に対しては絶対的な所有権を主張することになる。この所有権は政府の
存在以前の絶対的な権利である。

　自らの労働の成果に絶対的な所有権を主張する社会において租税は，各人の
正当な所有物を政府が何らかの目的を理由にして収奪する制度と捉えられる。
もちろん，ジョン・ロックの租税理解がそうであるように，各人の利益となる
政府サービスの対価として支払う租税は収奪ではなく，ある種の等価交換とし
て理解される（租税根拠論における利益説）。しかし，租税が支払った人の利益
にならない形で支出されるならば，それは国家による収奪，あるいは他者のた
めの強制労働と見なされることになる（Nozick 1974：169）。租税を国家による
収奪だとの理解や租税を財源とした所得再分配政策を他者のための強制労働だ
との理解に立つ人はあまり多くないだろう。しかし，租税を国民の財産権への
侵害であるとの理解は，租税論において通説的立場であるといえる。租税が財
産権への侵害であるがゆえに，厳格に法律に従って課せられなければならない

という租税法律主義が導かれる。

　第二の市場社会観は「スミス＝ロールズ的市場観（リベラルの市場観）」と呼べるものである。これが描く市場社会では各人の労働は分業の一コマとして成立しており，その分業は協業へと編成されている。つまり個別労働が社会的労働に編成されているのである。社会的労働によってスミスのいう「共同の資材」が生産される（スミス 1978：30）。この社会においても新たな価値の源泉は労働に求められるが，労働と所有の関係は「ロック＝ノジック的市場観」とは異なる。各人の労働の成果は他者の労働の成果と渾然一体となっており，誰かがある生産物に対して最初から絶対的な所有権を主張できるわけではない。そこで社会的労働によって生産された「共同の資材」を分割する基準が必要になる。ジョン・ロールズはこの基準を分配的正義の原理と呼んでいる（Rawls 1999：4）。

　この市場社会観では各人の所有は絶対的なものではなく，分配的正義という規範によって確定すると捉えられる。この理解はディヴィッド・ヒュームの「所有は約束事（convention）に基づく」という所有論と親和的だといえる。さらにこの市場社会観では政府の役割も「ロック＝ノジック的市場観」とは異なってくる。「スミス＝ロールズ的市場観」においては，政府は最初から「共同の資材」形成に関与し重要な役割を演じている。政府の関与の方法や度合いは時代や地域によって異なるが，政府は編成された社会的労働によっては生産されない財やサービスを提供している。国防，警察，外交が代表例だが，これに教育，社会福祉，公共事業などを加えることもできるだろう。

　したがって「スミス＝ロールズ的市場観」では租税の理解も「ロック＝ノジック的市場観」とは異なるものになる[1]。租税は個人や民間が生産した財を政府が何らかの理由で奪うものではない。租税は「共同の資材」形成に関与した政府が，その費用を事後的に回収する仕組みなのである。リーアム・マーフィーとトマス・ネーゲルはこのような租税理解から「課税前所得に所有権はない」（Murphy and Nagel 2002）と主張している。

　納税者の日常的な租税観は，おそらくは「ロック＝ノジック的市場観」に基づく租税観に近いだろう。租税は自分の正当な稼ぎから政府が何らかの理由を

つけて金を徴収するものだと考える人は多い。租税を政府による収奪とまでは
いわないにしても，課税前所得に正当な所有権があるというのが常識である。
これに対して「スミス＝ロールズ的市場観」に立つ租税論，とりわけマーフィ
ーとネーゲルの主張は納税者の日常的な感覚とはかけ離れているように思える。
しかし，現代の高度に発達した市場社会と，そこでの政府の役割を踏まえれば，
どちらの市場観と租税観が現実を正しく反映した規範になっているかは一目瞭
然だろう。

　さらに「スミス＝ロールズ的市場観」に立つ租税論には別のメリットがある。
それは公正な課税という問題を客観的な規範論から理解することを可能にする
点である。租税は「共同の資材」生産のために行う政府活動の費用の事後徴収
であった。この観点から租税を考えることは「共同の資材」生産において政府
に何をさせるのかを考えることに直結する。もちろん「ロック＝ノジック的市
場観」に基づく租税論においても正当な政府活動とは何かという問いは成り立
つが，その正当性はあくまでも，自分の所有（あるいは狭義の自己利益）との関
係でしか問題にならず，政府活動全般の客観的な正当性は射程に入ってこない。
これに対して「スミス＝ロールズ的市場観」に立つと，「共同の資材」生産のた
めに政府に何をさせるのが正当なのかが問えるし，さらに政府活動における租
税の役割を明確にすることも可能になる。政府は「共同の資材」生産に関与す
ることで市場活動を大きく変えることができる。それは二重の活動を通してで
ある。一つは政府の財政支出による。財政支出によって特定の経済活動を支援
したり，市場による財の分配結果を調整したりすることができる。もう一つは
政府活動にかかった費用回収，すなわち課税によってである。費用回収は市場
社会で活動するアクターから一律平等に徴収する必要はない。目的意識的な課
税によって市場活動そのものの運行や市場活動の結果を変化させることができ
るのである。

　従来，課税の規範的な問題は「垂直的公平」と「水平的公平」という規範に
基づく課税の公正さの問題として理解されてきた。課税の公正は重要な論点だ
が，タックス・ジャスティスは課税の公正だけを射程にした規範ではない。そ
れは課税とそれを財源にする政府活動が市場社会に与える変化の正しさを問題

にする規範なのである（伊藤 2017）。それではどのような変化が正しい（正義に
かなっている）といえるのだろうか。その回答はタックス・ジャスティスの背
後にある社会正義の構想に依存する。社会正義の構想は，理想的社会像によっ
てその内容が決まる。その意味でタックス・ジャスティスは価値中立的な規範
ではなく，理想的社会像と社会正義に関わる「神々の闘争」領域の中にある。

　税率が高く社会サービスが充実した国（例えば北欧諸国）と，税率が低くその
分可処分所得が多くなるが，社会サービスは充実しておらず，自助が奨励され
る国（例えばアメリカ合衆国）のどちらが正しいのかを科学的に決めることはで
きない。両者の正しさは各人が理想とする社会像に依存するだろう。こうした
議論は時としてイデオロギー論争で非科学的だと退けられる傾向があるが，タ
ックス・ジャスティスをめぐる議論は，各人が主張する公正な課税論の背後に
控える社会観や人間観を明らかにし，そのメリットとデメリットを冷静に比較
する議論に途を拓くものである。逆にいうと，ある租税を公正であると主張す
る背景には，必ずある種の正義感や公正観のみならず何らかの理想的社会像が
控えている。タックス・ジャスティスに関する研究課題の一つは，特定の租税
構想の背後にある正義感・公正観，社会像を明らかにする点にある。

　この点を試みに「包括的所得概念」を定式化し所得に対する累進課税制を提
案したヘンリー・サイモンズの租税論で確認してみたい（Simons 1938）。サイ
モンズの思考過程は「包括的所得概念」を理論的に定め，それに従って累進課
税を考案したという順番ではない。サイモンズは課税による個人への影響は避
けがたいが，どのような影響が望ましいかは科学的判断にもとづくものではな
く，倫理的な判断だと考える。サイモンズ自身の倫理的判断の背後には，彼に
とっての理想的社会像である「自由な社会」と社会進歩の擁護がある。そして
「自由な社会」の自発的な交換プロセスを維持するためには，平等主義的な手
法が必要だという（Simons 1948：6）。人々の間に力の不平等がある状態では
「自由な社会」は破壊されるので，力を拡散しなくてはならない。他方で現実
のアメリカ社会の不平等は「邪悪で醜い」と評価し，その是正が求められると
主張している。「邪悪で醜い」不平等を是正するための手段が所得に対する累
進課税制なのである。そして累進課税制を効果的に正しく制度化するためには，

各人の所得を正確に把握する必要があり，そのために考案されたのが「包括的所得概念」なのである。サイモンズの科学的な所得概念と著名な累進課税制擁護論も，背後には彼の正義感に根ざした理想的社会像があったのである。

Ⅲ　市場社会における人間の尊厳損傷と租税

　さて公正な租税は各人がいだく理想的社会像や正義感・公正観に依存しているとの以上の議論に対しては，次のような反論が提起されるだろう。すなわち，このような議論を進めても各人の価値観に応じて多様な租税論が登場するだけで，何らの生産的な議論にならない。「神々の闘争」を引き起こすだけで，現実の租税問題の解決や租税政策に対して何らの貢献も期待できないと。現代政治哲学でいう「理想理論」の一部として理想的な税制を提起することには意義があるが，ここでは上記の反論の意義を認め，税の規範的考察について別の途をとりたいと思う。[2]

　理想的な正しい社会像は確かに論争的である。しかし，不正な社会，もう少し限定して市場社会において避けるべき悪や不正に関しては，異なる理想をいだく人々の間でも同意できるものがある。以下では市場社会において避けるべき悪・不正を同定し，それとの関連で租税の役割を検討してみたい。

　スミスが明らかにしたように，市場は各人の利己的な活動を結びつけ，その意図せざる結果として（「神の見えざる手」の働きで）公益（経済的繁栄，富裕など）を市場社会にもたらす。他方で市場は全員が善意の行為者であっても，必ず公共悪（負の外部性，市場の失敗）をもたらす。市場社会で現れる公共悪は多数あるが，その中でも優先的に回避すべき悪は人間（人格）の直接的損傷であろう。

　先に見たように市場社会では個別労働は社会的労働に編成されている。これは個々の者が生産した財やサービスを別の者が自己の利己的活動のために購入し利用する関係でもある。市場社会ではすべてのものが商品化されていくというトレンドが支配している。そして，人間の労働力も商品化される。これはいわば他者を自らの活動のために手段として利用する（利用し合う）関係だともいえる。労働力の商品化と他者の手段化は市場社会が形成する特殊な人間関係

である。労働力が商品化され，労働市場で売買されたとしても，それはあくまでも各個人の労働力という能力を売っているだけであり，その売買も契約関係として成立している。その点で労働力の商品化は正義に反する事態ではない。

　しかしながら労働力を含むあらゆるものが商品化されていく市場社会においては，人間の尊厳が酷く損傷される可能性が常に秘められている（Satz 2010）。人間の尊厳の損傷とはカントが主張した「人間の物件化」として理解できる（カント 2002）。人身売買，非文明的な搾取，児童虐待労働，望まざる仕事への強制的な従事などが人間の「物件化」，すなわち尊厳損傷の代表であろう。カントの人間の尊厳は人格を目的として扱い手段として扱ってはならないことを意味しているが，市場社会ではお互いを手段化していくので，この規範が遵守されることは難しい。しかし，人間を単なる手段としてのみ，すなわち物扱いすることを，市場社会が自覚的につくるルールやルールの体系としての制度によって抑制することは可能である。

　市場社会における人間の尊厳損傷は，一部の邪悪な人の企てによって起きるわけではない。市場社会はある人々にめざましい富と力を別の人々に貧弱な富と脆弱さを与える。これ自体は市場社会のメカニズムの結果なので倫理的に問題があるわけではない。問題はこうしたメカニズムによって，市場社会で弱者が食い物にされその尊厳を著しく傷つけられる点にある。さらに注意しなくてはならないのは，市場社会で自らの尊厳を損傷されるリスクを誰もがかかえていることである。経済的な繁栄を謳歌している者にも没落の可能性はある。病による休職や失職は生活の危機だけでなく，自死の危機もはらんでいる。市場社会は，病，失業，勤務先の倒産といったリスクを人々にかかえさせ，それらを増幅していく。さらにここに新型コロナウイルス感染症の蔓延を追加してもよいであろう。そして，この増幅したリスクは特に社会的に傷つきやすい人に対して猛威を振るう。

　市場社会は利己的な行為を結びつけて公益を実現する社会であるが，同時にそこに生きるすべての人の尊厳を損傷する危険性ももった社会でもある。このように捉えれば自己の人間の尊厳を守ることは市場社会に生きるすべての人の死活的利益だといえる。市場社会が内在的にこれらの死活的利益を守る方法を

提供することができない場合，市場社会の構成員は死活的利益を守る組織を市場社会の外に構築する。それが政府である。権利論的に表現すれば，市場社会において各個人は尊厳ある生を生きる権利をもっている。また各個人は他者の尊厳を侵害しない義務を相互に負っており，政府は各人の権利保障と義務履行のために契約によって構築されたものと理論的には把握できる。

市場社会における人間の尊厳損傷の可能性をリアルに考えるならば，このように社会と政府の関係を社会契約論的に理解することはなお適切なことだと考えられる。市場社会の政府は規範的には市場社会の構成員の死活的利益である尊厳損傷からの回避を担う。そして租税は国家が尊厳損傷回避のために行う活動（政策活動）を支える物質的基盤である。³⁾

以上の検討から市場社会の構成員が租税を支払う理由（租税根拠）が明らかになる。利益説がいうように租税は政府が提供するサービスの直接的対価ではない。また義務説のように国民が政府に対して負っている義務が根拠であるわけでもない。各個人が市場社会において尊厳ある生を営む権利と他者の尊厳ある生を守る義務とを政府を媒介に社会大に拡張し，その権利・義務を実質的に保障するために国家に提供する資金が租税なのである。尊厳ある生を生きることができるという権利を守り，他者の同様の権利を守る義務を全うするために市場社会の構成員は税を支払うのである。

理想的な社会像から理想的な租税を論じるのではなく，市場社会で発生する悪を回避するために租税を使うというのが，ここでのタックス・ジャスティスの捉え方である。すなわち，市場社会で起こる人間の尊厳損傷を回避（抑制）するために徴収され，支出されている税が少なくとも正義にかなう租税なのである。つまり租税は課税と徴収した税の支出によって「共同の資材」生産によって生じる人間の尊厳損傷を是正する役割を担っており，その役割が租税の正当性根拠なのである。

以下では市場社会における人間の尊厳損傷を回避することを目的とした租税と財政支出の代表例を考えてみたい。それは放置しておけば人間の尊厳を傷つける可能性がある市場社会の問題点を是正するために財政支出と課税によって市場活動に変化を与えるタックス・ジャスティスにそった施策の事例でもある。

　まず市場社会において必ず発生する経済的弱者を支援し，弱者の尊厳損傷を回避するような支出が考えられるだろう。多くの国々が何らかの形でこの施策を実施しているが，言うまでもなく，各国の政治文化や財政状況によってその内容は多様である。例えば，貧困者を厳密に特定し，その貧困者のみを救済すること，多様な社会サービスを実施し社会全体のニーズに応えること，ベーシック・インカムといったやり方を挙げることができる。さらに直接的な給付だけでなく負の所得税といった手法も考えられるだろう。

　課税はこれらの支出のための単なる財源調達以上の機能をもつことができる。人頭税のような形式的に平等な課税を支持する人はほとんどいない。多くの人は何らか不平等な課税を支持している。重要な点は不平等な課税の根拠である。この点は先に紹介したサイモンズの所得に対する累進課税制においても明瞭に表れていた。サイモンズは「邪悪で醜い」不平等を除去するためにこの課税を提案したのであった（Simons 1938）。ロールズも不平等を是正するために課税を位置づけている。ロールズは経済的不平等が他の力の不平等（例えば政治権力の不平等）に転化することを憂慮している。不平等の拡大は平等な市民から構成される立憲民主制を掘り崩す可能性がある。そこでロールズは累進制を伴った富移転税（相続税・贈与税）を提案する（Rawls 1999）。またジェニファー・バードポーランは機会の均等を実現するためには，弱者に対する支援だけでは不十分だと考えている。彼女は経済的格差の上層にいる人々が様々な社会的機会へのアクセスを独占できる財力をもっていることも全員の機会均等を阻害するとし，特に格差が遺伝的に継承されることを防ぐために相続税と贈与税の強化を主張している（Bird-Pollan 2013）。

　累進課税や富移転税による経済的不平等の是正に対しては批判もある。むしろ富者に対する減税による「トリクルダウン」の方が弱者の経済力向上のためには効果的だとの議論もある。しかしながら経済的な格差がロールズのいうように別の力の格差につながる傾向があること，さらに格差が次の世代にも遺伝的に継承される事態が拡大していることを，そして力の格差は社会的弱者に悪影響を及ぼすことを念頭におけば，目的意識的な格差の是正は是非とも必要であろう。そして租税はこの目的意識的な格差是正の手段として最もうまく機能

しうる。

Ⅳ　グローバルタックスと正義

　以上，租税を人間の尊厳を実現（あるいはその損傷を回避）する手段として理解してみた。租税は政府の徴税権を前提にするので，政府がないところに租税は成立しない。他方で急速に進展したグローバリゼーションは世界各地で人間の尊厳の損傷を広げ，それを徹底的に可視化している。貧困，栄養失調，感染症など疾病の蔓延，テロ，ジェノサイド，教育の遅れ，児童虐待労働などの野蛮な搾取…，これらの問題は地球規模問題として認識されている。2000 年に国連総会で採択された「ミレニアム開発目標（Millennium Development Goals，略称 MDGs）」の効果ならびに途上国の経済成長によって，21 世紀になって世界の貧困状況は大きく改善された。しかしながら，ISIS（イスラム国）など新たなテロリスト集団の行動により，順調に開発の途を歩んでいたいくつかの国々では回復困難なまでに国土が荒廃した。そして，それが貧困など新たな人間の尊厳損傷へとつながっている。

　また地球環境問題も深刻さを増している。地球温暖化とそれに起因すると思われる気候変動，気候変動による新たな疾病の拡大，プラスチックゴミによる海洋汚染と生態系の破壊など，21 世紀になって地球環境の悪化が急速に進んでいる。気候変動による悪影響は防御策を講じることができる富裕国ではなく，変化に対応する経済力が弱い人々に対して真っ先に深刻なダメージを与える。環境変動による国土の消滅や農地の荒廃によって生活が困窮した人々が途上国を中心に多数存在する。

　2015 年国連総会では MDGs の後継目標である「持続可能な開発目標（Sustainable Development Goals，略称 SDGs）」が採択された。周知のように SDGs は貧困の撲滅だけでなく，教育の充実，ジェンダー平等，エネルギー問題，地球環境問題など 17 目標を掲げており，その実践も世界的に拡大している。しかしながら，新型コロナウイルス感染症の世界的な拡大が端的に示しているように，グローバリゼーションに伴う地球の脆弱さも顕著になっている。かつては一部地域に封じ込められていた「風土病」（顧みられない感染症）がグロー

バルな人の移動とともに爆発的に拡大し、それへの有効な手立ては確立できていない。また地球環境の変化に適応できない人々を守るための防御策についても十分な手立てが講じられていない。SDGs に関連する新たな技術革新に対しては膨大な資金が集まるが、顧みられない感染症や途上国の環境変動への適応策構築などの資金は不足している。技術革新や新たなビジネスに結びつかない地球規模問題解決のために 10 兆ドル以上の資金が必要だといわれている（グローバル連帯税推進協議会 2015）。

　こうした状況下で地球規模問題を解決するための新たな資金調達に関心が集まり始めた。すでに 2004 年にフランスが「ランドー・レポート」を発表していたが、その中では「革新的資金創出メカニズム」の構築が提唱されていた。「革新的資金創出メカニズム」の内容は多岐にわたるが、その中で有力視され、その後、少しずつ現実化しているのがグローバル・タックスである。

　グローバル・タックスの中で実行されている「航空券連帯税」を簡単に紹介しておこう。「航空券連帯税」導入国の空港を発着するすべての国際線チケットに 4 ユーロから 40 ユーロの税が課される。税を徴収するのは導入国政府である。徴収した税は国際機関ユニットエイド（国際医薬品購入ファシリティ）に拠出され、ユニットエイドはそれを資金に主としてサハラ砂漠以南地域に対する医薬品を提供している。この活動によるサハラ砂漠以南のかなりの地域で感染症の拡大が封じ込められた。

　租税は政府を前提とする制度である。したがってグローバル・タックスも世界政府のような組織がないと不可能だと考えられていたが、航空券連帯税は政府の既存の徴税権を使ってグローバルな問題解決のために資金を提供しようとしている。今までの租税と異なるのは、徴収された税が徴収された国の国民のためではなく、徴収された国の国民以外の人々の福祉に使われている点である。このような租税の正当性を論じるためには狭義の租税論ではなく、新しいグローバルな倫理についての哲学的な議論が必要である。そのような議論は 21 世紀初頭からグローバル・ジャスティス論として世界的に検討が進んでいる（伊藤 2010）。

　国家の既存の徴税権を前提に新たなグローバル・ガバナンスを構築すること

で，地球規模問題解決のために資金調達をしようとするグローバル・タックスについては，いろいろな人や機関が構想を提出している。貧困対策のために地球資源の採掘・利用に薄く税を課す「地球資源税」(Pogge 2008)，地球温暖化対策のための「排出税」(パトマキ 2015)，富者が独占している奢侈品への課税などの「グローバル富裕税」(Mawe and Bufacchi 2015)，グローバル経済を攪乱する投機的な通貨取引を抑制するための「金融取引税」(上村 2019) などが，その代表であろう。

　グローバル・タックスについては，その実践も理論的な検討も始まったばかりである。新型コロナウイルス感染症の拡大に対する新たなグローバル・ガバナンスや国際協調，さらには地球規模での感染症対策のための資金調達が求められている。その意味でグローバル・タックスの必要性は高まっているといえる。他方で国際政治を眺めると大国による一国主義の台頭や偏狭なナショナリズムの高揚など，グローバル・タックスを含む新たなグローバルな協調枠組みが大きく揺らいでいるのも事実である。こうした状況を踏まえるとグローバル・タックスの行く末は，グローバル協調の動揺と一国主義の台頭の中でしばらくは流動的にならざるをえないであろう。

　とはいえグローバル・タックスは地球規模問題解決のための資金創出として画期的な意義をもつものと評価できる。その意義とはグローバリゼーションによって悪化した人間の尊厳損傷の抑制・緩和策として機能しうることである。グローバル・タックスによって貧困，飢餓に起因する人間の尊厳損傷を緩和するためのグローバルな資金調達が可能になる。従来は富裕国政府による ODA が大きな役割を果たしていたが，ODA の拠出先や拠出額は提供国の国益や経済状態によって左右される面が強かった。これに対してグローバル・タックスはグローバルな経済行為に対して恒常的に課税するために，安定的に資金が確保できるメリットがある。さらにグローバル・タックスは人間の尊厳損傷を生み出す構造になりうるグローバルな不平等の是正の効果も期待できる。グローバルなレヴェルでの不平等は巨大であり，どの程度まで不平等を削減するべきなのかについて合意を得ることは難しい。しかしながら，不平等の底辺では人間の尊厳損傷が続いているだけでなく，グローバルな超富裕者は自らの経済力

を使って，さらに豊かになるだけでなく，タックスヘイブンを活用した悪質な
租税回避も行っている⁴⁾。貧しい人々が傷つき，圧倒的多数の平均的納税者が黙
って真面目に納税する中で，超富裕者がグローバル経済のおいしいところだけ
を独占している。これはグローバルなレヴェルでの税の新しい逆進性である。
グローバル・タックス，とりわけグローバル富裕税や金融取引税は，超富裕層
にグローバルな責任をとらせることにもなる。

V　おわりに

　租税研究については租税法学，経済学，財政学において膨大な蓄積がある。
これに対して租税の哲学的根拠や公正な税制とは何かを規範理論的に探究する
研究は，世界的にもようやく広がり始めたところである⁵⁾。グローバリゼーショ
ンの進展による経済規模の拡大だけでなく，シェアエコノミーの広がり，所有
から利用への消費マインドの転換など市場経済の根本的価値の一部の変化，さ
らには少子高齢化に代表される就労人口構成の激変など，市場社会は急速に変
貌している。こうした中で税制についても技術的な問題だけでなく，その規範
的な再検討もせざるをえなくなるだろう。

　新しい市場社会に適応した租税は公正であることも求められる。公正さは一
般の納税者も理解できて，納得できるものでなければならない。適正な税制の
重要な支柱は税の公正さにあるといえる。グローバルなレヴェルでの大きな社
会変動の中で抜本的な税制改革が求められているのかもしれない。そうした改
革を進めるにあたって租税の公正さを哲学的，理論的に解明する知的営みの発
展も必要だろう。タックス・ジャスティスは，人間の尊厳が尊重される社会構
築のための正義にかなう租税体系構築のための検討を，租税の他の研究領域と
共同しながら担うことができるだろう。

付記：
　本稿は 2019 年 12 月 7 日に愛知大学名古屋キャンパスで開催された日本租税
理論学会大会での講演原稿に加筆訂正をしたものである。租税についてまった
くの素人である政治哲学研究者に発表の機会を与えてくださった，租税理論学

会理事長の石村耕治先生と当日司会をしてくださった望月爾先生には，心から御礼申しあげたい。

参考文献

Bhandari, Monica 2017 *Philosophical Foundations of Tax Law* (Oxford University Press).

Bird-pollan, Jennifer 2013 "Unseating Privilege: Rawls, Equality of Opportunity and Wealth Transfer Taxation," *The Wayne Law Review* Vol. 59.

グローバル連帯税推進協議会 2015「持続可能な開発目標の達成に向けた新しい政策科学——グローバル連帯税が切り拓く未来」(http://isl-forum.jp/wp-content/uploads/2015/12/GST_Final-report.pdf)。

伊藤恭彦 2010『貧困の放置は罪なのか——グローバルな正義とコスモポリタニズム』(人文書院)。

——— 2017『タックス・ジャスティス——税の政治哲学』(風行社)。

カント，イマヌエル 2002『人倫の形而上学』(樽井正義・池尾恭一訳『カント全集 11』岩波書店)。

ロック，ジョン 2010『完訳 統治二論』(加藤節訳，岩波文庫)。

Mawe, Timothy and Bufacchi, Vittorio 2015 "The Global Luxuries Tax," in Helmut Gaisbauer, Gottfried Scweiger and Clemens Sedmak (eds.) *Philosophical Explorations of Justice and Taxation: National and Global Issues* (Springer).

Murphy, Liam and Nagel, Thomas 2002 *The Myth of Ownership: Taxes and Justice* (Oxford U.P.). 翻訳『税と正義』伊藤恭彦訳，名古屋大学出版会，2006 年。

Nozick, Robert 1974 *Anarchy, State, and Utopia* (Basic Books).

O'Neill, Martin and Orr, Shepley 2018 *Taxation: Philosophical Perspectives* (Oxford University Press).

パトマキ，ヘイッキ 2015「地球規模での批判的・再帰的自己制御——大気の私有化からグローバル・タックスおよび公共財へ」上村雄彦（編）『グローバル・タックスの構想と射程』(法律文化社) 所収。

Pogge, Thomas 2008 *World Poverty and Human Rights: CosmopolitanResponsibilities and Reform* (Polity).

Rawls, John 1999 *A Theory of Justice: Revised Edition* (Harvard University Press).

Satz, Debra 2010 *Why Some Things Should Not Be for Sale: The Moral Limits of Markets* (Oxford University Press).

Simons, Henry 1938 *Personal Income Taxation* (The University of Chicago Press).

——— 1948 *Policy for a Free Society* (The University of Chicago Press).

スミス，アダム 1978『国富論』(大河内一男監訳，中公文庫)。

上村雄彦 2019『グローバル・タックスの理論と実践——主権国家体制の限界を超えて』(日本評論社)。

注

1)　スミスが実際に提唱している租税ではなく，スミス的な市場観から論理的に導き出される租税観をここでは問題にしている。

2)　特定の社会像に基づく理想的な規範理論の一部として理想的な租税制度を描くことには十分な意義はある。現実の不正義を明らかにし，改革の方向性を示す上で「理想理論」は重要である。さらに特定の「理想理論」の普遍性を主張するための正当化手続きについても現代政治哲学は精緻化してきている。ロールズの『正義論』（Rawls 1999）は「理想理論」を正当化する試みでもある。

3)　もちろんすべての政府政策が人間の尊厳維持を直接的な目的にするわけではない。しかし，各政策の究極の根拠は市場社会に生きる人々の尊厳維持と関わっていなくてはならない。

4)　タックスヘイブンを使った悪質な「租税回避」が人間の「フェアプレーの義務」に反する点については（伊藤 2017）を参照。

5)　政治哲学や規範理論からの租税研究として（Bhandari 2017）（O'Neill and Orr 2018）。

1 巨大プラットフォーマーの出現とデジタル課税

鶴 田 廣 巳

（関西大学名誉教授）

I デジタル経済の時代と巨大プラットフォーマーの出現

1 デジタル経済の時代

世界経済フォーラムを主宰する経済学者クラウス・シュワブは，資本主義は第1次産業革命（1760年〜1840年頃，鉄道建設・蒸気機関・機械の生産），第2次産業革命（19世紀末〜20世紀初め，電気，内燃機関，組立ラインによる大量生産），第3次産業革命（1960年代〜1990年代，60年代の半導体，メインフレーム・コンピューティング，70・80年代のパーソナル・コンピューティング，90年代のインターネット）を経て，今日では第4次産業革命（21世紀以降，モバイル・インターネット，センサー，AI，機械学習などのデジタル革命）をもたらしつつあると指摘する[1]。デジタル革命はまた，AI，ロボット，IoT，自動運転車，3Dプリンティング，ナノテクノロジー，バイオテクノロジー，材料科学，エネルギー貯蔵，量子コンピューティングなどきわめて広範囲にわたる技術の飛躍的発展を伴っているという[2]。ここにはふれられていないが，金融革新技術（フィンテック）もデジタル通信技術の発展と密接な係わりを持っており，金融・情報資本主義との特徴づけさえなされていることは周知のところである。

ブリニョルフソン＆マカフィは，蒸気機関によって扉を開かれた「ファースト・マシン・エイジ」と対比して，第3次産業革命以降のデジタル技術の飛躍的発展の時代を，人類の歴史の「変曲点」を示すものとして「セカンド・マシン・エイジ」と称する[3]。彼らによれば，人類はいまデジタル技術が驚異的に発展する時期に立ち会っているという。そこで強調されているのは，コンピュータの性能の指数関数的な高性能化（「ムーアの法則」），デジタル化の量・速度・

種類の爆発的な拡大，そして多種多様なソフトウェアを動かすデジタル機器のグローバルなネットワーク＝情報通信技術（ICT）による組み合わせ型イノベーションの加速という３つの特徴である[4]。

　一方，OECD/G20 の BEPS プロジェクトの最終報告書（2015 年 10 月）のうち，行動１に関する報告書（「デジタル経済の課税上の課題への対応」）が，デジタル経済の特徴について，やや異なる視点から詳細に明らかにしている[5]。それによれば，デジタル経済は，情報通信技術（ICT）による変革プロセスがもたらした結果であり，それは経済のあらゆるセクターにわたって事業プロセスを改善しイノベーションを強化しつつ，技術をより安価に，より強力に，広く標準化してきたという。そして，デジタル経済は経済それ自体と分かちがたく結びついており，両者を切り離すことは困難だとしている[6]。同報告書は，デジタル経済の主要な特徴を以下の６点にまとめている。

　第１に，可動性（mobility）である[7]。これには無形資産の可動性，ユーザーや顧客の可動性，ビジネス機能の可動性が指摘されている。無形資産の開発と利用は，デジタル経済のもとでのビジネスモデルにとって決定的に重要な位置を占めている。無形資産の権利は関連企業の間で容易に移転が可能なため，タックスヘイブン等の低税率国・地域に立地する関連企業に法的所有権を移転することによって税負担を免れることが横行している。また，ICT の発展はユーザーや顧客が地球上のどこからでも，デジタルビジネスなどの任意のウェブサイトにアクセスすることを可能にする。さらに，ICT を活用することにより，ビジネスは，事業活動が行われる場所と供給企業ないし顧客が所在する場所の双方から地理的に離れている中心の場所から，必要な最小限の人員によってグローバルな事業活動を統括し，経営することが可能になった。

　第２に，ユーザー参加により収集されるビッグデータが無形資産の基礎となり，デジタルビジネスの新たな収入源となっていることである[8]。ユーザーはデジタルビジネスなどのウェブサイトからさまざまなデータをほとんど無料で入手する一方，デジタルビジネスの側もユーザーから収集，保存するさまざまなデータを解析し，ターゲット広告などへの活用や解析データの売却，新たな事業分野の開拓などに役立てることができるようになった。ビッグデータは今日，

「新たな富」と呼ぶにふさわしい存在になったと評価されている。[9]

　第3に，ユーザーの参加，統合，シナジーにより「ネットワーク効果」が生み出されることである。[10]これはユーザーの参加や決定が，他のユーザーが受け取る便益に直接影響を及ぼす効果をさす。デジタル化とは，あらゆる種類の情報とメディア（テキスト，音，写真，動画，各種センサーが検出したデータ等々）を，コンピュータの言語である0と1に変換することであるが，こうしたデジタル化のもつ特質からインターネットの世界では，デジタル情報を「完全，瞬時，かつ無料で」複製し，伝達することが容易に可能になる。[11]したがって，参加するユーザーが多くなればなるほど，ビッグデータの蓄積が促進され，それゆえネットワークを通じて創造される価値がますます増大することになるのである。

　第4に，世界中の多様なユーザー・グループ・企業を，プラットフォームなどを通じてグローバルにマッチメイクし，結びつけるマルチサイド・ビジネスモデルの利用である。[12]例えば，Googleは検索エンジンなどを提供するプラットフォームを通じて，あらゆる個人・企業の情報ニーズを結びつけ，収益化を実現している。一般に，プラットフォームとは，ITの分野では「ある機器やソフトウェアを動作させるのに必要な，基盤となる装置やソフトウェア，サービス，あるいはそれらの組み合わせ（動作環境）[13]」を意味しているが，マルチサイド・プラットフォームは，国内外の異なる個人・グループ・企業などのユーザー同士を結びつけ，それら異なるユーザーの間での取引を媒介することにより，手数料を得るビジネスモデルであるから，そこに参加するユーザーが多ければ多いほど利益が増加する構造になっている。

　第5に，独占または寡占に向かう傾向が強いことである。報告書は，ある企業が未成熟な市場において牽引力を確保した最初のアクターになると，当該企業はネットワーク効果により，限界費用の低さとも相まって，きわめて短期間に支配的な地位につくことが可能になると指摘している。[14]その市場牽引力は，特定の企業が特許権ないしその他の知的財産権によって，当該市場においてイノベーションの利点を享受する排他的な権能を与えられる場合に，とくに強められる。これは，他の多くの論者も指摘するところのデジタル経済における「勝者総取り」の傾向に合致する。[15]マカフィ＆ブリニョルフソンは「勝者総取

り」が増える原因として，デジタル化，通信・輸送技術の進歩，ネットワーク効果と標準化の３つの要因をあげている。すでに指摘したように，デジタル財の場合，限界費用はほぼゼロ，複製は無制限に可能なため「規模の経済」が働き，市場のナンバーワンはコスト面で圧倒的な優位に立つことができる。また，通信・輸送技術の進歩はローカル市場をグローバル市場に統合するため，ナンバーワンが大多数の顧客を獲得してしまう。ウェブ上の検索エンジンや推奨機能は検索コストを大幅に押し下げ，この傾向をいっそう助長する。さらに，限界費用の低下が供給サイドで規模の経済を出現させるのと同じく，ネットワーク化は需要サイドで規模の経済を出現させる。要するに，ベスト・パフォーマーが市場を支配し，セカンドベストさえ追い落とされる結果になりかねないのである。[16]

　最後に，ボラティリティ，すなわち，ビジネス間での競争が激しく，不安定で変動が避けられないことである。[17]それは，上記の「ネットワーク効果」や「規模の経済」，あるいは競争企業の買収・合併などによる「勝者総取り」が可能となる激烈な市場条件の下では避けられない結果であろう。

　ところで，OECD最終報告書において指摘されているビッグデータ，デジタル化，ネットワーク効果，プラットフォームなど，デジタル経済に共通して見出される特質は，無形資産（無形投資）の果たす役割，その持つ意義がデジタル経済においては決定的に重要だということを示している。

　無形資産とは何かについて，例えば「国際会計基準（IAS）」第38号では，企業が支配し，将来の経済的便益の流入が期待される資産のうち「物質的実体のない識別可能な非貨幣的資産」とされている。ブリニョルフソン＆マカフィは，無形資産を知的財産（特許，著作権，コンピュータ・ソフトウェアなど），組織資本（ビジネスプロセス，製造技術，組織形態，ビジネスモデルなど），ユーザー生成コンテンツ（フェイスブック，ユーチューブ，ツイッター，インスタグラムなどのユーザーが投稿する動画，写真，レビューや評価など），人的資本の４種類に分類している。[18]

　彼らによれば，こうした無形資産の経済価値の計測は，公式統計からは完全に抜け落ちているという。実際，OECDの研究によれば，無形資本（knowledge-based capital：KBC）への投資は今日，事業投資の多くを占める存在になりつつあり，経済成長のゆくえを左右する要因となっているという[19]。KBCは一般に，コンピュータ化情報（ソフトウェアやデータベース），イノベーション資産（特許，著作権，デザイン，商標権），経済的競争能力（ブランド資産価値，企業固有の人的資本，人々や組織のネットワーク，組織上のノウハウなど）の3つのタイプからなる。表現の仕方や分類方法はやや異なるが，無形資産についてほぼ同様の捉え方とみることができる。こうしたKBC投資は，とくに1990年代以降，先進各国とも大幅に伸びており，今日では有形資本と同等ないしそれ以上の無形資本投資が行われていると推計されている[20]。

　無形資産には特有の経済的特徴があるが，ハスケル＆ウェストレイクはそれを4つのSとして詳細に解き明かしている。すなわち，第1に相対的に安い費用で事業の巨大化が可能である（スケーラブル），第2に無形資産の評価が困難なため，撤退時に開発費用を回収できない（サンクコスト＝埋没費用），第3に無形資産は非競合的，非排除的で，他の企業による活用，模倣が比較的簡単である（スピルオーバー），第4に技術やアイデアなどは他のそれと組み合わさることで発展する（シナジー）というものである[21]。

　他方，ハスケル＆ウェストレイクは無形投資へのシフトが，長期停滞，長期的な格差の拡大，産業集中による少数の大企業の登場などの問題を生み出すとも指摘している[22]。

2　巨大プラットフォーマーの出現

　今日，デジタルビジネスは，プラットフォームの運営を不可欠の事業基盤としている。プラットフォームを利用して大規模に製品やサービスの提供を行う企業がプラットフォーマーである。その代表格は，いうまでもなくGAFAと総称されるGoogle，Amazon，Facebook，Appleの4社であるが，その他にもネットフリックス，エアビーアンドビー，ウーバー，タスクラビットなど数多くのIT企業があげられる。また，中国系のプラットフォーマーとして急速に台頭しているのが，BATJと称される「百度（バイドゥ）」，「アリババ」，「テンセント」，「ジンドン」などのIT企業である。これらの企業は近年，ごく短期

間に急速に成長をとげているところに特徴がある。

　2019年に高業績をあげた世界のトップ10企業をみると，ITデジタル企業が実に7社を占めている（表1）。GAFA4社の株式時価総額は，アップルが9,613億ドル，アマゾンが9,161億ドル，グーグル（Alphabet）が8,632億ドル，フェイスブックが5,120億ドルであり，一方，中国系のアリババも4,808億ドル，テンセントが4,721億ドルとなっている。これらのIT企業の総資産と株式時価総額を比較すると，アマゾン5.6倍，フェイスブック5.3倍，テンセント4.5倍，グーグルとマイクロソフト3.7倍，アリババ3.6倍，アップル2.6倍といずれも高い倍率を示しており，これはプラットフォームを活用するビジネスモデル自体のもつ無形資産としての価値が，株価に反映されているといってよい。また，デジタル企業の特徴として，相対的に少ない資本投入によって高収益を上げることが可能であることから，金融や製造業など他の業種に比べて総資産に対する利益の比率も全般的に高い水準を示している。

　最近10年間に株式時価総額を大幅に増加させた世界のトップ10企業をみると，ここでもさきの7社が登場する（表2）。テンセントに至っては33倍，アマゾンも27倍と驚異的な伸びをみせており，他のプラットフォーマー企業も

表1　高業績の世界トップ10企業（2019年）　　（単位：10億ドル，％）

順位	企業名	立地国	分野	時価総額(a)	総資産(b)	売上高	利益(c)	(a)/(b)	(c)/(b)
1	アップル	アメリカ	ＩＴ	961.3	373.7	261.7	59.4	257.2	15.9
2	マイクロソフト	アメリカ	ＩＴ	946.5	258.9	118.2	33.5	365.6	12.9
3	アマゾン	アメリカ	ＩＴ	916.1	162.6	232.9	10.1	563.4	6.2
4	アルファベット	アメリカ	ＩＴ	863.2	232.8	137.0	30.7	370.8	13.2
5	バークシャー・ハサウェイ	アメリカ	金融	516.4	707.8	247.8	4.0	73.0	0.6
6	フェイスブック	アメリカ	ＩＴ	512.0	97.3	55.8	22.1	526.2	22.7
7	アリババ	中国	ＩＴ	480.8	133.7	51.9	10.3	359.6	7.7
8	テンセント	中国	ＩＴ	472.1	105.4	47.2	11.9	447.9	11.3
9	JPモルガン・チェース	アメリカ	金融	368.5	2,737.2	132.9	32.7	13.5	1.2
10	ジョンソン・エンド・ジョンソン	アメリカ	製薬・医療機器	366.2	153.0	81.6	14.7	239.3	9.6

（出所）Ryan Miller（2019），*The Top 100 Best-Performing Companies In The World, 2019*, Ceoworld Magazine（https://ceoworld.biz/）.

表 2 株式時価総額の膨張（トップ 10 企業）

（単位：10 億ドル）

順位	企業名	増加額	伸び率（%）	2019 年	2009 年
1	アマゾン	843	2,722.6	875	31
2	アップル	802	853.2	896	94
3	マイクロソフト	742	455.2	905	163
4	アルファベット	707	642.7	817	110
5	テンセント	425	3,269.2	438	13
6	バークシャー・ハサウェイ	360	268.7	494	134
7	フェイスブック	394	487.7	476	81
8	アリババ	304	181.0	472	168
9	VISA	272	647.6	314	42
10	JP モルガン	232	231.0	331	100

（注）いずれの年も 3 月末現在の数値。
（出所）PwC（2019）, *Global Top 100 companies by market capitalisation*, p. 33.

軒並み高い伸び率を示している。このことからも，主要なプラットフォーマーの急成長は，2010 年代のわずかな期間に集中的に生じたことがわかる。

　表 3 は，時価総額で世界トップ 10 の企業を，1992 年末と 2019 年末について対比したものである。世紀を挟んで，世界の巨大企業をめぐる状況も様変わりした。90 年代には石油，金融，小売，製造業などの企業がトップ 10 を占めて

表 3 時価総額トップ 10 企業の変貌　（単位：億ドル）

順位	1992 年 12 月 31 日		2019 年 12 月 31 日	
	企業名	時価総額	企業名	時価総額
1	エクソンモービル	759	サウジアラムコ	18,791
2	ウォルマート	736	アップル	13,048
3	GE	730	マイクロソフト	12,031
4	NTT	713	アルファベット	9,229
5	アルトリア・グループ	693	アマゾン	9,162
6	AT & T	680	フェイスブック	5,853
7	コカ・コーラ	549	アリババ	5,690
8	パリバ銀行	545	バークシャー・ハサウェイ	5,537
9	三菱銀行	534	テンセント	4,606
10	メルク	499	JP モルガン・チェース	4,372

（出所）ファイナンシャルスター（2020）「時価総額ランキング上位企業」
（https://finance-gfp.com/?p=10552）

いたが，今日では件の IT デジタル企業が 7 社と大半を占めるに至った[23]。しかもこの間，トップ 10 企業はいずれも時価総額を大きく膨張させ，その規模は 10 倍から 20 数倍に達しているのである。

　以上の簡単な事実の検証からも，巨大プラットフォーマーがもつに至った経済的支配力の大きさを知ることができる。合田寛は，こうした支配力の源泉となっているプラットフォーム型企業の価値創造の特徴を次のように整理している。すなわち，第 1 に，ネットワーク効果を活用した顧客・ユーザーの自己増殖的増大によって膨大なユーザー生成コンテンツの蓄積が可能となり，ほとんどコスト無しで新しい価値を創造できること，第 2 に，蓄積された膨大なデータを AI やアルゴリズムを使って解析し，巨大な価値を生む源泉としていること，第 3 に，膨大な数のユーザーの検索内容や投稿記事などからユーザーの趣味・嗜好などを特定することにより，ターゲット広告の効果的な提供が可能になっていること，第 4 に，高収益で蓄積した資金力を使って競争相手を買収・合併し，市場を独占的に支配していること，最後に，低税率国やタックスヘイブンに立地する子会社に世界中から利益を移し，課税を免れていることである[24]。

　こうしたことは，GAFA の実態の一端を知れば容易に理解できる[25]。例えば，グーグルは「Google Search」や「YouTube」（月間ユーザー約 20 億人）をはじめとして 10 億人規模のユーザーをもつサービスを 8 つも運営し，Pixel などの IT 機器の開発，販売も行っている。グーグルの検索回数は年間 2 兆回以上（一説には数兆回から 20 兆回くらい）という。アマゾンは顧客の購買行動や嗜好に関する情報を集め，それらの情報に基づいて第三者の企業や個人にマーケットプレイスを提供することにより発展してきた。それにより自らの売上を 1999 年の 16 億ドルから 2018 年には 1,170 億ドルへと年率 25% で伸ばしてきただけでなく，同期間に第三者の売上も 1 億ドルから 1,600 億ドルへと年率 52% で急伸させてきた。第三者の売上は全体の 3 % から，今日では 58% に達しているという。フェイスブックについてみると，その全世界の月間ユーザー数は約 24 億人（2019 年）にのぼり，その傘下の Instagram 約 10 億人（2018 年），Messenger 約 13 億人（2019 年），WhatsApp は約 16 億人（2019 年）と，いずれも膨大な数に達する。世界人口（約 75 億人）と比較しても，ユーザーから収集

される情報量は桁外れの規模になっている。最後に，アップルは周知のとおり，スマートフォン（iPhone），タブレット型情報端末（iPad），パソコン（Mac），携帯音楽プレーヤー（iPod）などのハードウェアのほか，各種のソフトウェアやクラウドサービス（iCloud）の開発，販売を行う。iPhone の全世界のユーザー数は 9 億人以上とされ（2019 年），またアップルのデバイスの利用数は 5 億件にのぼり，その大部分は iPadOS と推測されている。2016 年は全世界でのiPhone の新規購入数が最も多かった年であるが，この時の世界のスマホ市場に占めるアップルのマーケットシェアは 14.5％にとどまるものの，利益シェアでは実に全世界の 79％を独占した[26]。

このように GAFA は，いずれも 10 億人あるいはそれ以上のオーダーでのユーザーを確保して独占的地位を築いただけでなく，互いに相手の領域にも踏み込みながら激烈な競争を展開しているのである。

3　プラットフォーマーによる国際的租税回避

経済のデジタル化は，課税，とくに国際課税に深刻な影響を及ぼす。第 1 に，デジタル経済はデジタル企業がユーザーないし顧客が所在する市場に物理的存在（mass）がなくてもグローバルに事業を展開し，その規模を拡大することを可能にする（scale without mass）。ユーザーや顧客が所在する市場国に物理的存在（恒久的施設：PE）をもたないため，市場国（源泉地国）は課税権を行使することができない。サーバーの存在は一定の条件のもとでは PE と認定されるが，ウェブサイトは PE と認定されないため，デジタル企業が市場国でどれほど利益を上げようとも，市場国が課税権を行使することはできないのである。デジタル化と直接係わるわけではないが，コミッショネア契約などを利用してPE としての認定を人為的に回避することによる租税回避も，この範疇に含めることができる。

第 2 に，デジタル経済のもとでは，無形資産を低税率国やタックスヘイブンに所在する子会社などに移転し，そこに所得を集中させて課税を回避することが可能である。これを利用した代表的なスキームが，ダブル・アイリッシュ・ウィズ・ア・ダッチ・サンドウィッチと呼ばれる巧妙なタックス・プランニン

グである。デジタル化が加速されるなか，デジタル企業などの資産に占める無形資産の比重は急速に高まっており，そうした企業にとって無形資産の移転を利用した租税回避はきわめて重要な財務戦略の手段となっているのである。

　そもそも OECD や G20 を舞台に BEPS プロジェクトが推進されるようになったきっかけは，多国籍企業，とくに米系多国籍企業のアグレッシブ・タックス・プランニングによる租税回避の実態が明らかになったことであった。英米の議会の公聴会では，マイクロソフトやアップル，アマゾンやグーグルなどが招致され，税源浸食の実態についての聴聞が行われた。これらのタックス・プランニングは各国の会社法制や租税制度の違いや間隙，不備などを巧みに利用したスキームとして構築されており，それ自体は非合法とはいえないものの，各国にとっては決して無視しえない税源の喪失につながる行為にほかならない。

　では，BEPS による税収の喪失額ははたしてどの程度の規模に達するのか。もちろん BEPS による税収減がすべてデジタル企業ないしプラットフォーマーによるものとはいえないが，多国籍企業などによって各国がどの程度の税収の喪失に直面しているかについての現実の一端を示すものといってよい。税収減についてはこれまで各方面で試みられてきたが，これまでの研究を総括するものとして注目に値するのは，BEPS プロジェクトの行動 11 に関する最終報告書（2015 年）であろう。[27) 表 4 は，代表的な推計結果を示している。OECD じしんが今回新たに推計したところでは，BEPS による全世界での税収の逸失額は1,000 億ドルから 2,400 億ドルにのぼり，世界全体の法人所得税（CIT）の 4 ～10％に達するという。また，IMF や UNCTAD による推計でも，それぞれ全世界の CIT の 5 ％，あるいは 8 ％（2,000 億ドル）の減収規模とされている。両機関が発展途上国のみについて推計したところでは，それぞれ CIT の 13％，あるいは 7.5 ～ 14％（660 ～ 1,200 億ドル）とされている。発展途上国の場合，一般に税制の未整備等により法人所得税への依存度が高いため，その減収度合いの高さは途上国の財政状況を直撃する結果となる。なお，UNCTAD の推計は価格操作された取引の影響を完全には算入していないため，その分過小評価になっている可能性があるとされている。

　一方，欧州委員会は，欧州議会と欧州理事会に提出したドラフトで，EU28

表 4　BEPS による税収逸失額

各種試算	範囲	税収逸失額（10 億ドル）	年度
OECD による試算	グローバル	100 〜 240（CIT の 4 〜 10%）	2014
IMF 法人所得税効率性試算（2014）	グローバル	CIT の 5%	
UNCTAD オフショア投資マトリックス（2015）	グローバル	200（CIT の 8%）	2012
IMF 法人所得税効率性試算（2014）	発展途上国	CIT の 13%	
UNCTAD オフショア投資マトリックス（2015）	発展途上国	66 〜 120（CIT の 7.5 〜 14%）	2012

（注）UNCTAD の推計は投資関連の BEPS のみを対象とし，価格操作した取引を含まない。
（出所）OECD［2015］, *Measuring and Monitoring BEPS, Action 11 － 2015 Final Report*, p. 101.

表 5　デジタルビジネスと伝統的ビジネスの税負担格差

（単位：%）

	国内ビジネス	国際ビジネス	
		B2C	B2B
デジタルビジネスモデル	8.5	10.1	8.9
伝統的ビジネスモデル	20.9	23.2	

（出所）European Commission（2017）, *A Fair and Efficient Tax System in the European Union for the Digital Single Market*, COM（2017）547 final, p. 6.

か国のデジタルビジネスモデルと伝統的ビジネスモデルとの平均税率を比較している（表 5，参照）。それによれば，事実上税負担がゼロとなるクロス・ボーダーのアグレッシブ・タックス・プランニングは別として，前者の方が後者よりも圧倒的に税負担が低いことを指摘している[28]。これは，デジタルビジネスの税負担上の優位性を端的に示す例証にほかならない。

II　デジタル課税をめぐる論点 ― OECD の取組みを中心に ―

1　OECD における取組み ― その前史 ―

電子商取引（electronic commerce）の課税問題は，インターネット利用の普及に伴い 1990 年代半ばから国際的な議論が活発化した。その背景には，電子商取引を牽引する米国系企業に対する対応をめぐるアメリカと EU とのスタンスの相違や，電子商取引の発展が各国の課税ベースの浸食を招くのではないかとの各国の課税当局の懸念が存在していた。そうしたなかで，国際的な議論が

本格化する契機となったのは，1998 年 10 月に開催された電子商取引に関する
オタワ閣僚級会合である。そこでは OECD が準備した報告書（「電子商取引：課
税の構成条件」）が採択され，電子商取引に適用される課税の基本原則が承認さ
れた。[29]中立性，効率性，確実性・簡素性，実効性・公正性，柔軟性の５つの原
則がそれである。このうち中立性の原則は，各種の電子商取引間だけでなく，
伝統的商取引と電子商取引の間での課税の中立と公平を求めており，電子商取
引にも従来の課税原則が適用されることを強調するものであった。

　オタワ会議の後，OECD 租税委員会（CFA）はその作業部会（working party）
だけでなく，消費税，事業利益，租税条約などに関する５つの検討部会（technical
advisory group：TAG）を設け，電子商取引に関する検討作業を継続することを
決定した。そうしたなかで，2003 年には恒久的施設（PE）の定義に係わって，
①サーバーは一定の条件のもとでは PE となりうること，②ウェブサイトはそ
れ自体としては PE にならないことが合意される一方，電子商取引のもとでの
各種の支払いが事業所得，あるいは使用料のいずれに区分されるかの基準が示
され，OECD モデル租税条約のコメンタリーが改定された。[30]

　さらに，2005 年には，事業利益に関する TAG がそれまでの検討結果を踏ま
えて最終報告書を公表した。[31]そこでは新しいネクサス（課税権の根拠）の採用，
独立企業原則（ALP）の定式配分方式への変更，電子（仮想）PE の採用など，
事業利益の課税に関する当時の租税条約ルールの抜本的な修正を要する変更に
ついて，オタワ会合の課税５原則に基づいて詳細に検討したうえで，現時点で
そうした変更に着手することは適当ではないとの結論を下した。その理由は，
電子商取引その他のビジネスモデルは現行ルールからの劇的な転換を正当化す
るものではなく，また抜本的な変更は，特定の代替案が現行ルールよりも明ら
かに優れているとの広範な合意が得られる場合に限られるべきだというもので
あった。報告書は，改めて「ある国が財・サービスの供給に対し市場を提供し
ているという事実のみで，その国が企業利潤の一部をその市場から得られてい
る（つまり，課税権を有する）とみなしてよいわけではない」[32]と指摘した。この
ことは，新しいネクサスを求める動きに対して，消費が行われる国に直ちに直
接税の課税権が認められるわけではないことを確認するものであった。

しかし，2000 年代末から巨大多国籍企業をはじめとして国際的な租税回避が蔓延していることが報じられるようになると，こうした状況は一変する。時あたかもリーマン・ショックにより，世界各国の経済・財政に深刻な影響が生じつつある時期であり，租税回避の横行はおよそ見過ごすことのできない事態であった。OECD はすでに 2008 年頃からアグレッシブ・タックス・プランニングの問題に取り組んでいたが，2012 年後半にアマゾン，グーグル，アップルなど米系デジタル企業による巧妙な国際的租税回避が政治問題化するなか，その年 6 月，BEPS プロジェクトを立ち上げた。その後，G20 との連携のもと急速に作業が進められ，翌 13 年 2 月には早くも「税源浸食と利益移転への対応」と題する現状分析報告書を公表，同年 7 月の 15 項目の「BEPS 行動計画」，14 年 9 月の行動計画 7 項目についての BEPS 第 1 次報告書，さらには 15 年 10 月の 15 項目すべてにわたる 13 本の BEPS 最終報告書と，次々にプロジェクトの具体化が図られたのである。[33]

2 BEPS「行動 1」最終報告書（2015 年）から中間報告書（2018 年）へ

2－1 「行動 1」最終報告書

2015 年に公表された BEPS 最終報告書のうち，デジタル経済の問題を取り上げたのは「デジタル経済の課税上の課題への対応」と題する「行動 1」報告書である。[34] デジタル経済に対する同報告書の基本的立場は，デジタル経済は経済そのものと一体化しており，両者を切り離すことは困難だというものであった。課税上もデジタル経済は BEPS のリスクを悪化させる側面があるとはいえ，BEPS 特有の問題を生じさせるものではないとする。[35] だがその一方，デジタル経済は広範な課税上の課題を提起するとして，とくに直接税の領域において，①ネクサス，②データ，③支払いの性質の分類（characterisation）という，いわば BEPS 問題を超える課題が生ずることを認めた。

報告書は「ネクサスの問題を誇張しないことが重要」だとしながらも，デジタル技術の進歩により現地の市場に課税される存在を持たずに大量の販売が可能であることから，デジタル経済のもとで現行の国際課税ルールがはたして適切かどうかについて疑問が生ずると指摘する。報告書によれば，この疑問は

PE の定義や利益帰属ルールと関連するが，ネクサスの問題は PE の問題を超えているとして，新しいネクサス・ルールについて検討する必要性を示唆した。[36]この点は，第2のデータの問題とも直接関連してくる。デジタル技術はビジネスが遠隔から市場にアクセスし，大量のデータを収集，保存，利用することを可能にするからである。ビッグデータはデジタル経済における価値創造の過程への主要なインプットであり，それゆえにユーザー/顧客の重要性の高まりは，どこで経済活動が行われ価値が創造されるのかについて決定する際の核心的な問題に関係すると，報告書は指摘する。[37]最後に，支払いの性質の分類が課題とされるのは，新しいビジネスモデルであるクラウドコンピューティングなどのサービスの対価としての支払いが事業所得に該当するのか，それとも使用料など他の所得種類に該当するのか，現行租税条約に不確実性があるため，所得種類を明確にする必要があるからである。この問題もまた，市場法域のネクサスの創設や源泉徴収税の課税の可能性と係わりを持つことになる。[38]

　こうした BEPS 問題を超える直接税の課題に対応するための選択肢として，報告書は，①「重要な経済的プレゼンス（significant economic presence）」に基づく新しいネクサスの創造，②デジタル取引に対する源泉徴収税の適用，③平衡税（equalisation levy）の導入の3つを提起した。報告書では，このほかに「PE 認定からの除外規定の修正」も選択肢のひとつとして検討されたものの，「行動7」の勧告を受けて PE 認定からの除外が本来の準備的または補助的な活動だけに限定されるよう，OECD モデル租税条約第5条第4項が修正される予定だとして，選択肢からは外された。

　①の新たなネクサスの創造は，非居住企業が「ある国の経済と意図的かつ持続的な相互作用」を示す要素に基づく重要な経済的プレゼンスを有する場合に，たとえ物理的存在がなくても市場国に事業利益に対する一定の課税権を認めようというものである。相互作用を示す要素としては，収益要素，デジタル要素（現地のドメインネームなど），利用者要素（能動的ユーザー数，収集されるデータ量など）があげられている。さらに，重要な経済的プレゼンスが認定された場合，新たな利益配分ルールが必要となるが，その方法としては分数配分法（fractional apportionment method）や修正みなし利益法（modified deemed profit method）が検討された。②は非居住者からオンラインで購入した財・サービス[39] に対する対価の支払いに対して源泉徴収するものである。このケースでは，課税対象となる取引の範囲の確定や，とくにＢ２Ｃの場合の税の徴収に困難を伴うという難点がある。③は国内企業と国外企業との競争条件の公平性を確保するために，国外事業者が国内の顧客・ユーザーに供給する財・サービスの総価値に対して課税し，簡易登録された国外企業または現地の仲介機関によって徴収されるものであり，新しいネクサスに基づく直接税の課税が困難である場合の代替手段（間接税）である。[40]

　しかし，最終報告書は，BEPS 問題を超える課題に対応するためのこれら３つの選択肢について，「重要な国際租税基準の大幅な変更を必要とし，さらなる作業を必要とする」として，結局，勧告については見送ることとした。そのうえで，なお以後も作業を継続し，2020 年までに報告書を作成するよう求めたのである。[41]

２−２　2018 年中間報告書

　デジタル経済に関する結論は 2020 年まで先送りされたが，その間，検討作業は「デジタル経済に関するタスクフォース（TFDE）」および「BEPS 包摂的枠組（BEPS Inclusive Framework：IF)」を中心に進められた。IF とは，BEPS パッケージ全般にわたる実施状況のモニタリング，デジタル経済に対する課税問題についての検討と報告書の作成，データの収集，積み残された BEPS 問題に対処するための技術的作業の完了，各国・地域に対する BEPS パッケージ実施の支援など，ポスト BEPS の推進に向け OECD 加盟国・G20 諸国だけでなくそれ以外の国・地域も参加する仕組みとして立ち上げられた組織である（第１回京都会合，2016 年６月）。2015 年最終報告書では，2020 年までにデジタル経済に関する継続作業の成果を反映する報告書を作成するものとされていたが，2017 年３月の G20 財務大臣会議声明での要請を受けて中間報告書を作成することが決定され，2018 年３月に公表に至った。[42]

　中間報告書はまず，デジタル化したビジネスの特徴として，①国境を超える物理的存在を伴わない規模の拡大（cross-jurisdictional scale without mass），②知的財産権（intellectual property：IP）を含む無形資産への依存，③データ，ユ

32

ーザー参加およびそれらと IP とのシナジーの３つをあげる。ただ，これらの特徴は必ずしも高度にデジタル化したビジネス（highly digitalized businesses：HDBs）だけにみられるものではなく，デジタル化が進むにつれてさらに広範なビジネスにも共通する特徴になると指摘する。一方，これらの特徴の評価をめぐっては，IF 参加国の間で意見の相違が存在する。デジタル化したビジネスに３つの特徴がみられること，そしてさきの①，②の要因がデジタル化したビジネスによる価値の創造と強い係わりを持つことについては見解が一致するものの，③が価値の創造と係わりを持つかどうか，またどの程度持つのかについては意見の一致がないという[43]。ここからは，データやユーザー参加の評価をめぐって，多国籍企業の母国と市場国との間で利害対立が生じていることをうかがうことができる。

　2015 年の最終報告書は，BEPS 問題を超える課題として①ネクサス，②データ，③支払いの性質の分類の３点をあげる一方，無形資産については BEPS 問題を悪化させる要因とみなしてはいたが，BEPS 問題を超える要因としては位置づけていなかった。しかし，中間報告書ではネクサス，データとならんで無形資産への依存が価値創造の場所と課税の場所の不一致，源泉地国と居住地国間での課税権の配分をめぐる対立や歪みを生み出す要因とされた。こうして，経済のデジタル化と無形資産への依存により生じている BEPS 問題を超える課税上の課題について検討しようとするのであれば，1920 年代以来の国際課税ルールの原則，とりわけ「富の源泉」の原則（"origin of wealth" principle）がどこまで妥当性と有効性を持っているのかについて検討する必要が生ずる[44]。この原則は，国境を超える活動からの事業所得に対して課税の枠組みを与える２つのルール，すなわち，①外国企業に対する課税の法域を決定するネクサス・ルール，および②独立企業原則に基づく利益配分ルールからなる。現行のネクサス・ルールでは，源泉地国は国内に PE が存在しない限り外国企業の事業利益には課税できず，居住地国が排他的な課税権を持つことになる。他方，利益配分ルールは，独立企業原則に基づいて，多国籍企業の各関連企業（および PE）が関係取引から獲得する事業利益に重要な貢献をすると考えられる要素の機能分析を通じて，事業利益に反映された価値の創造に対する各関連企業（および

PE）の貢献分を特定することにより，利益配分を行うというルールである。

　だが，物理的存在を伴わない規模の拡大，無形資産への依存，データ・ユーザー参加という３つの要因が価値創造の決定要因として，国際課税原則の２つのルールとはたしてどのように結びつくのかに関しては，IF の参加国の間でも見方が異なる。参加国は，概ね３つのグループに分かれるという。[45)]

　第１のグループは，とくに HDBs モデルを取りあげて「データとユーザー参加」への依存により利益が課税される場所と価値が想像される場所の不一致がもたらされているとみる。ユーザーが創造する価値によってネクサスの問題が生じているとするこの点を除けば，このグループは既存の国際課税ルールを支持しているという。第２は，進行中の経済のデジタル化，およびグローバリゼーションと関連する傾向によって，事業利益に対する既存の国際課税ルールの有効性の継続には課題が突きつけられているとの見解を持つグループである。このグループの特徴は，こうした問題が HDBs モデルだけに限定されるものではなく，より広範なビジネスモデルにもあてはまると考える点にある。また，無形資産や scale without mass が価値創造に貢献していることは容認するが，「データ・ユーザー参加」についてはグループの一部は明確に拒絶しているとされる。最後に，第３のグループは，すべての BEPS 対策の影響を十分に評価するには時期尚早であり，BEPS パッケージは二重非課税の懸念には概ね対処しているとして，現時点で国際課税ルールの大幅な改定が必要だとは考えていないという。

　こうした見解の相違にもかかわらず，IF の参加国の多くはネクサスと利益配分ルールを変更する可能性についてさらに検討を続けることに関しては合意していると，中間報告書は指摘している。[46)]

3　ポリシー・ノート（2019 年１月）・公開討議文書（2019 年２月）から作業計画（2019 年５月）へ

3－1　ポリシー・ノート

　中間報告書が公表されるや，米財務長官ムニューシンは，いかなる国であれデジタル企業だけをターゲットにする提案にはアメリカは断固として反対する

旨の声明を発表した。また，同長官は同（2018）年10月にも声明を発表したが，そこでは自国のインターネット企業をターゲットにするグロス売上税導入の動きに対し強い懸念を表明していた。こうしたアメリカからの強い牽制によりIFでの検討は一時停滞していたが，その後，アメリカの政治状況の変化などを反映し2018年後半から急速に加速したという[47]。その結果，2019年に入るや1月にポリシー・ノート，2月には公開討議文書，5月には作業計画と矢継ぎ早に政策文書が公表されるに至った。

ポリシー・ノートは全文3ページ弱の文書だが，その意義は中間報告書の公表以後 TFDE において「他者の権利を侵害しないとの原則（without prejudice basis）」に基づいて検討してきた数多の提案を2本の柱に集約した点にある[48]。第1の柱では，ネクサス・ルールを含む課税権の配分に焦点を合わせて，市場法域への課税権の配分を拡大する提案が取りあげられた。これらの提案は，独立企業原則や課税権を物理的存在に基づいて決定する原則を超える可能性があることが示唆されている。他方，第2の柱は，残された BEPS 問題に対処しようとする提案であり，課税権を有する一方の法域が事業利益に低率の実効税率しか適用しない場合，他方の法域が当該利益に課税する権限を強化することを認めるとの提案である。こうした方向がとられた背景には，IF参加国のなかで既存のネクサスと利益配分のルールの変更を主張するグループがいる一方，BEPS 問題への対処だけで十分であり，残された BEPS 問題に取り組むべきだとするグループも存在していたことがある。

3－2　公開討議文書（Public Consultation Document）

ポリシー・ノートでの検討方向の確認を受け，パブリック・コメントを求めるための公開討議文書では2つの柱についてその詳細な検討結果が示された[49]。この公開討議文書は，2020年の最終報告の作成に向け，広く一般からの分析と意見を求めるために OECD 事務局により作成された資料であり，IF，OECD 租税委員会やその下部組織でのコンセンサスを得た見解ではないとされている。

⑴　利益配分とネクサス・ルールについての修正提案 ― 第1の柱

第1の柱について，IF は，「ユーザー参加」「マーケティング・インタンジブル（marketing intangibles，以下 MI）」「重要な経済的プレゼンス」の3つの提案

について検討したが，本文書公表の時点では主として前二者に重点的に取り組んだとされている。これらの提案は，いずれもユーザーないし市場法域の課税権を拡張するねらいがある。

《「ユーザー参加」の提案》

この提案は，HDBs によるユーザーへの継続的な関与の勧誘とユーザーからのデータやコンテンツなどの寄与がその価値創造にとって決定的だとして，ユーザーの法域に新たな課税権を認めるべきだとする提案である。対象となるビジネスモデルは，ソーシャルメディア・プラットフォーム，サーチ・エンジン，オンライン・マーケットプレイスといった HDBs に限定される。この提案を主唱するのはイギリスである。[50]

課税方法については，伝統的な移転価格の方法を用いることは難しいとして，独立企業原則に基づいて価値の創造を決定する考え方は退け，残余利益分割法（residual profit split approach）を採用する方式が提案された。その具体的な方法は，表6のとおりである。この方式の下で，多国籍企業グループのルーティン活動に帰せられる利益は，これまでどおり現行ルールに従って決定される。問題は，企業のノン・ルーティン利益をユーザーの所在する法域に再配分する際に生ずる。多国籍企業全体のノン・ルーティン利益を算定するときにも，また，例えばユーザー参加による価値創造への貢献度の違いに応じて個々の事業分野にノン・ルーティン利益を割りふるときにも，いずれも困難に直面するという。そのため，提案は算定のための定式を利用し，実施方法を簡素化するこ

表6　「ユーザー参加」提案による課税方法

1	まず独立企業原則に基づいて多国籍企業の総利益を算定する。総利益からルーティン活動に対応する利益を控除することにより，企業の残余ないしノン・ルーティン利益を算定する。
2	定量的/定性的な情報，あるいは簡素な事前に合意された比率に基づいて，ノン・ルーティン利益の一部をユーザーの活動により創造された価値だと認定する。
3	認定されたノン・ルーティン利益を，合意された配分基準（例えば，収益）に基づいて，企業のユーザーが所在するそれぞれの法域に配分する。
4	当該法域に当該利益に課税する権限を付与する。

（出所）OECD（2019b），*Addressing the Tax Challenges of the Digitalisation of the Economy — Public Consultation Document*, pp. 10-11.

とも考えられるとする一方，その場合には客観的指標に基づく紛争の防止や解決の仕組みを準備すべきだとしている。提案はまた，税務行政と納税者の負担軽減のために，適用に当たり事業規模に基づく一定の制限を組み込むことも考えられるとしている。

《「マーケティング・インタンジブル」の提案》

本提案は，HDBs だけでなく，より広く多国籍企業グループが MI を利用して遠隔から，あるいは現地の限定的なプレゼンス（例えば，リスク限定的販売会社（limited risk distributor：LRD）の利用）により市場に参入する状況に対処しようというものである。その根拠とされるのは，MI と市場法域との固有の機能的連関である。その連関は，ブランドや商標などの無形資産が消費者に好意的な心象を定着させること，また顧客データや顧客との関係，顧客リストなども市場法域の顧客やユーザーをターゲットとする活動からもたらされている点で，二重の意味で市場法域において創造されたとみなしうるとされている[51]。それゆえに，提案は市場法域に対し，ノン・ルーティン利益の一部または全部に課税する資格を与えるよう主張するのである。この提案を唱道するのはアメリカであるが[52]，HDBs に的を絞って課税強化しようとする動きに対して GAFA の本国として強固に反対していたアメリカが，「ユーザー参加」に対する対案として「MI」を主張するように至った背景には，自らの市場国としての利害得失を考慮するようになったことがあげられる。

提案は，適用対象となる主要な事例として 3 つのケースを指摘する。第 1 に，HDBs が課税権を行使できる（taxable）プレゼンスを持っていない市場法域において，販売・マーケティング活動から収益を得る場合，第 2 に，HDBs が現地市場にプレゼンスを持つが，LRD として活動する場合，最後に，HDBs ではない消費者製品ビジネスが遠隔的，あるいは LRD の利用のいずれかにより市場法域で事業を行っている場合，がそれである。提案は，第 1，第 2 のケースはいうまでもなく，最後のケースについても公平性や一貫性，さらに競争条件の均等化の観点から，市場法域に課税権を認めたのである。

課税方法については，「ユーザー参加」の提案と同様に，まず多国籍企業グループ全体のノン・ルーティン利益を算定し，それ以外の所得はすべて現行の[53]

表7 「マーケティング・インタンジブル」提案による課税方法

1	対象の多国籍企業の総利益を算定する。
2	ルーティン機能とそれに対応する利益を決定する。
3	多国籍企業の総利益からルーティン利益を控除して，残余利益（ノン・ルーティン利益）を算定する。
4	残余利益のうち，MI に帰属させるべき部分を算定する。
5	MI に帰属させるべき残余利益を各市場法域に配分する。

（出所）OECD（2019b），*ibid.*, pp.14-15.

利益配分原則に基づいて配分する。次いで，このノン・ルーティン利益を MI とほかに所得を生む要素とに割りふるが，これには大きく2つの方法があげられている。ひとつは，通常の取引の際の移転価格原則を適用する方法である。まず MI を特定し，その利益への貢献度を次の2つの仮定のもとで決定する。すなわち，① MI（とそれに付随するリスク）が現行のルールのもとで配分されるとの仮定，および② MI（とそれに付随するリスク）が市場法域に配分されるとの仮定，である。この2つの仮定のもとでの数値の差額が，MI による調整分となる。いまひとつが，より機械的な概算を利用する修正残余利益分割法によって配分する方法である（表7，参照）。表7の第2段階のルーティン利益を決定する方法には，全面的な移転価格的分析からより機械的なやり方（例えば，コストないし有形資産にマークアップする）まで，さまざまなやり方があるとされている。また，第4段階の残余利益のうち MI に帰属させるべき部分の算定には，コスト・ベースの方法（MI の開発に要するコスト，R&D やトレード・インタンジブルの開発に要するコスト）から，より定式的な方法（例えば，ビジネスモデルにより異なる固定的な寄与比率を使用）まで，ここでもさまざまなやり方があるとされている。第5段階の市場法域への残余利益の配分については，売上高や収益など一定の基準に基づいて行うことが示されている。

　「ユーザー参加」の提案と同様に，本提案でも紛争と二重課税の懸念に対処するために，納税者に対しこの方式の下で早期に課税の確実性が確保される可能性を保障し，強力な紛争解決手段を用意すべきであるとされている。

《「重要な経済的プレゼンス」の提案》

「行動1」最終報告書は「重要な経済的プレゼンス」に基づく新しいネクサスの創造を提起したが，本提案はこの提起を受け，非居住企業がデジタル技術やその他の自動化手段を通じて当該法域と「意図した持続的な相互交流」を行っていることを示す要因が証明されれば，「重要な経済的プレゼンス」を有すると認定して当該法域に課税権を認めるものである。認定のための要因としては継続して生じる収益が基本だが，それとともに①ユーザー・ベースの存在と関連データの提供，②その法域から引き出されるデジタル・コンテンツの量，③現地通貨ないし現地の支払い形式での請求と徴収，④現地言語でのウェブサイトの運営，⑤顧客への商品の最終的配達の責任，あるいは企業による他のサポートサービスの保証，⑥オンラインその他での持続的なマーケティングや販売促進活動のいずれかひとつ以上と組み合わされることが考慮要因とされている。

　本提案のもとでの課税方法としては，「行動1」最終報告書で示された分数配分法が採用された。これは，①特定の国における多国籍企業グループの収益（ないし売上高）にグローバルな利益率を適用して課税ベースを確定する，次いで②この課税ベースを各法域に割りふるための配分キーを決定する（売上高，資産，従業員数やユーザー数），③配分キーにウェイト付けをするという3段階の手順に沿って実施される。このほか提案は，簡素な方法として修正みなし利益法の採用や源泉徴収税の課税も選択肢として提示している。これらはいずれも「行動1」最終報告書での提案を踏襲したものである。

《公開討議文書における第1の柱に係るその他の論点》

　公開討議文書は，以上3つの提案の根拠や課税方法についての詳細な検討結果のほか，「ユーザー参加」とMIの両提案に対する批判や共通点，その適用範囲，事業分野ごとのセグメンテーションの可否，二重課税の排除のための対応策，税務行政の改革など多岐にわたる論点を取りあげているが，それらについての具体的な方法については取り上げられていない。「ユーザー参加」とMIの両提案に対してはその政策根拠に対するそもそもの反対論があることを紹介したうえで，公開討議文書は両提案の概念や範囲の違いをつなぐための統一基準

を開発する必要性を改めて強調している。これは，のちの事務局による「統一アプローチ」の提案に至る伏線を示すものとみることができる。

(2)　グローバルな税源浸食への対抗提案（Global anti-base erosion proposal：GloBE）― 第2の柱

第2の柱の提案は，無税ないし低課税の国への利益移転により自国の税源が浸食されるBEPSの残された問題に対処するために，税源を浸食された国が課税し戻す（tax back）ことを認めるものである。そのため，①所得合算ルール（income inclusion rule）と②税源浸食支払税（tax on base erosion payments）という関連する2つのルールの導入が提案されている。

まず，所得合算ルールは，多国籍企業の外国支店や被支配事業体が設立ないし居住する法域においてその所得に低率でしか課税されていない場合に，親会社側の法域が株主に対し持分に応じた所得課税を行うことを認めるものである。いわば，多国籍企業に対する最低限の課税として機能することが期待されている。具体的には，当該多国籍企業に直接ないし間接に相当規模（例えば25％）の持分を持つ株主に対し，各法域ベースで課税する。算入される所得の算定は国内法の規定に従い，株主は納付した税額に対し税額控除（各法域ごとに算出）が認められる。このルールは既存のCFCルールを補完するものと位置づけられている。[54]なお，免税の外国支店の場合，このルールは支店所得免税の効果を排除する切り替えルール（switch-over rule）として機能する。このルールについては，最低税率の水準のほか，数多くの技術的問題があるとされているが，その具体的な勧告はなされていない。

次に，税源浸食支払税とは，多国籍企業の関連企業への支払い（利子・使用料等）が受取国側で最低税率以下でしか課税されない場合に，支払国側で損金算入ないし租税条約上の特典を否認するものである。この提案は，所得合算ルールを補完することをねらいとしており，①過少課税支払ルール（undertaxed payments rule）と②課税対象ルール（subject to tax rule）の2つの提案からなっている。①は支払国側で損金算入を否認する規定であり，②は租税条約上の特典を否認する規定である。

3－3　作業計画（Programme of Work）

　さきの公開討議文書に対するパブリック・コメントの集約や公開討議の開催の後，IF は 2019 年 5 月の会合で「作業計画」を採択した。同計画は，翌 6 月には G20 財務大臣・中央銀行総裁会議において承認された。G20 で承認された 2020 年末までという時間的制約の中で，コンセンサス・ベースの解決策の策定に向け，利害を異にする多数の参加国からなる IF において一定の合意と指針を示すことが，「作業計画」に託された課題であった。総じて，同「計画」は「公開討議文書」で示された提案に関する問題点や選択肢など，制度設計上の課題を整理しているところに特徴がある。

　第 1 の柱については，「計画」は，公開討議文書で示された 3 つの提案には差異もあるが，重要な政策的特徴を共有しているとして，統一アプローチについて政治的合意をめざし作業を継続するとしている。共通する特徴とは，いずれの提案も次の諸点を考慮に入れている点である。すなわち，①物理的プレゼンスを欠く nexus が存在すること，②事業の総利益を利用すること，③コンプライアンスコストや紛争を減少させるために簡素な条約（独立業原則とは異なる条約を含む）を利用すること，④既存の利益配分ルールと並行して運用すること，である。そのうえで，利益配分ルールとして，すでに「公開討議文書」で提案されていた①修正残余利益分割法（modified residual profit split method），②分数配分方式（fractional apportionment method）に加えて，新たに③販売基準法（distribution-based approaches）[55]が提案された。次に，新しいネクサス・ル

表 8　新ネクサス・ルールに係わる選択肢等の検討課題

内容
1．新ネクサス・ルールの開発には，経済の転換や物理的プレゼンスの要件に制約されない，市場法域でのビジネス・プレゼンスの新概念を捉える必要がある。次の 2 つの選択肢の評価が必要 ― 　a．OECD モデル租税条約第 5 条，第 7 条の修正による PE の定義の変更 　b．市場法域に課税権を認める独立の条項の採用 2．市場法域の経済に対する MNE グループの遠隔だが継続的で重要な係わりについての指標の評価と開発。これには次が必要 ― 　a．継続的な現地の収益（revenue）の閾値 　b．継続的な現地の収益とともに，これらの収益と「当該法域の経済と MNE の相互作用」との単なる販売を超えた結びつきを示すさまざまな追加的な指標

（出所）OECD（2019c），*Programme of Work*, p. 19.

ールについては，表8のとおり，ネクサスの新しい概念の開発と評価基準の研究が必要とされた。併せて，新しい課税方式のもとでの二重課税の排除および税務の執行・徴収体制の課題も指摘された。

第2の柱では，とくに目新しい具体的な提案はなく，例えば「所得合算ルール」では固定税率の採用や各国の法人税率へのその上乗せ（top-up）方式などに言及する一方，「税源浸食支払税」でも修正が必要となる租税条約上の特典の範囲や機能，源泉税と損金算入否認の優劣，各ルールの重複問題やタイミングの問題などの課題の指摘にとどまる。

以上のほか，「作業計画」は，IF参加国からの要望に沿い，各提案が税収の規模や配分，経済全体に及ぼす影響，さらには各多国籍企業や経済部門ごとの影響度などについて継続的に分析を行うことや，以後の作業について，提案全体の合意をめざすIFの運営グループ，個別課題の技術的課題の検討と最終的な報告書の作成を担う作業部会，経済分析と影響評価を担当する事務局という体制のもとで検討を進めることを明らかにした。

4 Pillar 1 に関する「統一アプローチ（"Unified Approach"）」提案（2019年10月）

「作業計画」は，第1の柱の3つの提案にはさまざまな技術的課題が残されてはいるものの，共通点もあるとして，2020年1月までにそれら提案に関する統一アプローチについて合意する必要性を強調していた。このため，OECD事務局が数カ月にわたる包括的な検討を経て公表した公開討議文書が，上記の提案である[56]。

4－1 対象範囲

第1の柱の提案が対象とする事業モデルについては，アメリカの圧力もあり，次第にHDBsに限定せずマーケティング上の無形資産を利用して事業を行う企業等も含める方向が強まっていたが，「統一アプローチ」案（以下，UA案）では，さらに進んで消費者向け事業（consumer-facing business），すなわち，消費財の供給ないし消費者向けの要素を持つデジタルサービスの提供を行う事業も対象とすることにされた。ただし，消費者向け事業の定義や消費財ないし消

費者向け販売の業態などを含む対象範囲の詳細については，さらに検討が行われるべきだとされた。天然資源採取産業や一次産品産業は対象から除かれたが，その他の分野，例えば金融サービスなどの扱いなどは，以後の議論に委ねられた。BEPS「行動13」（移転価格文書化・国別報告書）の適用要件とされている7億5千万ユーロの閾値のような適用対象の規模についても，今後の課題とされた。

4−2　新しいネクサス・ルール

3つの提案は，いずれも物理的プレゼンスが存在しない場合でも，それぞれの根拠に基づいて市場法域に新しい課税権を認めようとするものであったが，その際，多国籍企業と市場法域との「遠隔だが継続的で重要な係わり」を特定するための基準ないし指標の検討は，残された課題であった。UA案は，売上高（sales）ないし収益（revenue）を主たる指標とすることがもっとも簡便な方法だとした。その場合，経済規模の小さな法域が不利にならないよう，国ごとに特別の売上高の閾値を設定することとした。UA案はオンライン広告サービスを新ネクサスのひとつの例示としてあげている。また，収益を閾値とした意図は，消費者に遠隔から販売するビジネスモデルにネクサスを創造するだけでなく，現地の販売企業（関連事業体か非関連事業体かを問わず）を通じて消費者に販売する企業の場合にも適用することにより，さまざまな事業モデルの間での中立性を確保するためである。最後に，新しいネクサスは，PEルールに優先する，独立したルールとして採用されるものとされている。

4−3　新しい利益配分ルールおよび修正利益配分ルール

現行のOECDモデル租税条約では，非居住企業の利益の事業所得としての課税（第7条），あるいは特殊関連企業への移転価格課税の適用（第9条）は，いずれも物理的プレゼンスの存在を前提とするが，巨大多国籍企業に係わる国際的な課税紛争の大部分がそのマーケティングや販売活動の解釈と実際をめぐって争われてきたことは周知のところである。しかし，新しいネクサスは，物理的プレゼンスが存在しないケースのもとで多国籍企業に対しネクサスを創造することを意味するため，新しいネクサスに利益配分するのに現行ルールは利用不可能であり，新しい利益配分ルールが必要になる。UA案は，その新ルー

ルこそ，利益A，利益B，利益Cからなる3層構造の利益配分ルールだとする。この新しい利益配分ルールの提案こそ，UA案の最大の眼目といってよい。

　新しい利益配分ルールが，独立企業原則や物理的プレゼンスを根拠とする課税権を逸脱する可能性があることはすでにポリシー・ノートでも指摘されていたが，UA案は，にもかかわらず現行ルールは大部分のルーティン取引にはかなりうまく機能すると一般に認められていると指摘する。それゆえ，市場法域においては移転価格ルールと新ルールを補完的に適用することになるとされている。また，新ルールは利益，損失の双方に適用される。

　UA案が提起する利益配分ルールは利益A，利益B，利益Cの3層からなる。このうち，新しい利益配分ルールが適用されるのは利益Aであり，利益Bおよび利益Cについては，市場法域における伝統的なネクサス（子会社ないしPE）が存在する場合にのみ修正された現行ルールが適用される。なお，3つのタイプの利益のいずれについても，紛争の防止と解決のための方策が不可欠であることが強調されている。

① **利益A（Amount A）**——新ネクサスの創造に対応して新しい利益配分ルールが適用されるのが，利益Aである。これは，多国籍企業グループないし事業分野ごとに算定したみなし残余利益（＝ノン・ルーティン利益）のうち，市場法域に対する利益として割り当てられる部分をさす。みなし残余利益とは，すでにみたように，多国籍企業の総利益からみなしルーティン利益を控除した後に残る利益である。

　UA案は，総利益の算定を，本社所在の法域における一般に公正妥当と認められる会計基準（Generally Accepted Accounting Principles：GAAP）ないしIFRSに準拠して作成された連結財務諸表によるとしている。ルーティン利益は企業のルーティン機能に対応する利益であり，その算定には伝統的な移転価格ルールに基づいて決定するなどさまざまな方法がありうるが，モデル租税条約の簡素化により一定の収益率を総利益に乗ずる簡便な方法が推奨されている。収益率のレベルは産業ごとに相違することが予想されるが，簡素化のために一定の比率に固定するよう提案している。こうして算定されたルーティン利益を総利益から控除して，残余利益が算出される。

UA 案は，残余利益分割法（ルーティン利益を除外するために，収益性に基づく閾値を採用）と分数配分方式の双方の特徴を取り入れたとされている。そのことによって，提案の実行可能性が二重に高められるという。第1に，簡便な方法でルーティン利益を算定することにより，みなしノン・ルーティン利益の算定ができる。伝統的な移転価格ルールを適用せずにすむため実行面での複雑さが抑制され，IF 参加国のコンセンサスが得やすくなるという。ルーティン利益を一定の収益率で確保できるため，みずからの法域内に物理的に立地する企業のルーティン事業活動から生み出される所得に対して，どの法域も課税権を放棄させられるリスクを回避できるからである。第2に，簡素化されたモデル租税条約の利用は，現行の移転価格ルールと並行して新しい利益配分方式を実行するのを容易にするため，紛争の範囲を縮小するという。

残余利益の算定に当たり，申告利益に標準化された調整措置を加えるかどうか，また，多国籍企業グループの収益性が事業分野や地域，また市場により違いがあるためセグメントごとの調整を行うかどうかなどについては，さらに検討が必要だとしている。

みなしノン・ルーティン利益が算定された後，市場法域に帰属する部分と，トレード・インタンジブル，資本やリスク等のその他の要素に帰属する部分とに分割する。みなしノン・ルーティン利益には，新しい課税権がターゲットとしていない事業活動に基づく部分が含まれているからである。この段階で伝統的な移転価格ルールを利用することは実行上困難なため，ノン・ルーティン利益に固定比率を乗じて市場法域帰属分を算定するなど，簡素な方法を用いるものとされている。UA 案にとって決定的に重要なことは，この固定比率をどのように設定するのか，またその比率を産業ごとに変えるべきかどうかについて合意を得ることだとされている。

最後に，市場法域に割り当てられたみなしノン・ルーティン利益について，事前に合意した配分キーに基づいて新課税権を行使する資格を有する各法域に配分される。[57]

② **利益B（Amount B）** —— 市場法域での事業活動，とくに販売機能は現行ルール（移転価格や PE ルール）により課税されているが，この分野での課税紛争

が頻発していることから、想定されるベースラインないしルーティンのマーケティングや販売活動を反映する、固定した対価による利益配分を行ってはどうかというのが利益Bの提案である。

多国籍企業のマーケティング・販売活動は、その他の事業活動とは明確に異なるものの境界線上の問題もあるため、その明確な定義が必要となる。固定収益（fixed return）の金額については、①単一の固定比率、②産業および/または地域ごとに異なる固定比率、あるいは③その他合意した方法、のいずれかにより決定できるとされる。しかし、これらの課題についての具体策は示されていない。

③ **利益C（Amount C）**── これは、市場法域でのマーケティングや販売活動がベースライン・レベルの機能を上回り、それゆえ利益Bの固定収益を超えることの正当事由となる追加利益、あるいは、多国籍企業グループが市場法域でマーケティングや販売活動とは関係のない事業活動を行っている場合に、独立企業原則に基づいて当該市場国に配分される追加利益である。利益Cについては改めて、紛争防止と解決のための現行方式および新たに可能な方式を検討することが不可欠とされている。

なお、利益Cについては、市場法域での機能的活動に起因するとの理由で利益Aの利益の一部ないし全部が利益Cと重複して市場法域に配分されないようにすることが重要だとされている。この利益Aと利益Cの相互関係の詳細については、さらに検討することが必要だとされている。

4-4　未決の重要論点

「作業計画」は、さらなる作業が必要となる分野として、事業分野や地域ごとのセグメンテーションの利用可能性、ロスの取扱いに関連する問題と選択肢、販売場所の決定と関連する課題などを挙げ、そのいくつかはすでに作業が進行中としていた。そのうえで、UA案ではさらに、ビジネスモデルの種別化、利益Aや利益Bに係わる定義や規模の問題、UA案のもとでの二重課税排除の現行メカニズムの有効性、新しい利益配分ルールのもとでの執行と徴収のあり方やその他実行上の問題点などが指摘されているが、いずれも具体策は今後の検討に委ねられた。

5　Pillar 2 に関する GloBE 提案（2019 年 11 月）

　本提案は，国際的に事業活動を展開する企業が，その利益に対し最低税率での課税を受ける仕組みを構築することによって，残された BEPS 問題に幅広く対処しようとするものである。[58]最低税率課税の直接のねらいは，企業による利益移転のインセンティブを抑えるとともに，各国による租税競争に下限を設定することであるが，さらに進んで多国籍企業と各法域の双方の行動様式に影響を及ぼすことを企図している。すなわち，法人税率の「底辺への有害な競争」が可動性の低い課税ベースに税負担を転嫁するリスクを高め，また経済規模の小さい発展途上国に対し特別にリスクをもたらしている現状に歯止めをかけるには，グローバルな行動が必要だとしている。

　GloBE 提案は，すでにふれたように，以下の 4 つのルールから構成されている。

①所得合算ルール　　外国支店ないし被支配事業体の所得が最低税率以下の実効税率で課税されている場合，その所得に課税する。

②過少課税支払ルール　　関連企業への支払いが最低税率以上での課税となっていない場合，その支払いに対し，控除（deduction）の否認ないしソース・ベース課税（源泉徴収税を含む）を行う。

③切り替えルール　　PE の帰属利益または不動産（PE の一部ではないもの）所得が最低税率未満での課税にとどまる場合に，居住地法域に対し国外所得免除（exemption）方式から税額控除方式に切り替えることを認める条項を租税条約に採用する。

④課税対象ルール　　支払いが最低税率で課税されていない場合に，一定の所得項目に対し源泉徴収税などを課税し，条約特典を受ける資格を調整することにより，過少課税支払ルールを補完する。

　これらのルールは国内法や租税条約を改定することにより実施に移されるとともに，複数の法域がこれらのルールを適用することによる二重課税のリスクを防止するために調整ルールないし順序づけルールを導入することとされている。また，所得合算ルールは固定税率への上乗せ課税として機能するとされているが，その実際の適用税率は他の重要な制度設計上の要素が十分に確定した

後に検討される予定である。GloBE 提案に関連する他の重要な検討課題として「作業計画」が提起していた項目には，課税ベースの決定，低税率所得と高税率所得のブレンディング（blending）の程度に関するルール，除外措置や閾値の必要性（とそのデザイン）に関する論点などがあった。これらの課題についての検討は，制度の技術面の詳細に立ち入るため，以下ではポイントに絞って紹介することにしたい。

　GloBE 提案の技術面，設計面の検討は，IF 内でどのような政策選択が行われるかに依存するが，例えば，過少課税支払ルールの構造と運用，課税対象ルールの性質と範囲などは IF でさらに検討が必要だとされた。なかでも今回の提案では技術面，設計面において，次の 3 点がとくに要請される問題だとされている。[59]

①課税ベースの算定のための出発点としての財務会計の利用，ならびにタイミングのずれに対処するためのさまざまなメカニズム

②実効税率の算定に当たっての高税率所得と低税率所得のブレンディングの程度

③対象からの除外および閾値に関する利害関係者の経験および見解

5－1　課税ベースの算定

　まず強調されているのは，課税ベース算定の一貫性を確保することの重要性である。「作業計画」によれば，課税ベースは CFC ルールを参考に，CFC ルールがない場合は株主の居住する法域の国内法人税制を参考に算定されるものとされている。その場合，多国籍企業の子会社は毎年度，親会社法域のルールに合わせて所得の再算定を行わなければならず，コンプライアンス・コストを著しく高めることになる。また，親・子会社法域の課税ベース算定の技術的・構造的な違いは，繰延費用の取扱いや所得・費用の認識の時期の不一致をもたらす原因にもなる。それらは，第 2 の柱の政策意図である公平な競争条件の確保を妨げる要因ともなる。

⑴　財務会計の利用による所得の算定

　「作業計画」は，コンプライアンスおよび執行可能性を改善し，課税ベース算定の違いの影響をなくするため，簡素化を図るよう求めている。それには，

財務会計ルールから出発し，財務会計により算出された所得と課税所得とを一致させるための調整措置について合意することが必要になる。その際，まず親会社が利用する会計基準と子会社が利用する会計基準のどちらを選択するのか，次に GloBE 提案にとってどちらの会計基準が許容されるのかが問題となる。

GloBE 提案は，連結財務諸表を作成する多国籍企業グループの場合，子会社の所得を親会社の会計基準を用いて算出しているので，課税ベースの算定についても親会社の会計基準を利用すれば，会計基準の相違に起因する税務当局による子会社監査の困難性や子会社間の取引に生じる歪みなどの問題を回避することができると指摘する。また，親会社の会計基準は GAAP により作成する必要があり，IFRS や現地の GAAP，例えばアメリカ，日本のそれは容認されるとしている。

連結財務諸表を作成する義務のない非上場の多国籍企業の場合，利用可能なアプローチの範囲を検討する必要があるという。GloBE 提案のもとでさまざまな会計基準を容認すれば，グループの最終的な親会社の居所が異なれば異なる結果が生じる可能性がある。会計基準の違いの多くはタイミングの差異だが，なかには永久的差異も生ずるため，検討が必要だとされている。

(2)　**調整**

GloBE の課税ベースの算定のもっとも簡単な方法は，未調整の財務諸表の数値を用いることであるが，その場合，税務申告額と比べて会計上の純利益が過大ないし過小表示となる可能性があると提案は指摘する。その調整には，会計上の利益と課税所得との永久差異および一時的差異を考慮に入れる必要がある。

《永久差異》

永久差異とは，会計目的上の年間所得と税務上の年間所得との差異のうち，将来にわたり解消されないとみなされる差異をさしている。永久差異が生ずる原因としては，さまざまなケースが例示されている。例えば，外国法人からの受取配当や株式売却益について，二重課税の排除のために課税所得から除外する場合，ブレンディングの方式の違いにより課税所得の調整に差異が生ずるという。また，企業買収の場合にも，財務会計と課税ルールとで扱いが異なるため永久差異が生ずるとされる。さらに，政府債利子や政府補助金の所得からの

除外や交際費・賄賂・罰金などの費用控除の否認など，一定の所得除外や費用控除の否認も，永久差別をもたらす原因とされている。

　外国法人からの受取配当の場合の永久差異については，ブレンディングの違い（全世界アプローチか，それとも地域別，事業体別アプローチか）によって調整の可否が決められる可能性が指摘されているが，その他のケースについては具体的な調整の可否は公開討議に委ねられている。

　《一時的差異》

　一時的差異とは，会計目的上の所得と税務上の所得との差異のうち，将来解消されることが予想される差異をさす。税法に変更がないと仮定すると，一時的差異は事業体がその存続期間を通じて支払いを求められる税の総額には影響を及ぼさない。その実例としては，減価償却の方法，準備金の控除，損失の繰越控除，割賦販売の取扱いなどの差異があげられている。

　GloBE 提案は，一時的差異への対処法として，以下の３つの基本的アプローチをあげるとともに，各アプローチの調整・併用も可能だとしている。

①**超過税額および租税属性の繰越し**　　この方式は３つのルールで対処できるとしている。第１に，子会社がある年度にある法域で最低税率を超えて納付した税は繰り越され，後年度に納付税額が最低税率未満になった際に納付された税として取り扱われるとするルールである。第２は，子会社が最低税率を超えて税を納付した場合に，当該子会社の所得について親会社が所得合算ルールのもとで納付した税が親会社の別の租税債務から還付されるか，税額控除が認められるとのルールである。第３は，子会社の営業損失が繰り越され，当該子会社の財務会計上の所得を減少させるために使用されるとのルールである。いずれの繰越しも，親会社が管理する備忘勘定により追跡可能である。

②**税効果会計**（Deferred tax accounting）　　この方式は，ある期間の税金費用を，当該期間に納付すべき税額とは係わりなく，当該期間の財務会計上の所得に基づいて算定するものである。実際の税額が財務会計の税金費用を下回る場合，繰延税金負債が計上され，逆に前者が後者を上回る場合には，繰延税金資産が計上される。多国籍企業はすでに事業体ごとのベース

で税効果会計を実行しているため，追加的なコンプライアンス・コストを
負担させることはない。

③**複数年度の平均化**（Multi-year averaging）　　この方式により，複数年度に
わたる子会社の合計支払税額と合計所得に基づいて平均実効税率を算定し，
GloBE の課税ベースと子会社法域での課税ベースの差異に起因する変動
に対処するものである。この方式は，損失の繰越，超過税額その他の租税
属性について個別のルールを必要としないため，簡素化が可能になる。

一時的な差異に対処するためのルールの検討には，コンプライアンス，執行，
租税政策上の考慮など多数の課題があるとされているが，その具体策について
は今後の作業に委ねられている。

5－2　ブレンディング

GloBE 提案は，低税率所得と高税率所得とのブレンディングによる実効税率
テストに基づいて最低税率での課税を判定するため，どの程度までブレンディ
ングが可能かに関するルールが必要になる。ブレンディングは広狭いずれのベ
ースでも実行可能だとされており，「作業計画」はグローバルレベルから事業
体レベルまでさまざまな選択肢を検討するよう要請していたことから，本提案
では次の3つのタイプが示された。

①**全世界ブレンディング方式**　　これは，多国籍企業の外国所得総額とその
　外国税総額を総計し，その税負担が最低税率未満の場合に追加課税を行う
　ものである。

②**法域別ブレンディング方式**　　これは，多国籍企業に対しその外国所得を
　それぞれの法域に振り分けさせ，当該法域に割り当てられた所得に対する
　税額が最低税率未満の場合に，追加課税するものである。

③**事業体別ブレンディング方式**　　これは，多国籍企業に対しグループ所属
　の各事業体の所得（国内事業体の所得のうち国外支店に帰属する所得を含む）
　と税額を算定させ，その外国事業体（あるいは国外支店）の実効税率が最低
　税率未満の場合に，多国籍企業に追加課税するものである。

このなかでは，法域別や事業体別の方式の方がきめ細かく，全世界方式の場
合には税負担率は最低税率となるが，前二者では最低税率以上になると想定さ

れている。全世界方式の場合，コンプライアンス・コストは低下するが，租税競争に下限を設ける点では効果が薄いとされる。

　提案は，3つのブレンディング方式がいずれもさまざまな課題をもたらすことを認めており，次のような問題点を指摘している。すなわち，ブレンディングが実効税率の変動に及ぼす影響，連結財務会計の情報を利用することに伴う問題，支店と本店との間での所得配分の方法，税務上の透明な事業体の所得配分の方法，他の法域で生じた税額の控除についての調整，配当その他の分配の取扱いなどである。詳細は省略するが，ここでもなお多くの検討課題が残されているのである。

5－3　除外

　「作業計画」は，GloBE 提案の適用を制限するための除外措置や閾値を検討するよう要請している。具体的には，①有害な租税慣行に関する BEPS「行動5」に準拠した制度，および実体に基づく除外措置，②有形資産の収益，③関連法人と閾値未満で取引する被支配法人，④売上高ないしグループの規模を示すその他の指標に基づく閾値，⑤利益または関連者取引の金額が少ない取引，ないし事業体を除外するための僅少（デミニミス）閾値，⑥特定の分野ないし産業の除外措置などの設計に関する選択肢と論点の検討である。

　除外措置や閾値などの設定がどのような意義をもち，どのような影響を及ぼすのかについて，GloBE 提案は以下のように指摘している。

　さきの永久差異に係る会計上の調整は，除外措置と類似の機能があるものの一般にその調整範囲は除外措置よりも限定的であるのに対し，GloBE の課税ベースの調整は永久差異を縮小するという。

　除外措置や閾値の決定は，租税政策や法的分析と係わる論点を含む政策問題であり，その設計如何が租税制度の中立性や正ないし負の外部性をもたらす活動に影響を及ぼす。それは，EU の基本的自由を含む既存の国際的義務と適合的であることを保証する必要がある。さらに除外措置や閾値の存在は，多国籍企業や課税当局のコンプライアンス・コストや税務執行コストにも影響を及ぼすため，その制度設計如何によってコンプライアンス・コストは増加，あるいは減少する。

その適用方法についてみると，除外措置の場合，質的かつ事実‐状況ベースか，あるいは客観的かつ定式ベースのいずれかにより実施が可能である。前者では，特定の事実や状況に合わせて除外措置を調整することが可能であり，あるいは政策立案者が適切とみなすあらゆる事実と状況に基づいて調整することもできる。この方法は濫用されにくいという利点があるが，後者の方法よりも制度設計が難しく，また複雑さが増しコンプライアンス・コスト，執行コストともに増加する。それゆえ，この方式は納税者には不確実性をもたらす一方，課税当局による執行もより困難になる。

他方，後者は複数のベースからなる定式に依拠する方法であり，前者よりも執行が簡便である。だが，特定の基準（例えば資産価額）に基づく除外措置について，納税者が適用資格を証明するために文書化を求められるような場合にはコンプライアンス・コストが高まる可能性がある。また，この方式の場合，容易に人為的操作にさらされやすく，濫用防止ルールを設定する必要があるとされている。

閾値については，総収益ないし利益総額といった一般的な基準に基づいて設定されるため，特定納税者の特定の特徴と結びつけられる除外措置の場合よりも，執行面でもコンプライアンスの面でも簡素だとされている。ただ，閾値前後で活動している納税者には納税額が変動する可能性がある。

6　小括 ― BEPS 包摂的枠組による声明（2020 年 1 月）―

OECD 事務局が作成した 2 つの柱の提案とその公開討論を受け，IF 参加国は，2020 年 1 月末に開催した会合において「声明」を公表し，第 1 の柱「統一アプローチ」の枠組みをコンセンサス・ベースの解決策に向けた交渉のベースとして承認するとともに，第 2 の柱の GloBE 提案についても重要な進展が成しとげられたとして歓迎の意向を表明した[60]。声明には詳細な付属文書が添付されている。

他方で，声明は，アメリカが第 1 の柱を「セーフハーバー」基準により実施するよう求めている（2019 年 12 月の米財務長官書簡）ことに対し，IF メンバーの多くがそれに懸念を表明していることを紹介している[61]。また，ほかにも解決

すべき重大な相違のある問題が残されているとして，①拘束力のある紛争の防止・解決メカニズムおよび利益Ｃのもとでの紛争解決メカニズムの範囲，②対象事業活動のデジタル化の相違を考慮し，利益Ａにウェイトづけをするとの一部メンバーからの提案，③（地域的セグメンテーションにより）利益Ａの算定と配分に地域的要因を考慮するとの一部の国からの提案，④一部の法域と企業が表明したデジタルサービス税の継続的な適用の問題などがあげられている。これらの問題を含め，さらに検討作業を進めて2020年7月の次回会合で政治的合意をめざすこととされている。

　付属文書は，第1の柱「統一アプローチ」の構造を説明する「付属資料1」と，第2の柱の進捗状況を説明する「付属資料2」からなり，前者にはさらに2種類の資料が添付されている。その内容は，昨年10月と11月にOECD事務局が公表した公開討議文書を基本的に大枠で踏襲している。以下では，声明および付属資料の内容について簡潔にふれておきたい。

《利益Ａに対する新課税権の対象ビジネス》

　利益Ａに対する新しい課税権の対象となるビジネスについて，「統一アプローチ」ではHDBsと消費者向け事業とに分類されていたが，今回の付属文書では「自動化されたデジタルビジネス（automated digital business）」と消費者向け事業に分類されることになり，それぞれ対象とする事業名が具体的に指摘された[62]。前者には，包括的ではないとされるが，オンライン・サーチエンジン，ソーシャルメディア・プラットフォーム，オンライン・マーケットプレイスを含むオンラインの仲介プラットフォーム，デジタル・コンテンツ・ストリーミング，オンライン・ゲーム，クラウド・コンピューティング・サービス，オンライン広告サービスがあげられている。法律，会計，建築，エンジニアリング，コンサルティングなどの専門サービスのビジネスは対象とされない。なお，自動化されたデジタルサービスの定義については一層の作業が必要だとされた。

　後者は，直接であれ間接であれ，個人的使用を目的にアイテムを購入する個人に販売するタイプのビジネスであり，伝統的なビジネスを含めて広範なビジネスが対象となる。例示として，個人用コンピュータ製品（例えば，ソフトウェア，家電製品，モバイルフォン），衣服・洗面用品・化粧品・高級品，ブランド品

の食料品や飲食物，レストラン・ホテルを含むライセンス協定などのフランチャイズ・モデル，自動車があげられた。

《新課税権のあり方をめぐる論点》

新課税権のあり方についても，その設計面についてやや立ち入った指摘がなされている。例えば，利益 A に新課税権を行使する場合の課税ベースとして，さまざまな利益指標のなかで税引前利益が適切だとされた。[63] また，利益 A を各市場法域に配分する際の閾値や配分キーについて，各種のビジネスモデルに応じて収益の源泉地を決定する特別のルール（specific revenue-sourcing rules）を検討することが必要だとされた。[64] 二重課税の排除についても，利益 A に通常の方法をストレートに適用することはできないが，既存の外国税額控除方式や外国所得免除方式は引き続き適用できる可能性があることから，どの法域が二重課税排除の義務を負うかを決定するルールが必要だと指摘されている。関連して，収益を基準として多国籍企業グループのうちの納税企業を特定する方法，それら企業に利益 A の租税債務を割り当てる方法，そこに既存の二重課税排除のメカニズムをどこまで効果的に適用できるかの評価法などの検討課題があげられた。[65] 利益の二重計算の問題も，さらに立ち入って指摘されている。多国籍企業が利益を各事業体や法域に割りふる際に，利益 B，C を含めて独立企業原則に基づく利益を算定するため，利益 A と C の間で二重計算が生じるという。したがって，二重計算が生じる分野を特定し二重課税が生じさせないための検討が必要だとしている。[66]

《利益 B の制度設計》

利益 B についても，①ベースライン活動の定義，②適切な利益水準指標の検討，③合意されたレベル（例えば，中央値）での固定率による収益の算定，④一般に利用可能な，固定率を支持する情報に基づくベンチマーク研究の活用，⑤独立企業原則に合わせるために産業と地域の取扱いの種別化を必要とする場合のその程度などの問題が検討課題に掲げられた。[67]

《課税の確実性：紛争の防止と解決》

OECD は，一貫して課税紛争の防止と解決のメカニズムの重要性を強調してきたが，今回の「声明」では紛争防止と解決に拘束力を持たせることを謳って

いる。「付属資料1」では，利益Aをめぐる二国間の課税紛争は他の多数の法域での利益Aの課税にも影響を及ぼすため，二国間の，かつ事後的な現行の紛争対処方式は実際的ではなく，多国間で合意した手続きが必要になるとして，検証機能を持つ代表権のある国際的パネルの設立を提起している。そのために，すべての課税当局による拘束力のある合意に基づくことが必要だとしている。[68]

利益Bに関する課税紛争は限定的であり，その範囲について明確で詳細なガイダンスを準備すれば紛争を抑えることが可能だとしている。BEPS「行動14」に基づいて推進されている相互協議手続き（mutual agreement procedure：MAP）をさらに強化することも課税の確実性を確保するうえで重要だとしている。[69]

利益Cについては，①調整機関の制限，②紛争時の徴収の制限ないし停止を検討するよう求めている。[70]

《新アプローチの実行と管理》

新ルールの実行に当たり，統一アプローチの実施に必要なあらゆる国際ルールを含む新しい多国間租税条約を締結し，現在，二国間条約を持たない法域間にも適用するとの構想が提起されている。また，新しい課税権の実行にはコンプライアンスや実行面で多くの課題（例えば，セグメンテーション）に対応する必要があることから，段階的導入や初期移行期間における簡素なアプローチの採用も検討してはどうかとしている。

また，アメリカからのセーフハーバーの提案に対しIFおよび作業部会から寄せられた懸念として，①利益Aの範囲について適切な修正の可能性があるか否か，②セーフハーバー・ルールの運用・管理ルールの必要性，③セーフハーバー・アプローチを踏まえた二重課税回避の適切なメカニズム，④特定のセーフハーバー提案との関連で予想される一方的措置の結末，⑤納税者および法域に及ぼす影響などの問題が指摘されている。

《新たな作業計画および利益Aの閾値に関する決定木》

「付属資料1」の「資料A」では，2019年5月の「作業計画」に代わる新たな作業計画として，次の11項目にわたる技術的，政策的課題が示された。それは，①利益Aの範囲，②利益Aの新ネクサス・ルールおよび関連する条約[71]

56

上の考慮要因，③課税ベースの算定，④利益 A の規模，⑤利益 A の収益源泉地の決定ルール，⑥利益 A のもとでの二重課税の排除，⑦利益 A，B，C の相互関係および二重計算の潜在的リスク，⑧利益 B の特徴，⑨利益 A についての紛争防止と解決，⑩利益 B，C についての紛争防止と解決，⑪実行と管理，である。

「資料 B」では，利益 A についてのネクサス・ルールがどのように多国籍企業に係わるかを示す決定木（decision tree）が示されている。

《第 2 の柱の進捗状況メモ》

第 2 の柱の提案については，多くの重要な要素についてなお検討中とされながらも，個々の構成部分については「作業計画」ですでに確認されているとして，とくに大きな進展はない。[72]所得合算ルールでは最低税率の議論はまだ検討されておらず，所得算定のベースとしての金融口座の利用や一時的差異・永久差異を縮小するためのメカニズムについては広範囲にわたる作業が継続中という。また，除外措置について実質ベースの措置を含め，さまざまなオプションを検討中としている。切り替えルールや過少課税支払ルールについても，簡素化や複雑さの抑制などのためさまざまな案を考慮中という。課税対象ルールについては，対象となる支払いの範囲，最低税率テストの設計，必要な調整の程度，僅少閾値の使用，過少課税ルールとの関係などについて議論が継続しているとしている。最後に，無差別原則などの国際的義務やその他のルールとの整合性，簡素化，閾値（7.5 億ユーロ），除外措置などに関する作業も継続中とされている。

Ⅲ　改革のゆくえ

1　新しい課税権（ネクサス）と国際的な税収配分

2020 年 2 月，OECD は第 1，第 2 の柱からなる提案の経済分析と影響評価に関する調査結果を公表した。[73]調査は，IF 参加国を含む 200 超の国・地域からのデータ，27,000 超の多国籍企業グループ，20 か国以上の国別報告（CbCR），可能な限りの企業別データ等の広範なデータに基づいて行われた。分析は，高所得，中所得，低所得の法域別および投資ハブ法域について行われ，[74]国別の分

析は示されていない。

　第1，第2の柱を合わせた影響をみると，改革の内容にもよるが，世界全体でのネットの法人税収増は世界の法人税収の約4％，金額では毎年1,000億ドルとされている。[75] 高・中・低所得法域それぞれの税収増は，4％強，3％程度，4％弱となっている（図1，参照）。全体として，第2の柱による税収増の方が第1の柱のそれよりもかなり大きいことが特徴である。約4％とされる法人税収増の内訳の数値は公表されていないが，掲載された図から推定すると，第1の柱による分が0.5％弱にすぎないのに対し，第2の柱のうち最低税率による分は1.7％強，利益移転の減少による分は1.4％強，合計3.2％弱を占めている。[76] 投資ハブ法域は，逆に税収減となる。改革による平均実効税率への影響は，大部分が第2の柱の影響によるものであり，とりわけ投資ハブ法域への影響が大きい。第2の柱は法域間の税率の差を縮小するため，多国籍企業の利益移転のインセンティブを低下させる。このことは，利益移転の悪影響を高所得経済よりも大きく受ける途上国経済にとっては大きな意味があると評価されている。なお，分析に当たり，第1の柱に係る残余利益については税引前利益/売上の閾値が10％（ないし20％），市場法域への配分割合は20％，第2の柱に係る最低税率は12.5％と仮定されている。

　第1の柱だけについて，法人税収の変化を所得グループごとにみたものが，図2である。[77] 残余利益の税引前利益/売上の閾値が10％の場合，世界全体での法人税収増は概ね0.3〜0.7％，20％閾値の場合には0.1〜0.2％と見込まれて

図1　シナリオ3の下での所得グループごとの税収増の平均規模（対法人税収比）

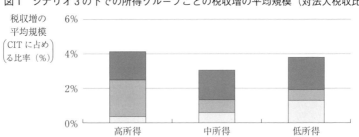

税収増の
平均規模
⎛CITに占め⎞
⎝る比率（％）⎠

□ Pillar 1　■ Pillar 2: 最低税率の設定による税収分　■ Pillar 2: 利益移転の縮小による税収分

（出所）OECD（2020b），p. 20.

図2　Pillar 1の下での法人税収への影響度の推計（対法人税収比）

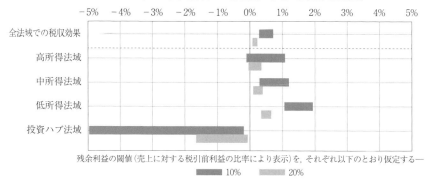

（出所）*Ibid.*, p. 12.

いる。最も大きな影響を受けるのは投資ハブ法域であり，その税収減の程度は
ごくわずかな程度から約5％までの範囲となっている。なお，再配分される利
益の半分以上は，多国籍企業グループ100社からとされている。

　投資や経済成長への影響については，改革がターゲットとするのが高利益
率・低実効税率の企業であることから，ほとんどの国にとって投資コストへの
直接的な影響は小さいと予測されている。この結果，生産性のより高い法域へ
より多くの投資が行われることから，グローバルでの成長は高められるという。
第1，第2の柱を実行した場合に，平均実効税率がどの程度上昇するかについ
てみると，全法域の平均では約0.7％，所得グループ別では高所得法域0.6％強，
低中所得法域0.7％強に対し，投資ハブ法域は1.9％強ととりわけ大幅な上昇
となる可能性があるとされている。

　以上がOECDによる調査結果であるが，改革により実現される法人税収の
増加規模が世界の法人税収の約4％，金額にして1,000億ドルとの結果は，表
4のBEPSによる税収逸失額の推計額（1,000〜2,400億ドル）と比べて過少で
ある。そのうち第1の柱による分は0.5％弱とされるので，金額に換算すれば
125億ドル弱となる。新しい課税権を謳う国際課税ルールの改革にしては，そ
の規模はあまりにも僅少といわざるをえないのではないか。

　表9は，MI方式のもとでの課税ベースの配分の仮設例を示している。ある

表9 マーケティング・インタンジブル方式の下での課税ベースの配分例

	通常収益率5%のケース			通常収益率10%のケース		
	グループ全体	A国（本社・IP所有）	B国子会社	グループ全体	A国（本社・IP所有）	B国子会社
有形資産	100	100	0	100	100	0
MI	50	0	50	50	0	50
その他無形資産	50	50	0	50	50	0
資産合計	200	150	50	200	150	50
売上/収益	100	0	100	100	0	100
利益（＝対資産利益率5%）	10			10		
ルーティン利益		5			10	
残余利益	5			0		
その他無形資産から生ずる残余利益		2.5			0	
MIから生じる残余利益			2.5			0
MI方式の下での法人課税ベース		7.5	2.5		10	0

	MIに大幅に価値を配分			MIへわずかに価値を配分		
	グループ全体	A国（本社・IP所有）	B国子会社	グループ全体	A国（本社・IP所有）	B国子会社
有形資産	100	100	0	100	100	0
MI	50	0	50	10	0	10
その他無形資産	50	50	0	90	90	0
資産合計	200	150	50	200	190	10
売上/収益	100	0	100	100	0	100
利益（＝対資産利益率5%）	10			10		
ルーティン利益		5			5	
残余利益	5			5		
その他無形資産から生ずる残余利益		2.5			4.5	
MIから生じる残余利益			2.5			0.5
MI方式の下での法人課税ベース		7.5	2.5		9.5	0.5

（出所）Næss-Schmidt, S. et al.(2019), "Future Taxation of Company Profits: What to Do with Intangibles?," *Copenhagen Economics*, 19 Feb., pp. 5-6.

多国籍企業について総資産200，売上100，利益10とし，売上はすべてB国子会社によると仮定する。資産の内訳は表のとおりとし，A国本社とB国子会社の間でその他無形資産とMIを50ずつ保有する。通常収益率5％のケースでは，利益10のうちルーティン機能から生じる利益は5（＝100×5％），したがって

残余利益は 5 (＝10－5)，これが MI とその他無形資産の保有割合に応じて本社と子会社に配分されるため，2.5 ずつとなる。したがって，MI 方式のもとでの法人税の課税ベースはそれぞれ 7.5，2.5 となる。

次に，通常収益率が 10% のケースをみると，利益 10 のうち通常利益が 10 (＝100×10%) となるため，残余利益はなくなり，B 国子会社は MI を 50 保有していても課税ベースは 0 となる。

さらに，無形資産のうち B 国子会社の MI の価額が僅少のケースで，本社のその他資産が 90，子会社の MI が 10 と仮定すると，残余利益 5 のうちその他資産分と MI 分は，それぞれ 4.5，0.5 となり（無形資産配分 90 対 10 に対応），法人税の課税ベースは本社が 9.5，B 国子会社が 0.5 となる。

以上の仮定例から，MI に基づく新しい課税権のあり方は，通常収益率の水準や MI の資産価額の評価しだいによって大きく左右されるだけでなく，ほとんど税収増に結びつかないこともありうるということがわかる。そのことは，上記の OECD の調査結果で第 1 の柱に基づく税収増がきわめて低い水準にとどまっていたことからも読み取れるのである。

2 デジタル経済時代における国際課税制度のあり方

経済活動・価値創造の場所と課税利益の場所との一致，経済実態と課税実態の一致は，まさしく BEPS 行動計画の主要な柱とされる理念である。[79] こうした理念が掲げられること自体が，デジタル経済時代における国際課税システムの現実を逆照射している。両者の不一致は，経済活動が行われる法域において税源を喪失させるだけにとどまらず，無国籍所得（stateless income）に象徴されるように世界のどの国の課税にも服さない所得を生み出すまでに至っている。その原因を作り出しているのは，既存の国際課税制度と課税ルールの間隙を利用する多国籍企業の租税回避行動にほかならない。多国籍企業は，今日，世界貿易の 70% 以上を支配するに至っている。[80] 1920 年代に形作られた現行の国際課税制度は，国際的二重課税の排除を最大の目的としてきたが，グローバル経済の拡大と多国籍企業の発展を前に国際的な二重（多重）非課税を広範に引き起こし，いまやシステムの信頼性そのものに疑問符がつけられつつある。

2－1　アメリカにおける移転価格税制の展開と独立企業原則

　多国籍企業の租税回避スキームは，BEPS 行動計画にみられるとおり，さまざまな手段を組み合わせた複雑な仕組みであるが，なかでも重要な役割を果たしているのが移転価格である。多国籍企業は，グループ内部での関連者間取引において移転価格を利用することにより所得の恣意的な移転を行うことが可能であり，脱税ないし租税回避を図ることができる。こうした所得移転を防止するために，歴史上，最も早い時期に移転価格税制を導入したのがアメリカである。移転価格税制の着想は連結納税制度の着想の双生児といわれるように，その起源は第一次世界大戦時の超過利潤税の導入に伴う 1917 年の「強制連結納税制度」の導入にまで遡るが，その後，1921 年の超過利潤税の廃止とともに連結納税が選択制にされるに伴い，1928 年歳入法により内国歳入法典第 45 条として移転価格税制が規定された。すでにふれたように，移転価格税制を適用する際の基準となっているのは独立企業原則であるが，この基準が初めて規定されたのは 1935 年の財務省規則においてである。以来，今日に至るまで，独立企業原則は，課税管轄権の配分と並んで国際課税ルールの中心に据えられてきた。第 45 条は，その後 1954 年に内国歳入法典が大改正された際，第 482 条に変更され，現在に至っている。

　アメリカにおける移転価格税制のその後の展開を概観してみると，重要な改正として 1968 年の財務省規則の制定，1986 年の 482 条改正，1988 年の「移転価格白書」の公表，1994 年の財務省最終規則の制定などがあげられる。[82] 1968 年財務省規則は，世界で初めて 5 つの取引類型ごとに独立企業間価格の算定方法を規定した。取引類型には「無形資産の譲渡または使用」も含まれていたが，当時，最も重視されたのは「有形資産の販売」であり，その算定方法としていわゆる基本三法（適用できない場合，第 4 の方法）が規定された。1986 年の改正は，482 条にいわゆる所得相応性基準を付け加えたものである。これは，比較対象取引がほとんど存在しない無形資産取引の重要性が高まり，1968 年規則の適用がほとんど不可能になる一方，高収益をもたらす無形資産をタックスヘイブン等に所在する関連者に移転して租税回避を図る動きが顕著になったことに対処するための改正であった。無形資産取引時の対価がたとえ適正であって

も，後に高収益をもたらした場合には，スーパー・ロイヤリティの計上を強制するものであったため，OECD などからは「後知恵」と批判された。1988 年の「移転価格白書」は，独立企業間価格に着目するのに代えて独立企業ならば得ると想定される利益に着目して，無形資産の生み出す所得を算定しようとする方法を提起した。それは，関連者が事業で用いている生産要素を特定し，それに対応する市場利益を割り当てることにより，無形資産に係る所得を算定しようとする方法であった。このことは，482 条の適用についてそれまで価格を基準にしていたものが，利益を基準とする方向に転換されたことを意味する。この延長上で 1993 年には CPM（comparable profit method：利益比準法），利益分割法（profit split method：PS）が導入され，利益を基準とする独立企業価格の算定が多用されるようになる。1994 年の最終規則では，比較可能性の緩和，独立企業間レンジの採用，CPM・利益分割法を含む独立企業間価格の算定方法の優先順位の完全な撤廃と最適方法ルールの採用などが実行に移された。これらの改革措置は，独立企業原則の変容・拡大を示すものと評価されている。[83]

2－2　OECD モデル租税条約と移転価格税制

　アメリカにおける移転価格税制の展開と並んで，移転価格税制成立の背景には，実はもうひとつの流れが存在する。それは，1920 年代から 30 年代における国際連盟での国際課税ルールの策定と租税条約の作成に向けた議論の高まりである。その結果，1928 年にモデル租税条約の草案が作成され，その後の改訂作業を経て 1933 年には事業所得の配分に関する条約草案が作成されたが，同条約草案は第 3 条で独立企業原則を租税条約において初めて規定するとともに，第 5 条で現在の特殊関連企業条項に該当する規定をも創設した。[84] この特殊関連企業条項は 1963 年の OECD モデル租税条約草案に引き継がれ，現行の OECD モデル租税条約第 9 条となっている。その意義は，租税条約が恒久的施設の事業所得算定の原則として独立企業原則を採用したことと平仄を合わせて，海外子会社等との取引の条件が独立企業間の条件と異なる場合には課税所得を調整できることを規定したことにある。[85] OECD における移転価格税制はこの第 9 条を出発点として，その後，1979 年（「移転価格と多国籍企業」報告書），1995 年

（「移転価格ガイドライン」），2010 年（「ガイドライン」の改訂），2017 年（「ガイドライン」の再改訂）とアップデイトされてきたが，たえず批判のつきまとう独立企業原則は，今日に至るまでなお維持されている。

　しかし，BEPS 最終報告書「行動 8 - 10」が指摘するように，関連者間取引の比較可能性分析において「機能，資産，リスクの契約上の配分がいかに強調されようとも，［独立企業－引用者］原則の適用に関する現行のガイダンスはまた人為的操作を受けやすいことが判明した。この操作によって，多国籍企業グループのメンバーが行った経済活動により創造された価値と結果が対応しないことになりかねない[86]」からである。そのため，BEPS 行動計画のもとでの移転価格に関する作業は，3 つの主要分野，すなわち，①無形資産に係わる取引に関連する移転価格問題，②リスクの契約上の配分と実際に遂行された活動には照応しない当該リスクへの利益の配分の問題，および資本の豊富な多国籍企業グループのメンバーが提供する資金への収益のレベルが当該の資金提供企業の活動レベルに照応していない場合の問題，③その他のハイリスクの分野，について行われた。したがって，この最終報告書を受けて改訂された最新の「移転価格ガイドライン 2017 年版」においては，とくに無形資産に係わる部分が全面的に改訂され，また従来立ち入った分析がなされてこなかったリスク関する詳細なガイドラインが新規に加えられた。

　移転価格分析は，関連者間取引と非関連者間取引との「比較可能性」を分析するものであるが，この「比較可能性分析」こそは独立企業原則を適用するうえでの核心とされる[87]。その際，特定する必要のある要素は，取引の契約条件，譲渡される資産や提供される役務の特徴など 5 つの要素が列挙されているが，なかでも重要なのは，取引の各当事者が使用する資産および引き受けるリスクを踏まえた各当事者の果たす機能である[88]。機能，資産，リスクの機能分析を通じて利益を各当事者に配分するのである。

　資産のうち，多国籍企業による利益移転の最大の手段として利用されているのが無形資産である。新ガイドラインでは，無形資産について新たに包括的な定義が設けられ[89]，無形資産取引を「開発・改良・維持・保護・使用[90]」に区分したうえで，価値創造と利益配分を一致させるとの考え方に基づき，グループ内

の企業はこれらの取引に関して果たす機能，使用する資産，引き受けるリスクに応じて利益を受け取るものとしている。また，従来，アメリカが採用したいわゆる所得相応性基準を「後知恵」と批判してきたにもかかわらず，この基準の有用性を認め，一定の条件のもとで容認する方向を打ち出した。そもそも無形資産取引は，一般に比較対象を特定できない場合が多いとされるうえに，とくに事前の評価が困難な無形資産（HTVI）の場合，無形資産の事後評価に基づき事前の評価を修正せざるを得ないことを認めたのである[91]。このことは独立企業原則に基づく「比較可能性分析」の欠陥を事実上認めたに等しいといえるのではないか。

　一方，リスクとは「事業の目的に影響を与える不確実性」と定義されているが，これには，①戦略的リスク，②市場リスク，③インフラリスク，④ビジネスリスク，⑤財務上のリスク，⑥取引リスク，⑦ハザードリスクがある[92]。リスク分析については，①重要なリスクの特定，②契約上でのリスク引受けの状況，③関連者によるリスクの引受け・管理の状況（どの企業がリスク・コントロール機能とリスク軽減機能，リスク結果の引受け，リスクを引き受ける財務能力に対応しているか），④契約上のリスク引受けと実際上の行動との照合，⑤リスク・コントロール機能，リスク引受けの財務能力を欠く場合のリスク配分，⑥リスク引受け・リスク管理と取引対価の妥当性の検証・決定の6つのプロセスが明らかにされているが，なかでも重要なのは③のプロセスである。たしかにリスクに係わる機能分析のプロセスは精緻に組み立てられているようにみえるが，はたしてこれによって多国籍企業が低リスクの低税率国やタックスヘイブンに子会社等を配置する，あるいは市場国に低リスクの販売子会社を立地させることにより租税回避を図るのをどこまで抑制できるのかは，不確かである。その意味で，BEPS最終報告書「行動8－10」が指摘した上記の問題がはたしてどこまで解消されたかについては，疑問が残るのである。

2－3　独立企業原則の限界と国際課税制度の改革

　多国籍企業の内部取引に対しては，独立企業原則に基づく移転価格税制が不可欠の対抗制度であるとの国際的な合意は，今日なお維持されている。しかし，

独立企業原則に基づく移転価格税制がはたして適切かどうかをめぐっては，国際連盟での議論の当初から賛否が交錯し，独立会計（separate accounting）と定式配分方式（fraction method）の 2 つの考え方のせめぎ合いが存在していた[93]。定式配分方式とは，多国籍企業グループのグローバル所得を，売上高，人件費，資産など一定の配分キーに基づいてグループの経済活動が行われるそれぞれの国に配分し，各国が自国の税率により課税する方式である。国際連盟の場だけでなく，アメリカでもまた，定式配分方式を導入しようとする動きが高まる。第二次世界大戦後，アメリカ資本の海外進出が活発化し，多国籍企業が発展するのに伴い所得移転問題が顕在化してくるからである。折からのドル危機の進行とも相まって，1960 年代に入るや，財務省の 482 条改正の働きかけにより，連邦議会下院においてアメリカの親会社と海外子会社との間での有形資産の売買について定式配分を適用する改正案が可決されるに至った。改正案は上院において否決されたため，改革は実現しなかったが，独立企業原則に対する疑問，批判は経済のグローバル化の進展と多国籍企業の発展とともにますます拡大してきたといってよい。加えて，経済のデジタル化が進展し，無形資産への依存が以前に増して深まるとともに，独立企業原則に基づく移転価格制度と国際課税ルールが抱える問題点，欠点があらわになってきた。OECD の移転価格ガイドラインが，アメリカの移転価格税制の変容に対応して取引単位営業利益法（TNMM）や利益分割法を採用したことに象徴されるように，移転価格算定方式に利益法の要素を取り込まざるをえなくなっている。利益分割法は移転価格の連続線上において，純粋の定式配分にきわめて近いと評されるように，利益法への傾斜は独立企業原則の限界と定式配分方式の優位性を示唆している。かくして，1990 年代以降，定式配分方式に改めて注目が集まるようになってきたのである。

　実際，すでにみたように，定数配分方式は，BEPS「行動 1」に係わる議論のなかで「分数配分方式」として，2015 年「行動 1」最終報告書，2019 年 2 月の「公開討議文書」，さらに同年 5 月の「作業計画」と，たびたび選択肢に挙げられてきた。しかし，2019 年 10 月の UA 案では，結局，採用されなかった。IF に参加する 130 余の国・地域の間での利害の相違は，なお定数配分方式に

踏み切らせるまでには至っていないことを示している。

　だが，アメリカを筆頭に各国で利益分割法が採用され，OECD 移転価格ガイドラインでも取引単位利益分割法が認められたことは，独立企業原則に基づく複雑かつ執行困難な移転価格制度がグローバル経済，デジタル経済の進展のもとで行き詰まっていることを暗示する。「価値創造と課税を一致させる」ポスト BEPS の取組みを成功に導くためには，独立企業原則の呪縛を脱してユニタリー課税を新しい国際課税ルールの基本とする以外にないのではないか。IMF のポリシー・ペーパーでさえ，国際課税制度改革の有力な選択肢のひとつとして，ミニマム課税，仕向地ベース課税，残余利益課税とならんで，定式配分（formula apportionment）をあげている。

　ミシガン・ロー・スクールのアヴィ・ヨナは，それまで行ってきたいくつかの定式配分の提言を踏まえて，独立企業原則と定式配分とを対比し，改めて定式配分を採用するよう提言している。

　まず，独立企業原則の問題点を，以下の 5 つに整理している。第 1 に，多国籍企業が登場したのは非関連企業の国際取引にみられる非効率性を避けるためであったことを，独立企業原則が無視している点である。多国籍企業は，クロス・ボーダーの高度に統合化した事業を展開し，取引を企業内に内部化することによって事業組織上の利点および国際化の利点を収益源に転換しているのであり，そうした取引を独立企業間の取引と比較すること自体そもそも意味をなさないというのである。第 2 に，現行の移転価格ルールには抜け穴が多く，低税国に利益を移転させようとする人為的なインセンティブが働くことである。第 3 に，現行制度があまりにも複雑であることである。そのため，多国籍企業の移転価格プランニングを支援する専門知識を持つ弁護士，会計士，経済学者を擁する一大産業が作り出され，そのことがまた現行ルールの複雑化を招く悪循環に陥っている。第 4 に，アメリカの法定法人税率の高さにもかかわらず税収が他の先進諸国に比べて相対的に少ないのは，法人タックスシェルターの過度の利用，法人課税ベースの狭さ，租税回避のインセンティブの強さなどの要因が作用しているためであり，独立企業原則に立脚していてはこれらの問題を解決できない。最後に，現行制度の諸問題は制度の周辺のルールからではなく，

その中心にある誤った考え方，つまり，多国籍企業の内部取引と十分に比較可能な非関連者間の取引を発見し，コンプライアンスおよび実行のための重要な基準として利用可能だとの信念から生じている。しかし，比較可能な取引を見出すことはほとんど不可能であることは，これまでの移転価格税制の歴史が示している。

　これに対して，独立企業原則の支持者が定式配分の欠点としてたえず指摘してきた論点に対して，アヴィ・ヨナは以下のように反論する。第1に，定式配分は恣意的との批判である。しかし，現行制度のもとで，多国籍企業は生産地国と販売地国のいずれにおいても税を支払わずにいることが可能であり，他方，居住地国に支払うべき税には課税繰延べないし免除が適用される。この点では定式配分よりも，より恣意的である。第2に，定式配分のもとでは二重課税が避けられないとの批判である。主要国のほとんどが協調して定式配分を採用する場合には，二重課税ないし非課税の可能性は減少するが，そうでなければ二重課税あるいは二重非課税の懸念は残る。しかし，現行制度のもとですでに生じているほどの規模に達するとは想定しがたい。第3に，定式配分は課税ベースについて実現不可能な均一性を必要とするとの批判である。しかし，多国籍企業はすでに世界的規模の財務報告基準として統一した会計制度を利用しており，その財務報告を基に多国籍企業のグローバル利益を算定して定式配分を行うことは十分可能である。国際会計基準（IAS）の普及により，各国の会計制度の相違もなくなりつつある。会計ベースでの課税ベースの協調が実現せず，アメリカだけが定式配分を採用した場合，非米系多国籍企業はアメリカの制度を利用せざるをえないため，米系多国籍企業との間で格差が生じるが，各国ばらばらの会計制度に依拠する現行の移転価格制度に比べれば，その格差は問題にすべきほどではなかろう。第4に，定式配分は租税条約を侵害するとの批判である。定式配分を採用すれば租税条約の修正が必要になると論ずる者がいるが，少なくとも直ちに現行のアメリカの租税条約について再交渉しなければならないかどうかは明確ではない。租税条約の第7条および第9条が独立企業概念を取り入れていることは疑問の余地がないが，アメリカとその条約相手国が，定式配分方式を独立企業結果に最も近い，実行可能な方法として租税条約に受け

いれることに合意できない理由はない。最後に，多国籍企業および定式配分の実行により損失を被る国の反対により，定式配分の採用は不可能だとの批判である。たしかに定式配分の採用によりいくつかの産業や企業が否定的な影響を受ける一方，税負担が軽減される企業もあることが実証されている。だが，とくに中小企業は制度の複雑さから解放されコンプライアンスの負担を軽減できること，また定式配分制度の採用により税率の引下げが可能になるなどの理由から，その利点を評価している。

　一方，国際 NGO「国際法人課税独立委員会（Independent Commission for the Reform of International Corporate Taxation：ICRICT）」もまた定式配分方式による改革を提唱している。この委員会はジョセフ・スティグリッツ，トマ・ピケティらが 2015 年に結成した組織であるが，以来，底辺への競争，租税回避，タックスヘイブン，租税の公正など税に関するテーマについて見解を発表し，セミナーを開催するなど世界的に活動している団体である。2019 年 10 月に公表した提言において，さきの OECD の BEPS「行動 1」の改革提案に対して，①多国籍企業のグローバル利益をルーティンと残余に分割し，後者だけを定式配分の対象にする提案では，機能していない現行ルールは温存され，課税権の配分にはほとんどならない，②多国籍企業の全利益を対象に，売上高だけでなく雇用（給与ではなく雇用者数）や天然資源要素などを配分キーとする定式により関係国に配分する，③ OECD のグローバルな税源浸食対抗税を支持するが，最低税率は 25％とし，国別ベースで適用されるべきである，などの対抗提案を行っている。[98] 多国籍企業の海外利益の 40％がタックスヘイブンに移転されていることにみられるように，地球の資源の利用可能性，また維持可能な発展に対する重大な挑戦は国際課税制度の不公平から生じているとして，その抜本的な改革を訴えているのである。

　OECD および IF の改革が，こうした提言にどこまで応えることができるか。今後のゆくえが注目される。

注
　1)　Schwab, Klaus（2016），*The Fourth Industrial Revolution*, World Economic Forum,

pp. 11-12. なお,「第 4 次産業革命」という用語は,2010 年にドイツ政府が「Industrie 4.0」という ICT(情報通信技術)を中心とする国家プロジェクトを推進し始めたことに端を発し,その後,アメリカ,イギリス,イタリア,フランス,中国など世界的に普及し始めたという。友寄英隆(2019)『AI と資本主義』本の泉社,66 頁,参照。

2) *Ibid.*, p. 7.

3) Brynjolfsson, E. & A. McAfee (2014), *The Second Machine Age.* 村井章子[訳](2015)『ザ・セカンド・マシン・エイジ』日経 BP 社,25 頁,31 頁。

4) 同上訳書,第 1 章〜第 5 章,参照。

5) OECD (2015), *Addressing the Tax Challenges of the Digital Economy, Action 1 - 2015 Final Report*, OECD/G20 Base Erosion and Profit Shifting Project. 本庄資[訳](2017)「電子経済の課税上の課題への対応」『租税研究』814 号。

6) *Ibid.*, p. 11. 邦訳,12 頁。ただし,訳文はこれに従っていない(以下,同様)。

7) *Ibid.*, pp. 65-68. 邦訳,83-88 頁。

8) *Ibid.*, pp. 68-70. 邦訳,88-91 頁。

9) 森信茂樹(2019)『デジタル経済と税』日本経済新聞出版社,30 頁。

10) OECD (2015), *op. cit.*, pp. 70-71. 邦訳,91-92 頁。

11) Brynjolfsson & McAfee (2014), *op. cit.* 邦訳,106-107 頁。

12) OECD (2015), *op. cit.*, pp. 71-72. 邦訳,92-94 頁。

13) IT 用語辞典 e-Words(e-words.jp)

14) OECD (2015), *op. cit.*, p. 73. 邦訳,94 頁。

15) Cf. Frank, R. H. & P. J. Cook (1996), *The Winner-take-all Society: Why the Few at the Top Get so Much More Than the Rest of Us.* 香西泰[訳](1998)『ウィナー・テイク・オール —「ひとり勝ち」社会の到来』日本経済新聞出版社。

16) Brynjolfsson & McAfee (2014), *op. cit.* 邦訳,250-256 頁。

17) OECD (2015), *op. cit.*, p. 73. 邦訳,94-95 頁。

18) Brynjolfsson & McAfee (2014), *op. cit.* 邦訳,195-198 頁。

19) OECD (2013), *Supporting Investment in Knowledge Capital, Growth and Innovation*, p. 22.

20) *Ibid.*, pp. 22-24. 無形資本投資の各国での動向については,ハスケル&ウェストレイクも検証している。彼らによれば,スウェーデン,アメリカ,イギリス,フィンランドでは無形投資が有形投資を上回るが,ドイツ,オーストリア,デンマーク,オランダ,フランスではなお有形投資の方が無形投資を上回り,スペイン,イタリア無形投資の水準が最低という。Cf. Haskel, J. & S. Westlake (2018), *Capitalism Without Capital : The Rise of the Intangible Economy.* 山形浩生[訳](2020)『無形資産が経済を配する』東洋経済新報社,35-37 頁。

21) Haskel & Westlake, *ibid.*, 邦訳,第 4 章,参照。

22) *Ibid.* 邦訳,16 頁,98-99 頁。また,第 5 章,第 6 章,参照。

23) ちなみに,アルトリア・グループはフィリップ・モリスの名称で知られるタバコの製造・販売会社。2003 年に名称変更した。メルクは製薬企業である。また,バークシャー・ハサウェイはウォーレン・バフェットが会長兼 CEO を務め,全米の主要企業に持株

を持つ投資業や保険業などに従事する企業である。

24）　合田寛（2020）「デジタル IT 企業と国際課税ルール」『経済』No. 292（2020 年 1 月号），58-59 頁。

25）　この部分については，主として「seopack.jp」「gaiax-socialmedialab.jp」「Amazon 2018 Letter to Shareholders」「internetacadey.jp」「aboveavalon.com」「ウィキペディア」などでの情報に依拠している。

26）　Galloway, S. (2017), *The Four: The Hidden DNA of Amazon, Apple, Facebook, and Google*, Portfolio. 渡会圭子 [訳]（2018）『GAFA 四騎士が創り変えた世界』東洋経済新報社，116-117 頁。

27）　OECD（2015），*Measuring and Monitoring BEPS, Action 11 - 2015 Final Report.* 本庄資 [訳]（2018）「BEPS の測定とモニタリング」『租税研究』821 号。

28）　European Commission (2017), *A Fair and Efficient Tax System in the European Union for the Digital Single Market*, COM（2017）547 final, p. 6.

29）　OECD (1998), *Electronic Commerce: Taxation Framework Conditions.*

30）　OECD (2014), "Prior work on the digital economy," in OECD (2014), *Addressing the Tax Challenges of the Digital Economy*, Anncx A. なお，2003 年には，電子商取引のガイドラインも作成され，①サービスや無形資産のＢ２Ｂ取引の場合，受取側ビジネスの所在地が消費地であること，②サービスや無形資産のＢ２Ｃ取引については，受取人の居住地が消費地であることが示された。電子商取引の課税問題は，いうまでもなく消費課税も係わるが，以下，本稿では基本的に法人税・所得税との係わりに限定する。

31）　OECD (2005), *Are the Current Treaty Rules for Taxing Business Profits Appropriate for a E-Commerce? Final Report.*

32）　*Ibid.*, p. 42. 森信茂樹（2019），71 頁も参照。

33）　デジタル課税をめぐる近年の動向については，例えば，佐藤良（2018）「デジタル経済の課税をめぐる動向」，同（2019）「デジタル経済の課税をめぐる動向【第 2 版】」『調査と情報 ― ISSUE BRIEF ―』No. 1010 および No. 1064，藤枝純・遠藤努（2019）「デジタル課税に関する近年の国際的動向」『International Taxation』Vol. 39，No. 4，青山慶二（2018）「デジタル経済の課税に関する国際動向」『租税研究』823 号，吉村正穂（2019）「デジタル課税の議論がもたらす国際税収の変革」『租税研究』836 号，渡辺智之（2019）「デジタル・プラットフォームと国際課税」，同（2020）「経済のデジタル化と BEPS プロジェクト」日本機械輸出組合 国際税務研究会，渡辺徹也（2019）「経済の電子化と税制」21 世紀政策研究所編『グローバル時代における新たな国際租税制度のあり方』など，参照。

34）　OECD (2015), *op.cit.*, pp. 11-13. 邦訳，12-14 頁，参照。

35）　報告書は，デジタル経済における BEPS 問題については，「行動 1」以外の BEPS 対応策によってその影響は緩和されるとする。例えば，市場国については「行動 6」（租税条約濫用の防止）と「行動 7」（PE 認定の人為的回避の防止），親会社国については「行動 3」（CFC ルールの強化），市場国と親会社国の双方については「行動 2」（ハイブリッド・ミスマッチ取決めの無効化），「行動 4」（利子等の損金算入を通じた税源浸食の制限），「行動 5」（有害税制への対抗），および「行動 8〜10」（移転価格税制による移転価格と

価値創造との一致の確保），さらに税務行政のリスクに対しては「行動12」（タックス・プランニングの報告義務），「行動13」（移転価格関連の文書化の要請）が有効だと評価している。鈴木一水（2018）「電子商取引課税」『「税源浸食と利益移転（BEPS）」対策税制』（日税研論集，第73号），163-166頁，参照。

36）　OECD (2015), *op. cit.*, pp. 100-102. 邦訳，124-127頁，参照。

37）　*Ibid.*, pp. 102-104. 邦訳，127-130頁，参照。

38）　*Ibid.*, paras. 269 & 272. 邦訳，130, 132頁，参照。

39）　分数配分法は，企業全体のグローバル利益に対し，あらかじめウェイト付けされた定式などの配分キーを適用して配分する方式であるが，独立企業原則に基づく利益配分法を採用する現行の方式からは乖離する。一方，修正みなし利益法は，非居住者企業が市場国の顧客との取引から得る収益に推定された費用比率を適用して，みなし純所得を算定するものである。Cf. *Ibid.*, pp. 112-113. 邦訳，140-141頁。また，鈴木一水（2018），159-160頁，参照。

40）　*Ibid.*, pp. 113-117. 邦訳，141-146頁。また，鈴木一水（2018），160-162頁，参照。なお，③については通商上の問題やEU法に対する抵触の可能性，また法人所得税との二重課税の問題が指摘されている。

41）　*Ibid.*, pp. 136-138. 邦訳，168-171頁，参照。

42）　OECD (2018), *Tax Challenges Arising from Digitalisation ― Interim Report 2018: Inclusive Framework on BEPS*. 古川勇人［抄訳］（2018）「デジタル化に伴う課税上の課題に関する中間報告書（OECD）」『租税研究』828号。G20からの要請については，次を参照。OECD (2018), *ibid.*, para. 23.

43）　*Ibid.*, pp. 24-25.

44）　*Ibid.*, pp. 167-171. 抄訳，263-267頁。

45）　*Ibid.*, pp. 171-172. 抄訳，267-268頁。

46）　*Ibid.*, para. 395. 抄訳，268頁。

47）　吉村正穂（2019），参照。

48）　OECD (2019a), *Addressing the Tax Challenges of the Digitalisation of the Economy ― Policy Note.*

49）　OECD (2019b), *Addressing the Tax Challenges of the Digitalisation of the Economy ― Public Consultation Document.*

50）　Cf. KPMG (2019), *The OECD released a policy note and hosted a webcast concerning the digital economy* (https://home.kpmg/uk/en/home/insights/2019/02/tmd-oecd-update-on-the-digital-economy.print.html).

51）　MIと異なり，トレード・インタンジブルは本来的に市場法域と結びつく機能を持っていないとされている。移転価格ガイドラインでは，前者は，マーケティング活動と関連し，製品やサービスの商業利用に役立ち，および/または 関係製品に対し重要な販売促進価値を持つ無形資産とされる。具体的には，商標，商品名，顧客リスト，顧客関係，独自の市場・顧客データなどを含む。他方，トレード・インタンジブルはMI以外の無形資産とされ，特許権が代表例とされている。移転価格ガイドラインとここで言及されている無形資産が同一であるかどうかは明確ではないが，特許権がMIに属していないことは明

らかである。Cf. OECD（2017）, *OECD Transfer Pricing Guidelines for Multinational Enterprises and Tax Administrations 2017*, Glossary, 2.144 & 6.19.

52）　KPMG（2019）, *op.cit.*

53）　これは，R&D により開発される技術関連のインタンジブルに基づく所得やルーティン機能に基づく所得からなる。Cf. OECD（2019b）, *op.cit.*, para. 43.

54）　このルールは「行動 3」（CFC ルールの強化）の勧告に基づく提案であり，アメリカの GILTI（Global Intangible Low-Taxed Income，CFC の米国株主に対し CFC が稼得した無形資産関連の所得である GILTI を総所得に含めるもの）を参考にしているとされる。Cf. *Ibid.*, para. 98. なお，GILTI を含むトランプ税制改革については，PwC 税理士法人（2019）『平成 30 年度我が国内外の投資促進体制整備等調査』（経済産業省委託調査報告書），参照。

55）　この方式は，簡素性と執行しやすさを求める強い要望を考慮して提案された方法であり，ノン・ルーティン利益だけでなく，マーケティングと販売に関連するルーティン活動から生ずる利益も配分の対象とする。ひとつの方法として，市場国でのマーケティングや販売等に係るみなし利益率を設定し，各国の売上額にみなし利益率を掛け合わせて算出したみなし利益を各国へ配分する方式が提案されている。Cf. OECD（2019c）, *Programme of Work to Develop a Consensus Solution to the Tax Challenges Arising from the Digitalisation of the Economy*, p. 15. また，財務省（2019）「説明資料〔国際課税〕」（第 23 回税制調査会総会資料，総 23-1）34 頁，参照。

56）　OECD（2019d）, *Secretariat Proposal for a "Unified Approach" under Pillar One ― Public consultation document*. また，PwC 税理士法人（2019）「『第 1 の柱における "統一的アプローチ" に係る事務局提案』の公表」BEPS News, Issue 59, および，EY 税理士法人（2019）「OECD 市場国に課税権を再配分するための『統合的アプローチ』を提案 ～ BEPS2.0 の新たな一歩～」Japan tax alert（10 月 31 日），参照。

57）　ちなみに，収益（revenue）に対する利益の割合を，z ％と仮定し，その一部であるルーティン利益の比率を x ％，ノン・ルーティン利益を y ％で表すと，〔y ％＝z ％－x ％〕である。次いで，ノン・ルーティン利益の額（y ％）は，市場法域に帰属する利益（w ％と仮定）とトレード・インタンジブルなどその他の要素に帰属する利益（v ％と仮定）に配分されるので，〔w ％＝y ％－v ％〕となる。Cf. OECD（2019d）, *op. cit.*, paras. 59-60.

58）　OECD（2019e）, *Global Anti-Base Erosion Proposal ("GloBE") (Pillar Two) ― Public consultation document*. また，PwC 税理士法人（2019）「『税源浸食防止提案（GloBE）― 第 2 の柱』の公表」BEPS News, Issue 60, および，EY 税理士法人（2019）「OECD, 『2 つ目の柱』に関するコンサルテーションペーパーを発表」Japan tax alert（12 月 5 日），参照。

59）　この公開討議資料には，課税ベースの算定，ブレンディング，除外措置のそれぞれの項目について，公開討議のための質問項目が付されているが，ここでは省略する。

60）　OECD（2020a）, *Statement by the OECD/G20 Inclusive Framework on BEPS on the Two-Pillar Approach to Address the Tax Challenges Arising from the Digitalisation of the Economy ― January 2020*, OECD/G20 Inclusive Framework on BEPS.

61）　アメリカの求める「セーフハーバー」基準が何を意味しているのかについては明示さ

れていないが，それは事実上，新ルールへの参加を企業の選択制にするという適用免除制度ではないかと受け取られており，フランスなどは強く反発している。Newsweek「仏経済相，国際課税ルール改革巡る米の提案『容認できず』」2019 年 12 月 9 日（https://www.newsweekjapan.jp/headlines/world/　2019/12/256283.php）。

62)　OECD（2020a), *op.cit.*, paras. 21-29.

63)　*Ibid.*, para. 44.

64)　*Ibid.*, paras. 41 & 47.

65)　*Ibid.*, paras. 48-52.

66)　*Ibid.*, paras. 53-57.

67)　*Ibid.*, para. 64.

68)　*Ibid.*, paras. 68-72.

69)　*Ibid.*, paras. 77& 81.

70)　*Ibid.*, para. 82.

71)　*Ibid.*, pp. 22-24.

72)　*Ibid.*, p. 28.

73)　OECD（2020b), *Tax challenges Arising from the Digitalisation of the Economy : Update on the Economic Analysis & Impact Assessment* ; do.（2020c), *Webcast: Update on Economic Analysis and Impact Assessment.*

74)　高・中・低所得国・地域の分類は世界銀行に準拠し，1 人当たり GDP を基準にそれぞれ 12,000 ドル超，1,000 ドル以上 12,000 ドル以下，1,000 ドル未満の国・地域をさす。また，投資ハブ国・地域は，対内外国直接投資が GDP の 150％超の国・地域である。なお，明示されていないが，投資ハブ国・地域はタックスヘイブンないし軽課税国をさす。Cf. OECD（2020b), p. 28.

75)　改革の内容については，第 2 の柱について 4 つのシナリオが設定されている。シナリオ 1 は，多国籍企業も政府も何ら対応する行動をとらないケース，シナリオ 2 はシナリオ 1 に加えて第 2 の柱と第 1 の柱の相互作用が生じるケース，シナリオ 3 はシナリオ 2 に加えて多国籍企業が利益移転を抑制するケース，シナリオ 4 はシナリオ 3 に加えて法人税率を引き上げる低税率国が現れるケースである。世界全体で約 4 ％の法人税収増が生じるのは，シナリオ 3 ないし 4 のケースである。Cf. *Ibid.*, pp. 16-17.

76)　Cf. *Ibid.*, p. 17.

77)　試算の前提条件として，一次産品，金融分野は除外し，またアメリカの提案に係るセーフ・ハーバー制度は採らないとされている。

78)　PwC 税理士法人（2020)「OECD/G20 BEPS プロジェクト デジタル経済課税：経済分析・影響調査」BEPS News, Issue 62, 参照。

79)　OECD（2015), *Explanatory Statement*, p. 4, p. 5. 第 24 回税制調査会（2015)「（仮訳）税源浸食と利益移転 解説文」『［総 24-1］財務省説明資料』1，2 頁。

80)　今村隆（2018)「『移転価格税制における独立企業原則の BEPS プロジェクト後の適用（Contemporary Application of Arm's Length Principle in Transfer Pricing)』by Marta Pankiv」『租税研究』820 号，229 頁。

81)　本庄資（2009)『アメリカの移転価格税制』日本租税研究協会，2 - 3 頁。

82) アメリカにおける移転価格税制の歴史的発展については，主として，望月文夫（2007）『日米移転価格税制の制度適用 ─ 無形資産取引を中心に ─』大蔵財務協会，に依拠している。

83) 同上書，413-415 頁。

84) 矢内一好（1999）『移転価格税制の理論』中央経済社，23 頁，85 頁。なお，1933 年の事業所得条約草案の抄訳については，川端康之（1990）「〔補章〕各国の移転価格税制と所得配分基準」村井正編著『国際租税法の研究』法研出版，250-254 頁，参照。

85) 矢内一好（1999），前掲書，85-86 頁。

86) OECD（2015），*Aligning Transfer Pricing Outcomes with Value Creation, Actions 8-10 ─ 2015 Final Reports*, Executive Summary, p. 9.

87) OECD（2017），*OECD Transfer Pricing Guidelines for Multinational Enterprises and Tax Administrations 2017,* para. 1.6. 国税庁（仮訳）「OECD 移転価格ガイドライン 2017 年版」9 頁。

88) *Ibid.,* para. 1.36. 仮訳，17 頁。

89) 新ガイドラインによれば，無形資産とは，①有形資産や金融資産ではない，②商業活動で使用するに当たり所有または支配できる，③比較可能な状況での非関連者間取引において，その使用または移転によって対価が生じるもの，と定義されている。具体的には，特許，ノウハウおよび企業秘密，商標・商号およびブランド，契約上の権利および政府の認可，無形資産に関するライセンスおよび類似の限定的な権利，のれんおよび継続事業価値，グループシナジー，市場固有の特徴があげられている。Cf. *Ibid.,* para. 6.6, 6.19 ─6.31.

90) これは，development, enhancement, maintenance, protection, exploitation の頭文字から，DEMPE 機能と称される。

91) Cf. *Ibid.,* Ch. 6, D. 2-D. 4.

92) *Ibid.,* para. 1.71-1.72.

93) 望月文夫（2007），前掲書，23 頁。また，赤松晃（2001）『国際租税原則と日本の国際租税法 ─ 国際的事業活動と独立企業原則を中心に ─』税務研究会出版局，とくに第 3 章，参照。

94) Avi-Yonah, R.S.（1995），"The Rise and Fall of Arm's Length: A Study in the Evolution of U.S. International taxation," *Virginia Tax Review,* Vol. 15, No. 1, p. 94. アヴィ - ヨナは，その理由として，利益分割法が企業全体から出発し，定式により利益を配分するからだとしている。神山幸（2014）「移転価格税制の適用における無形資産の取扱いについて」『税務大学校論叢』第 79 号，669 頁。

95) Cf. Avi-Yonah, R.S.（2010），"Between Formulary Apportionment and the OECD Guidelines: A Proposal for Reconciliation," *World Tax Journal,* Vol. 2, No. 1, pp. 3-5.

96) Cf. IMF（2019），*Corporate Taxation in the Global Economy,* IMF Policy Paper, pp. 18-41. 同ペーパーは，独立企業原則を適用することが理論的にも実際的にも困難であるために，地域レベルでもグローバル・レベルでも定式配分を適用するとの提案がなされるようになった，と指摘している。

97) Avi-Yonah（2010），*op. cit.,* pp. 5-17. 同様の主張は，次の文献でも展開されている。Cf.

Avi-Yonah, R.S., K.A. Clausing & M.C. Durst（2009）, "Allocating Business Profit for Tax Purposes: A Proposal to Adopt a Formulary Profit Split," *Florida Tax Review*, Vol. 9, No. 5, pp. 511-525.

98）　Cf. ICRICT（2019）, *International Corporate Tax Reform*. また，以下の提言も参照。*do.* （2018）, *A Roadmap to Improve Rules for Taxing Multinationals: A Fairer Future for Global Taxation* ; *do.*（2019）, *Submission to OECD's "Unified Approach" under Pillar 1 Proposal* ; *do.*（2019）, *ICRICT Response to the OECD Consultation on Global Anti-Base Erosion Proposal ("GloBE") － Pillar Two.*（以上，https://www.icrict.com/resources/ icrict-documents）

2　クラウドファンディング（Crowdfunding, CF）に対する課税
——資金調達者に贈与税を課すべきか, 所得税を課すべきか——

藤　間　大　順
（神奈川大学法学部助教）

I　はじめに

　本稿は, クラウドファンディング取引（以下「CF」という）のうち寄附型のもの（以下「寄附型 CF」という）に対してどのように課税すべきか, という問題につき, 米国法との比較法的検討を行う論稿である。紙幅等の都合もあり, 検討対象としては, 個人が個人から資金を受領する寄附型 CF に関する, 所得課税および贈与税の課税問題を取り上げる[1]。

　本稿の具体的な内容は次のとおりである。まず, II では, CF の意義や分類方法について整理する。その後, III では, 寄附型 CF が類似する金銭の贈与について, 課税関係やその範囲をめぐる議論を整理する。IV では, 米国法における寄附型 CF の取扱いについて述べた米国の文献について述べたうえで, 米国の議論から得られる示唆について論じる。

　なお, 本稿の情報は, ウェブ上のものも含め, 2020 年 6 月末時点のものである。

II　CF とは何か

1　CF の概要と特徴

　CF とは何か, という問いに対する答えは, 結論から述べれば, 確たる範囲は存在しない, というものになろう。なぜならば, CF はそれ自体が何らかの法的な規制に服するものではなく, 法的な定義を持つものではないからである。

　ただし, CF の性質や特徴について述べる記述は既に存在する。例えば, 有吉氏は,「クラウドファンディングとは, 群衆（crowd）と資金調達（funding）

を組み合わせた造語であり，一般的には，資金需要のある者がインターネットを通じて不特定多数の者から資金を調達する手法を意味する概念として用いられている」と述べる。このように，インターネットを通じて，不特定多数の者から資金を調達する仕組みがCFである，とさしあたり述べることができよう。

　以上のような性質を持つCFは，一般的に，プラットフォームが仲介するプラットフォームビジネスとして行われる。具体的には，あるプロジェクトについて資金を得ようとする者（以下「資金調達者」という）が，プラットフォームが経営するウェブサイトにプロジェクトの概要を掲載し，そのプロジェクトに賛同し資金を提供しようとする者（以下「資金提供者」という）が資金を提供する形で行われる。資金の流れを図示すると，下記のようになる。

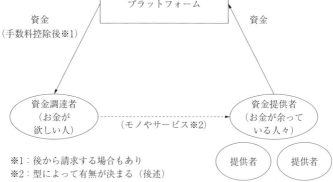

【CFの資金の流れのイメージ図（筆者作成）】

※1：後から請求する場合もあり
※2：型によって有無が決まる（後述）

　このような典型的なCFには，資金調達者にとっては資金が調達できるメリットがある一方，資金提供者にとっても，比較的少額の投資によって大きなプロジェクトに関わることが可能になり，メリットがあるものとされる。日本では，東日本大震災からの復興を機に注目が集まり，市場規模も年々増加している。昨今のCOVID-19の拡大によってさらに注目が集まっているとの報道もある。

2 CF の類型

CF は，資金調達者から資金提供者へのモノやサービスの提供の有無や提供されるモノやサービスの種類によってさらに細かく分類される。

(1) 寄附型 CF

CF の類型としてまず挙げられるのは，寄附型 CF である。これは，資金調達者が資金提供者に対してモノやサービスを提供しない CF のことである。具体例としては，地域に貢献するためのプロジェクト（例えば，災害からの復興や野良猫の避妊手術）や，難病の手術，障害者支援などのプロジェクトが寄附型 CF により行われている。

寄附型 CF を行うプラットフォームとしては，READYFOR㈱が運営する「Readyfor Charity」が挙げられる。「Readyfor Charity」は，非営利団体が行っているなどの寄附金控除（所得税法（昭和 40 年法律第 33 号，以下「所税」という）78 条）の適用要件を満たすプロジェクトのみを集めたプラットフォームである。

また，近年では，ふるさと納税（地方税法 37 条の 2）を CF 方式で行う，ガバメントクラウドファンディングという仕組みも行われている。ガバメントクラウドファンディングを行うプラットフォームとして，㈱トラストバンクが運営する「ふるさとチョイス」が挙げられる。「ふるさとチョイス」で行われているプロジェクトとしては，火災に遭った首里城の再建プロジェクトが挙げられる。

(2) 購入型 CF

CF の類型として次に挙げられるのは，購入型 CF である。これは，資金調達者が資金提供者に対して，資金提供と引き換えに金銭以外のモノやサービスを提供する，いわば売買に類似した CF のことである。通常は，市販されていない商品を提供するまたは発売前の商品を発売後の価格よりも安価で提供するなどの方法により行われる。

購入型 CF を行うプラットフォームとして，㈱マクアケが運営する「Makuake」や，㈱CAMPFIRE が運営する「CAMPFIRE」が挙げられる。購入型 CF によるプロジェクトとしては，「Makuake」で行われた映画「この世界の片隅に」

の製作が挙げられる[13]。

　多くのプラットフォームでは，寄附型と購入型いずれのプロジェクトも行われている。例えば，アカデミスト㈱が運営する「academist」では，大学その他の研究機関に所属する研究者の研究資金の調達のために，寄附型 CF および購入型 CF が行われている[14]。

　⑶　金融型 CF

　CF の類型として最後に挙げるのは，金融型 CF である。これは，資金調達者が資金提供者に対して，プロジェクトの成果として得られた金銭を分配する，いわば出資や融資に類似した CF のことであるが，紙幅の都合上，金融型 CF に関する説明は省略する[15]。

　⑷　他の分類方法などの補足

　ここまで述べてきたほかの分類方法としては，all or nothing 方式と keep it all 方式（または all in 方式）の区別がある。CF では，通常，集める資金の目標額を設定する。集まった資金が目標額に届かなかった場合に資金が支払われないのが all or nothing 方式，資金が支払われるのが keep it all 方式である。CF というと all or nothing 方式が想起されるが，同方式であることが CF の必須の条件ではない[16]。

　また，CF 契約においては，契約当事者は資金提供者および資金調達者であり，プラットフォームは契約当事者ではない（別途，資金調達者との間で手数料の支払契約を結ぶ）ことがほとんどである。例えば，上述の「Readyfor」では，CF 契約を「ユーザー間契約」と称し，資金調達者と資金提供者間の契約であることを規約で述べている[17]。「Makuake」の利用規約にも同旨の規定がある[18]。

　以上に述べてきたように，CF と一口に言っても，その中身は型などによって様々である。Ⅰで述べたとおり，本稿では，個人が個人から資金を調達する寄附型 CF に関する所得課税（および贈与税）の問題を主たる検討対象として取り上げる。そこで，まずは，寄附型 CF と類似する金銭の贈与の課税関係について整理したうえで，寄附型 CF についてそれと異なる課税関係と解すべき理由があるか，という点を論じることとしたい。

Ⅲ 金銭の贈与の課税関係と CF

1 金銭の贈与の課税関係

金銭の贈与に関わる課税関係としては，受贈者は受け取った金銭に対してどのように課税されるのか，贈与者は当該金銭の支払いを所得から控除することができるか，という点が問題となる。

金銭の贈与の課税関係は，贈与者と受贈者が法人であるか個人であるかによって 4 通りとなる[19]。まず，①法人間でなされた金銭の贈与については，受贈法人は受贈益を得たものとして法人税が課され（法人税法 22 条 2 項），贈与法人は多くの場合金銭の支払いが寄附金となるために法定の限度額のみ控除が可能となる（法人税法 37 条 7 項）。次に，②法人から個人に対してされた金銭の贈与については，受贈者は収入金額を得たものとして所得税が課され（所得税法（以下「所税」という）36 条，相続税法（以下「相税」という）21 条の 3 第 1 項 1 号），贈与法人については①と同様である（ただし，受贈者が当該法人の役員であった場合には，役員給与（法人税法 34 条）に該当する可能性が生じる）。③個人から法人に対してなされた金銭の贈与については，受贈法人は①と同じく受贈益を得たものとされるが，贈与者は控除の可否が問題になり，特に寄附金控除（所税 78 条）や税額控除の特別措置（租税特別措置法 41 条の 18 ないし 41 条の 18 の 3）の適用が可能かが問題となる。④個人間でなされた金銭の贈与については，受贈者には所得税ではなく贈与税が課され（所税 9 条 1 項 16 号，相税 1 条の 4），贈与者は控除の可否が問題になるが，基本的には家事費（所税 45 条 1 項 1 号）に該当して所得から控除できないものと思われる。

本稿が検討対象となる寄附型 CF については，金銭の贈与と類似することから，原則として，資金提供者および資金調達者は金銭の贈与における贈与者および受贈者と同様の課税関係に服するものと解して良いように思われる[20]。しかし，寄附型 CF には，通常の金銭の贈与とは異なる様々な特徴がある。それらの特徴が課税関係に影響を与えることはないのか，以下では，④における受贈者への課税を取り上げて議論をすることとしたい。

2 個人から個人が資金を受ける寄附型 CF と贈与税

　個人から金銭の贈与を受けた個人の受贈者には，贈与税が課される。では，寄附型 CF によって個人から資金提供を受けた個人にも，贈与税が課されるべきなのであろうか。

　まず，この問題に関連する規定を整理しておきたい。Simons による所得の定義によれば，贈与を受けた資産は所得に該当するものとされており，これは[21]日本の実定法上の「所得」（所税 7 条など）の定義にも通用する考え方のように思われる[22]。ただし，実際には，贈与税が課される所得には，所得税は課されない（所税 9 条 1 項 16 号）[23]。そして，個人が財産の贈与を受けた場合には，贈与税が課される（相税 1 条の 4，2 条の 2）。なお，私法上の純粋な贈与ではなくとも，無償または低額の対価によって個人が個人から利益を受ければ，税法上は贈与とみなされる（相税 9 条）。すなわち，「寄附型 CF によって個人から資金提供を受けた個人には贈与税が課されるべきか」という問いは，以上の条文構造を前提とすれば，「当該資金調達者には贈与税が課されるべきか，所得税が課されるべきか」という問いである，ということになる。

　この点，寄附型 CF の特徴から言えば，当該資金調達者に対して贈与税を課すべきではないように思われる。まず，一般的に，贈与税は「相続税の補完税の性質をもつ[24]」といわれる。相続税を課すのみでは，納税者は生前の財産の贈与によって相続税負担を安易に免れてしまうので，贈与税が課されている，ということである。しかし，寄附型 CF については，一般的にはウェブサイト上で広く資金提供を募ることから，相続関係間のみで行われることは稀であり，相続税の補完税としての贈与税を課す必要性に乏しいであろう。また，寄附型 CF については，少額の資金を多数の群衆（crowd）が提供するという CF の基本的な想定から言って，膨大な件数の資金提供がされる可能性がある。仮に個人の資金調達者に対して膨大な件数の資金提供が行われた場合に，1 件ごとにその資金提供者を法人または個人に区分し，所得税の課税を受けるのか贈与税の課税を受けるのか判断せねばならないのだとすれば，これは過大な事務負担を納税者に強いる結果となろう[25]。さらに，仮に当該資金に対して贈与税が課されるとすれば，「収入を得るために支出した金額」（所税 34 条 2 項）や必要経費

（所税 37 条）のような費用を控除することができない。しかし，寄附型 CF を行うにあたっては，金銭の贈与と異なり，プラットフォームに対する手数料や寄附を募ったプロジェクトのための費用などの支出をする必要がある。これらの費用が控除できないことは，所得税の税率に比して高い贈与税の税率と併せ（所税 89 条，相税 21 条の 7 ），納税者に過大な税負担を強いるものとなろう。

　制度趣旨としては，以上のように，個人が個人から寄附型 CF によって受けた資金には贈与税が課されるべきではなく，所得税が課されるべきように思われる。ただ，問題となるのは，このような議論を正当化する論拠が果たしてあるのか，ということである。租税法律主義（憲法 30 条，84 条）の下，租税法規は文理解釈が原則であり，法の趣旨のみに基づいて課税関係の結論を出すことはできないからである。

　この点，参考になりうるように思われるのは，個人から個人である国会議員が受けた政治献金について，贈与税ではなく所得税の課税対象と解すべきとした裁判例である（以下「平成 8 年東京地判」という）。同判決では，次のような理由から，個人から受けた政治献金について，贈与税ではなく所得税の課税対象と解すべきであると論じている（下線は藤間）。

　「《乙 2 》議員への政治献金は，政界の実力者としての《乙 2 》の地位及びその職務としての政治活動を期待して（すなわち政治活動に対する付託を伴って）なされ，その趣旨からして継続的に供与される性質を有するものであり，その中からその期待（付託）に応じた政治活動のための費用を支出することが予定されていたものと認められる。なお，献金者らの殆どと《乙 2 》議員との間に相続関係が生ずる可能性がないことはいうまでもない。したがって，《乙 2 》議員の政治献金収入は，個人からのものであっても，贈与税ではなく所得税の課税対象になると解するのが相当である。」

　上記の判示のうち，下線を付した部分については，寄附型 CF にも共通する要素であるように思われる。まず，政治献金が期待に応じた政治活動のための費用を支出することが予定されていることと同様，寄附型 CF に伴う資金提供も，特定のプロジェクトの費用を支出するために，プラットフォームのウェブサイトなどを通じて募集されるものである。この点は，寄附型 CF には活動に

伴う様々な支出が必要である，という上述した特徴と重なる点であろう。また，政治資金の場合の献金者と議員の間の関係と同様，寄附型 CF の資金提供者と資金調達者の間に相続関係が生じる可能性はほとんどない。この点は，不特定多数の者から資金提供を受ける寄附型 CF の特徴点と重なる点である。

　以上のように，政治献金に関する裁判例の法理を用いれば，[28] 個人間の寄附型 CF に伴う金銭の移動について贈与税ではなく所得税を課すべき根拠が得られるように思われる。しかし，同判決は，特定の条文の解釈論を論じて贈与税や所得税の課税要件について一般的な判示をしたものではなく，他の事例にどの程度射程が及ぶのか明確ではない。実際の事案としても，政治献金というやや特殊な取引について，逋脱罪を科すか否かが論じられたものであり，寄附型 CF のような一般的な取引に対して同様の考え方を適用して良いのか，若干の不安は否めないであろう。[29]

　そこで，本稿では，以上のような考え方を念頭に置きつつ，米国法における議論を参照することで，寄附型 CF によって個人から個人が受領した金銭に贈与税ではなく所得税が課されるべき論拠を探求することとしたい。米国では，寄附型 CF に対する連邦所得税の課税について既に議論がされているため，日本法をめぐる議論についても一定の示唆を得られるものと思われる。

IV　寄附型 CF の課税関係をめぐる米国の議論

1　寄附型 CF と所得税が非課税となる内国歳入法典上の「贈与」

⑴　制定法上の建付け

　寄附型 CF をめぐる具体的な議論に入る前に，贈与をめぐる連邦税の課税関係について，内国歳入法典（Title 26）の規定の建付けを整理しておく（以下，§は内国歳入法典の条文番号を指す）。

　別段の定めがあるものを除き，「どのような源泉によるものであろうと全ての所得」が「総所得（gross income）」に含まれ，（個人および法人の）所得税の課税対象となる（§61⑷）。ただし，別段の定めとして，「贈与（Gift）によって得た資産の価格」は総所得から除外され，所得税が非課税となる（§102⒜）。もっとも，贈与に伴って何も課税関係が発生しないわけではなく，資産を贈与

した個人は，贈与税（Gift Tax）の納税義務を負う（§§2501(a)(1), 2502(c)）。し
かし，贈与税の年次除外（annual exclusion）が11,000ドル以上あるほか（§§
2503(b), 1(f)(3), インフレ調整あり），遺産税と併せた高額な税額控除（統一移転
税額控除）もあるため（§2010），ほとんどの場合，贈与に伴って受贈者も贈与
者も課税を受けないこととなる。

(2)　"Gift" の意義をめぐる裁判例：Duberstein 判決と Olk 判決

以上のように，贈与に該当するか否かによって税負担が大きく変動すること
がありうるが，制定法において，「贈与（gift）」の定義は定められていない。し
たがって，この点については，裁判例において解釈論が論じられている。

まず，「贈与」該当性について基準を確立した判例として論じられているのが，
Duberstein 判決である[30]。同判決は，Duberstein 事件と Stanton 事件が併合審
理された判決である。Duberstein 事件はビジネス上の付き合いがある経営者
同士の間で車が移転した事案であり，Stanton 事件はある教会の事務を担って
いた者が職を退く際に，「退職金」名義の金員が支払われた事案であったが，
連邦最高裁判所は，以下の基準に照らして，いずれの資産の移転も「贈与」に
該当しない，と判示している。

「制定法は『贈与』という単語を慣習法上の意義においてではなく，より口
語的な意味によって用いている…その支払いが主として『何らかの倫理的また
は法的な義務の拘束力』や経済的性質の『予想される便益の動機』に起因する
場合には，… その支払いは贈与ではない。…制定法の意味における贈与とは，
…『愛情，尊敬，称賛，思いやりまたは類似する衝動のための』『私心のな
い公平な寛大さ』… に起因する。…そして，この点については，最も重要な考
慮要素は，…移転者（贈与者）の『意図』である。…ある移転した価値が『贈
与』に含まれるかどうか，事象全てを考慮して結論に到達しなければならな
い。」（at 285-288）

Duberstein 判決は，ある資産の移転が「私心のない公平な寛大さ」に起因す
る贈与であるか「何らかの義務の拘束力」または「便益の動機」に起因する贈
与以外のものであるかを事象全てを考慮して判断すべきである，という一般的
な基準を示した判例である[31]。

一方，Duberstein 判決と整合性が問われる下級審裁判例として，Olk 判決が
ある[32]。この判決は，ラスベガスのカジノで，ディーラーとして働いていた納税
者が顧客から得た tokes というチップのようなものが「贈与」に当たるか否か
争われた事案（Olk 事件）を審理したものである。なお，チップについては，役
務提供の対価として課税所得に算入されるべき旨が財務省規則において明らか
となっているが（26 C.F.R. §1.61-2(a)(1)），この tokes は，ディーラーが休憩し
ていても分配され，支払った客はカジノにおいて特別には取り扱われない（む
しろ，特定の顧客に便宜を図ったディーラーは解雇される）など，通常のチップと
異なって役務提供の対価としての性質が希薄であったため，問題となった。

同判決の原審は，「tokes は，プレイヤー側の衝動的な寛大さまたは迷信の結
果として，役務の報酬としてではなく，ディーラーに与えられる」こと（事実
17）および「tokes は，少数の顧客の私心のない公平な寛大さの結果である」こ
と（事実18）を認定し，Duberstein 判決の基準の下，tokes は贈与に該当する
と判示した[33]。

これに対し，控訴裁判所は，次の理由から，tokes の受領は贈与ではないと
判示している。まず，tokes が私心のない公平な寛大さに起因するという原審
の認定については，「すぐに気前よく戻ってくるだろうと信じられている幸運
の神への捧げものは，『混乱しかつ強く私心のある（involved and intensely
interested)』行動とのみ記述されうる」（at 879）として，その評価は誤りであ
ると論じている。そのうえで，むしろ，「合理的に行動するディーラーは，その
役務の報酬の形態としてそのような受領物を考えるようになるだろう」（at
879）として，tokes はディーラーが役務報酬の対価として受け取るので，贈与
に該当しないものである，と論じている。

Olk 判決は，直接的に Duberstein 判決の先例性を否定したものではない。
ただし，移転者（贈与者）の意図に着目して「贈与」への該当性を判断した
Duberstein 判決に対して，Olk 判決は移転を受けた者（受贈者）の意図を勘案
して贈与への該当性を判断しているため，整合性が問題となりうる。以上の2
つの裁判例を素材に，寄附型 CF の課税関係を論じた先行研究を以下に紹介す
る。

⑶　Battista および Kahn による，CF をめぐる議論

　寄附型 CF と贈与の関係について論じた文献としては，まず，Battista が
2015 年に公表した論文が挙げられる。同論文は，Duberstein 判決によれば，
ある金員が資産や役務の対価として支払われないことが，贈与の認定には要求
されることを論じている[34]。そして，Olk 判決は Duberstein 判決と整合的であり，
事業の一環として受領した金員か個人的に受領した金員かということが，
Duberstein 判決にいう「全ての事象」には含まれる，としている[35]。以上のよう
に，Duberstein 判決と Olk 判決を考慮すれば，資金調達者が事業の一環として
寄附型 CF によって受領した金員は贈与に該当しないものとなる可能性がある
ので，内国歳入庁は，資金提供者が親類や知人，友人であることなどの寄附型
CF が贈与に該当するための一定の要件を示したセーフハーバーを公表すべき
である，と論じている[36]。

　一方，Kahn が 2018 年に公表した論文も，寄附型 CF と贈与の関係について
論じている。Kahn は，まず，ある財産の移転の贈与該当性は，贈与によって
得た所得の非課税に関する理論的根拠と純資産の増加を所得と見る考え方（包
括的所得概念）をどうバランスさせるか，という問題から考えるべきである
としている[37]。このような考え方の論拠となるのは，贈与によって得た所得の非
課税に関する理論的根拠と整合的な Duberstein 判決と整合しない（したがって
包括的所得概念を優先させたとしか捉えられない）Olk 判決である。以上のような
構造に照らして寄附型 CF を考察すると，寄附型 CF を扱うプラットフォーム
（GoFundMe）の資金調達者の多くは，自身のプロジェクトのために，自発的に，
寄附を呼び掛けている。このような「取引の商業的性質および自発的な『贈
与』の探求」[38]を勘案すれば，純資産の増加の考え方が，贈与の非課税を支持す
る根拠よりも優先されるべきである。したがって，寄附型 CF は全て贈与に該
当せず，その資金の移動には包括的に所得税を課すべきである，と Kahn は論
じている。

2 米国の議論から得られる示唆

⑴ Kahn の議論の援用の試み

Battista と Kahn の議論は，Duberstein 判決と Olk 判決の整合性など，異なる点が見られる。ただし，両者の議論に共通しているのは，寄附型 CF の全てを贈与と見るべきではないと考えている点である[39]。Battista も，（紙幅の都合上全てを列挙することはできないが）厳格な要件をセーフハーバーとして挙げており，寄附型 CF のうち贈与に該当するものを限定的に捉えているように思われる。

それでは，上記の議論をいわば「ヨコをタテ」にして，「日本法上も寄附型 CF には原則として所得税を課すべきであり，贈与税を課すべきではない」と論じるべきであろうか。しかし，このような主張には容易に反論が用意できよう。日米には，贈与税の納税義務者や，贈与に該当する場合の税負担の軽重，国家全体に適用される民法の有無などの違いがあるからである。したがって，単純に結論を「ヨコをタテ」にして輸入することは困難であり，米国法についての議論の理由付けが日本法でも通用するか，という点で，示唆の有無を判断すべきであろう。

この点，Kahn は，贈与の非課税を，単一課税単位理論（single tax unit theory）と消費の最適利用原則（optimum-utility-of-consumption principle）で根拠づけている[40]。まず，単一課税単位理論とは，贈与者と受贈者は所得課税において 1 つの単位として扱われるという理論であり，これは贈与による基準価格（basis）の引継ぎ（§1015）によって根拠づけられる。消費の最適利用原則とは，所得は，現在の消費および将来の消費（貯蓄）であるから，1 回の消費（財の費消，贈与は含まれない）につき 1 回のみ所得課税がされるべきという原則である。これらの考え方と Duberstein 判決は整合的なものであると Kahn は論じている。

以上に整理した Kahn の議論のうち単一課税単位理論[41]は，日本法においても一定の説得力を持つものであるように思われる。なぜなら，Kahn が同理論の根拠として依拠した米国法における基準価額の引継ぎ規定（§1015）と類似する規定が，日本法にも，個人間での贈与による取得費の引継ぎの規定（所税 60

条1項1号）として存在するからである。また，Kahn が自身の論理と整合的だ
と論じる Duberstein 判決についても，何らかの見返りがあれば贈与に該当し
ないと論じている点は，平成 8 年東京地判の判示と整合的である。

　以上のように，Kahn の議論は，日本法においても一定の妥当性を持ちうる
ものであるように思われる。それでは，具体的にどのような示唆が得られるの
か，以下で論じてみることとしたい。

　(2)　Kahn の議論みなし贈与の要件の解釈論

　まず，Kahn の議論をはじめとする米国の議論から示唆を得ることは，民法
上の贈与契約（民法 549 条）に関する課税関係については困難であるように思
われる。なぜなら，税法上の「贈与」は民法からの借用概念であり，民法上の
意義と同様に解するべきであると一般的には考えられているからである（統一
説[42]）。純粋な「贈与」それ自休について，税法独自の意義を探求する試みは，日
本法にはそぐわないものと評価されるように思われる。

　ただし，税法上贈与とみなされる贈与類似の取引（相税 9 条）の意義につい
ては，示唆を得ることが可能であろう。「対価を支払わないで，又は著しく低
い価額の対価で利益を受けた」かどうか，という点については，あくまで税法
独白の要件の解釈論として論じることができるからである。

　そして，典型的な寄附型 CF については，原則として相続関係間での移転で
はないことおよび特定の活動への支出が予定されていることという特徴がある
ことから，平成 8 年東京地判で政治献金について判示されたとおり，純粋な贈
与契約とは論じがたいであろう。むしろ，これらの性質から言えば，相続関係
にない関係の間での金銭の移転を自発的に探究しており，かつ特定の活動への
支出という商業的な性質を持つことから，典型的な寄附型 CF は（税法上の）贈
与に該当すべきではない，すなわち日本法上は贈与と擬制されるべきではなく，
贈与税ではなく所得税が課されるべきであると Kahn の議論に添って論じうる
ように思われる。対価の有無という点についても，自発的な金銭の移転の探求
のためにプラットフォームに手数料を支払っており，プロジェクトへの支出も
しているため，「対価を支払わないで」受けた利益である，とは論じられない
ように思われる。

ただし，以上の議論は，米国法から得られる示唆を試論として述べたものにすぎない。実際には，みなし贈与の課税要件（相税 9 条）の課税要件や，より一般的な，贈与と所得税の線引きの問題を考察したうえで結論を出すべきであろう。本稿の試論を補強するような一般的な議論は，今後の検討課題にすることとしたい。[44]

(3)　寄附金控除との整合性について

以上のように，本稿では，典型的な寄附型 CF は，贈与と税法上みなされるべきではない，という点を論じてきた。

最後に，この議論と寄附金控除の可否という点について補足をしておきたい。個人が一定の法人に対して寄附型 CF によって資金を提供した場合には，日米ともに寄附金控除が得られるものと思われるが[45]，このことは贈与に該当しないことと矛盾しないのであろうか。

まず，日本法においては，寄附金控除の要件に「贈与」という文言はないため（所税 78 条），問題はないように思われる。米国法では，寄附金控除の対象となる寄附は「寄附または贈与」とされているが（§170(c)）[46]，ここにいう「贈与」の意義は Duberstein 判決が判示した（§102 の）「贈与」の定義とは別のものとして解されてきた[47]。したがって，（§102 の）「贈与」に該当しないことと慈善寄附金控除の対象となりうることは，米国法においても矛盾するものではないように思われる[48]。実際，Battista および Kahn は，寄附型 CF が寄附金控除の対象になりうることを所与の前提として議論をしている[49]。

V　おわりに

本稿では，個人間での寄附型 CF に対する課税関係について考察した。典型的な寄附型 CF については，通常の金銭の贈与と異なる様々な特徴があること，その特徴に着目して贈与に該当しないと論じる米国の議論があることを論じた。以上の情報をもとに，日本法においても，みなし贈与の課税要件（相税 9 条）の解釈論として，米国の議論から示唆を得て，寄附型 CF には贈与税ではなく所得税が課されるべきであると論じることが可能なのではないか，と試論を述べた。

　本稿は，様々な場で口頭報告の機会をいただけたことにより執筆がかなったものである。まず，本稿は，日本租税理論学会第31回大会におけるシンポジウム報告を原稿化したものであり，報告の機会をいただいたことや，シンポジウムで諸先生方から質問をいただいたことにこの場を借りて御礼を申し上げるとともに，いただいた質問の多くを原稿に反映できなかったことをお詫びしたい。このほか，第7回若手法学研究者フォーラムの集いおよび日本税法学会第454回関東地区研究会においても，本稿のもととなる内容について報告の機会を賜った。また，CFの実際の状況については，アカデミスト㈱の大塚美穂さまにご教示を賜った。この場を借りて感謝の意を述べたいと思う。

注

1) CFと消費税の課税問題について論じた文献として，吉村政穂「消費税における『対価』の意義と購入型クラウドファンディング」金子宏＝中里実編『租税法と民法』（有斐閣，2018年）408頁参照。

2) 西村あさひ法律事務所編『ファイナンス法大全（下）［全訂版］』（商事法務，2017年）908頁［有吉尚哉執筆部分］。佐々木敦也『ザ・クラウドファンディング』（金融財政事情研究会，2016年）9頁も参照。

3) *See* DAREN C. BRABHAM, CROWDSOURCING 37 (2013).

4) 佐々木・前掲注(2) 11～13頁参照。

5) 矢野経済研究所プレスリリース2036号「2017年度の国内クラウドファンディング市場規模は新規プロジェクト支援ベースで前年度比127.5%増の1,700億円」（https://www.yano.co.jp/press-release/show/press_id/2036）参照。

6) 2020年5月23日付乗りものニュース「コロナ困窮業者に『共感の輪』＝クラウドファンディングに17億円超」（https://trafficnews.jp/post/96604）参照。

7) Readyfor Charityウェブサイト（https://readyfor.jp/charity/）参照。
なお，同社は，このほか，通常の寄附型および購入型のプロジェクトを集めたプラットフォームである「Readyfor」も運営している（https://readyfor.jp/）。

8) 渡辺徹也「新しくなった『ふるさと納税』制度」法学教室470号（2019年）43頁参照。

9) ふるさとチョイスウェブサイト（https://www.furusato-tax.jp/）参照。

10) ふるさとチョイスウェブサイト（https://www.furusato-tax.jp/gcf/717）参照。

11) Makuakeウェブサイト（https://www.makuake.com/）参照。

12) CAMPFIREウェブサイト（https://camp-fire.jp/）参照。

13) Makuakeウェブサイト（https://www.makuake.com/project/konosekai/）参照。

14) academistウェブサイト（https://academist-cf.com/）参照。

15) 金融型CFに関する説明を含め，CFに関する法人税や源泉所得税の課税などの本稿では論じられなかった課税問題については，筆者の本務校の紀要（神奈川法学53巻1号）

にて別稿を公表する予定である。

16) 佐々木・前掲注(2)7 頁参照。

17) Readyfor ユーザー利用規約（https://readyfor.jp/terms_of_service）6 条。

18) Makuake 利用規約（https://www.makuake.com/pages/term/）利用規約 2 条 2.。

19) 三木義一＝末崎衛『相続・贈与と税』（信山社，2013 年）109 ～ 110 頁，三木義一監修『新　実務家のための税務相談　民法編』（有斐閣，2017 年）162 ～ 165 頁［堀招子執筆部分］，中村芳昭＝三木義一監修『典型契約の税法務』（日本加除出版，2018 年）42 ～ 87 頁［山本悟＝道下知子執筆部分］参照。

20) 森川智之「クラウドファンディングの税務ポイント」経理情報 1326 号（2012 年）31 ～ 33 頁，高橋祐介「技術革新による税務行政の課題」租税法研究 46 号（2018 年）67 頁参照。

21) *See* HENRY C. SIMONS, PERSONAL INCOME TAXATION 56-58（1938）.

22) 贈与と所得の関係については，渕圭吾「相続税と所得税の関係」ジュリスト 1410 号（2010 年）12 頁，渕圭吾「贈与税の位置づけ」税研 171 号（2013 年）26 頁，中里実「贈与税と包括的所得概念の射程範囲」税研 211 号（2020 年）14 頁参照。

23) この規定の趣旨につき，生保年金二重課税事件上告審判決（最判平成 22 年 7 月 6 日民集 64 巻 5 号 1277 頁）参照。

24) 金子宏『租税法［第 23 版］』（弘文堂，2019 年）701 頁。この点については，渕（2013）・前掲注22 29 頁も参照。

25) プラットフォームから資金調達者に対して資金提供者の情報を提供させる仕組みを構築すれば，この負担はプラットフォームと分かち合うことができるという反論があるかもしれない。しかし，実際には，実名を隠して寄附型 CF を行う者も存在しうるであろうから，プラットフォームからの協力が得られたとしても，結局のところ，負担が過大になることは避けられないようにも思われる。

26) ホステス源泉徴収事件上告審判決（最判平成 22 年 3 月 2 日民集 64 巻 2 号 420 頁），最判平成 27 年 7 月 17 日判タ 1418 号 86 頁参照。

27) 東京地判平成 8 年 3 月 29 日税資 217 号 1258 頁。なお，実務上も，雑所得（所税 35 条）として所得税の課税対象とされている旨を論じた文献として，権田和雄「政治献金等収入と課税」税大ジャーナル 18 号（2012 年）1 頁参照。

28) 政治献金には贈与税ではなく所得税が課される点を，負担が軽くなっているものとして批判する文献として，三木義一『税のタブー』（インターナショナル新書，2019 年）31 ～ 48 頁参照。

29) なお，同様の論点に関して具体的な問題を素材に論じた文献として，岡正晶「相続税法及び所得税法における『贈与』」税務事例研究 25 号（1995 年）61 頁，小島俊朗「租税法における贈与の意義について」税大ジャーナル 26 号（2016 年）27 頁参照。

30) 内国歳入長官対 Duberstein 事件連邦最高裁判所判決（363 U.S. 278（1960））。

31) なお，同判決は，Robertson 対米国事件連邦最高裁判所判決（343 U.S. 711（1952））および内国歳入長官対 LoBue 事件連邦最高裁判所判決（351 U.S. 243（1956））を引用しており，積み重ねられた判例理論を前提としたものである。

32) Olk 対米国事件第 9 巡回区控訴裁判所判決（536 F.2d 876（1976））。

33）　Olk 対米国事件ネバダ州地方裁判所判決（388 F.Supp. 1108（1975））。

34）　*See* Paul Battista, *The Taxation of Crowdfunding: Income Tax Uncertainties and a Safe Harbor Test to Claim Gift Tax Exclusion*, 64 U. KAN. L. REV. 143, 171-172 (2015).

35）　*See id.* at 172-180.

36）　*See id.* at 184.

　　なお，Battista の論文が発表された後，IRS は寄附型 CF の課税関係について文書回答を公表したが（IRS Info. Letter 2016-0036），同文書では（Battista が論じたような）具体的な基準は明示されていない。

37）　*See* Jeffrey Kahn, *GoTaxMe: Crowdfunding and Gifts*, 22 FLA. TAX REV. 180, 192-194（2018）。

38）　*Id.* at 197.

39）　なお，寄附型 CF によって調達した資金による支出の控除の可否についての文献であり，Battista および Kahn の議論と多少関心が異なるが，反対説を述べる文献として，*See* Andrew M. Wasilick, *The Tax Implications of Crowdfunding: From Income to Deductions*, 97 N. C. L. REV. 710（2019）。

40）　*See* Douglas A. Kahn & Jeffrey H. Kahn, *Gifts, Gafts, and Gefts‐The Income Tax Definition and Treatment of Private and Charitable Gifts and a Principled Policy Justification for the Exclusion of Gifts from Income*, 78 NOTRE DAME L. REV. 441 (2003); Kahn, *supra* note 37, at 185-191.

　　なお，Battista も，消費の最適利用原則を贈与に対する所得税の非課税の論拠として参照している。

41）　なお，Kahn の議論のうち消費の最適利用原則については，その考え方自体が説得的ではないように思われることにくわえ，日本法においての妥当性にはさらなる疑問があるように思われる。詳しくは，拙稿・後掲注(43)参照。

42）　借用概念の解釈について統一説を示した判決として，武富士事件抗告審判決（最判平成 23 年 2 月 18 日判時 2111 号 3 頁）参照。

43）　この規定の意義について述べた裁判例として，大阪高判平成 26 年 6 月 18 日税資 264 号順号 12488 参照。

44）　本稿脱稿後，この点について論文を執筆する機会を得た。拙稿「個人間の贈与（みなし贈与を含む）と所得税法 9 条 1 項 16 号」税法学 584 号（2020 年）掲載予定を参照。

45）　Readyfor Charity ウェブサイト（前掲注(7)）参照。また，慈善目的のプロジェクトのみを集めた米国のプラットフォームとして，GoFundMe Charity（https://charity.gofundme.com/）参照。

46）　米国の寄附金控除制度全般については，藤谷武史「アメリカにおける寄附文化と税制」税研 157 号（2011 年）52 頁，伊藤公哉『アメリカ連邦税法［第 7 版］』（中央経済社，2019 年）302 〜 312 頁参照。租税の還付金を用いた特定の法人への寄附制度（tax check-off）につき，石村耕治「日米におけるタックス・チェックオフの展開」白鷗法学 12 巻 1 号（2005 年）1 頁参照。食料品の寄附と税制の問題につき，石村耕治『アメリカ連邦所得課税法の展開』（財経詳報社，2017 年）235 〜 284 頁参照。

47) 中村芳昭「公益財産寄附税制」青山ローフォーラム 8 巻 1 号（2019 年）131 〜 135 頁参照。

48) この点，より詳細に，通常の寄附と寄附型 CF の異同を考察すべきであるところ，能力および紙幅の都合上それがかなわないことをお詫びしたい。

49) *See* Battista, *supra* note 34, at 155-156; Kahn, *supra* note 37, at 198.

3 暗号資産（仮想通貨）取引と課税
——私法上の性質論等の議論から得られる示唆——

泉 絢 也
（千葉商科大学商経学部准教授）

I はじめに

本稿では，暗号資産（仮想通貨）[1] 税制のあるべき姿を明らかにするための研究の一環として，[2] 暗号資産の私法上の性質や法律関係に関する議論から得られる示唆を検討する。

II 私法上の性質（総論）

現在のところ，暗号資産の私法上の性質や性格付け，あるいは暗号資産の法律関係を明らかにするような法律は存在しない。暗号資産の定義規定を織り込んだ資金決済法はいわゆる規制法であり，暗号資産の私法上の性質等を直接規律するものではない。[3] よって，暗号資産の私法上の性質等は解釈に委ねられる。

以下では，暗号資産の私法上の性質に関する議論を概観する。結論を先取りすると，ビットコインに代表されるような暗号資産の私法上の性質は現時点では見解の一致をみない。[4] 敷衍すると，"消極的な形"での性質決定という点では局地的な共通理解を観察し得る。すなわち，所有権の客体ではない，債権ではない，知的財産権ではないという点はおおむね見解が一致している。他方，"積極的な形"での性質決定，言い換えれば，暗号資産は所有権や債権などではないとしても，ではどのように説明すべきかという局面においては，見解が対立している。[5] 暗号資産は，物権や債権といった私法上の既存の法概念ないし法制度にそのまま当てはまるものではないところ，それらに当たらないことはいえても，それが法的に何であるかを同定することは難しいといわれる。[6]

1 所有権構成

　暗号資産が所有権の客体となり得るならば，そのことから演繹的に暗号資産の法律関係を導く途が拓かれる。しかしながら，暗号資産は所有権の客体とはなり得ない。民法 85 条は，「この法律において『物』とは，有体物をいう」として，所有権の客体である「物」を有体物に限定している。有体物の意味をどのように理解するかという点については議論があるものの，暗号資産は電子記録上の情報（取引情報）又は無体物であるデータにすぎないから，所有権の客体にはならない[7]。このことから，「ビットコインを保有している」ことは，「ビットコインの所有権を有している」とは法的にはいえないと解されている[8]。

2 債権構成

　ビットコインを想定するとわかるように，通常，暗号資産については，特定の発行体は存在せず，また，ネットワークへの参加者間に明示的な合意は存在しないため，特定の者に対する債権として構成することはできない[9]。

　暗号資産を他者に預託している場合には預託先に対する債権を観念し得る。暗号資産のユーザーは，文字列である秘密鍵や公開鍵を直接管理するのではなく，これらが格納されているウォレットを利用して管理を行う。ウォレットには様々なタイプのものが存在する。事業者が提供するウォレットサービスをオンラインで利用するもの，端末にインストールするもの，紙に記載するペーパーウォレットなどである[10]。例えば，ウォレット提供事業者のウォレットに暗号資産が保存されている場合において，かかる事業者に対する何らかの契約上の債権を観念することはできる。しかしながら，ダウンロードして自らの端末に実装するタイプのウォレットなどについては暗号資産の保有状態をいずれかの者に対する債権として説明することはできない[11]。

　いずれにしても，暗号資産それ自体については，契約等に基づいて発生したものではなく，法定債権のいずれでもないから，債権として構成することができない[12]。

3　知的財産権構成

　無体物は，法律により定められる各種無体財産権の対象となり，排他的利用が法的に保障される場合があるが，暗号資産はいかなる無体財産権の対象ともならないといわれる。[13]　そもそも，暗号資産は知的財産権の客体となるような情報財ではないといった見解もある。[14]　暗号資産について，以前は，著作権該当性を肯定する見解も見られたが，[15]　支持を獲得するには至っていない。[16]

4　財産構成と財産権構成

　暗号資産の財産権該当性については肯定説と否定説に分断されている。森田宏樹教授は，民法典における「財産権」＝「処分することを得べき利益を目的とする権利」であることを論拠として肯定説を展開される。民法典は，物権，債権その他の排他的な帰属関係が認められる財産的利益を広く包摂するものとして「財産権」をその実定概念として採用しており，民法典における「財産権」について，「処分することを得べき利益を目的とする権利」という起草者の定義を前提とすると，一定の利益が「財産権」として法主体に排他的に帰属することにより，この者に認められる法的権能が「処分権」であると捉えることができることになるから，暗号資産は，民法典にいう「財産権」としての性質が認められると説明される。[17]　また，森田教授は，法的に処分可能である「財産権」は，債務者の責任財産を構成する要素となり，債権者による強制執行の対象や担保物権の設定の客体となり得るし，相続による承継の対象となる財産を構成すると論じられる。[18]

　加毛明教授は，森田教授の上記説明について，事実上，ある主体がある対象に関する排他的支配可能性を有する場合に，その状態を，法的に，「財産権」の帰属と評価し，当該主体は自らに帰属する「財産権」を法的に処分する権限（処分権）を有するという内容に理解される。そして，かような理解によれば，「ブロックチェーン技術の登場により―従前は困難とされていた―特定の主体が仮想通貨に関するデータを排他的に支配できるという事実状態が生じたことが，仮想通貨に対する財産権を肯定する決定的要因であるということになる」と指摘される。[19]

これに対して，片岡義広弁護士は，法律に規定がないものについては「財産権」ということはできないことを論拠として否定説を採用される。「実定法上，『〇〇権』というものは，実定法上保障がなされたものをいい，それが法律上保護される利益又は法律上の地位であっても，法律に規定がないものについては，『〇〇権』とはいわない」ところ，暗号資産は，「法律」によってその利益を私法上保障されたものではないから，講学上の概念として提唱するのは格別，実定法上「権利」ということはできず，結局「財産権」ということはできない，とされる。[20]

　片岡弁護士は，財産について，「経済的価値を有する物及び権利義務の集合」，「物権，無体財産権等の金銭的価値のある権利から成る」ものであるという理解を引用し，金銭的価値があるものの集合のことを「財産」というとされた上で，金銭的価値，経済的価値，財産的価値のあるものは「財産」であるから，「財産権」とはいえない暗号資産も「財産権」という権利のレベル以上の上位概念としての「財産」ではあると論じられる。[21]そして，暗号資産は，物権と同様にその財産的価値について対世的・排他的な支配を法的に保護するべきであるという構造を持つことから，その帰属及び移転については，条理に基づき，性質の許す限り，準物権行為として物権変動及び物権の法理が準用又は類推適用されるべきものであると説かれる。[22]

　以上に対して，上記の各立場は暗号資産が所有権の客体とならないことを承認しつつ，暗号資産に対する支配に物権と同様の支配権能と移転可能性を与えようとするものであるところ，民法の解釈論としてかかる立場をとり得るかは，物権法定主義（民法175）の趣旨等との関係で更なる検討が必要であるという指摘もある。[23]

　かように，暗号資産が財産権に該当するか否かは，肯定説と否定説とが鋭く対立しているが，財産権の厳密な意義や法律上の根拠の要否について必ずしも明確な合意があるわけではなく，財産権の有無については必ずしもかみあった議論がされている状況にはないという見立ても示されている。[24]

5　合意構成

　暗号資産の取引ルールは，ネットワーク参加者が前提としている仕組みを最大限尊重すべきであるという志向の下，ビットコインの取引は所定のプロトコルに従い，ブロックチェーンに記録され，分散型台帳によって参加者全員により管理されるところ，「ビットコインの保有」を可能としているのは，このビットコインの仕組みに対する参加者全員の合意であり，参加者全員の合意が一種のソフトローを構成しているという考え方（合意アプローチ）が提唱されている[25]。合意アプローチをとる場合，暗号資産の法的性質を一義的に説明することは難しいままであるが，暗号資産やその取引はネットワーク参加者において合意された存在として捉えれば十分であり，あえて明確な性質決定をしなくとも，問題となる取引場面に応じて個別にルールを検討すれば足りると考えられている[26]。

　かかる合意アプローチに対しては批判も多い。例えば，片岡義広弁護士は，「ビットコイン等仮想通貨のアルゴリズムは，法律すなわち要件事実論的にみたときは，『法』ではなく『事実』の領域に属する。そのアルゴリズムからその創出者が企図したものを一定程度看取することはできるし，その点は法的評価の対象にはなりうる。しかし，人と人との間で合意があるわけではないし，その企図されたものについても，記述されているわけではなく，その内容を確定しうるものでもない。したがって，合意または合意に準じるものとして説明することはできない」，「ビットコインのような仮想通貨について，システム（アルゴリズム）の創出者がもし仮にホワイトペーパー（目論見書）のようなものを作成しているとして，利用者はそれに従って利用するべき旨を記述していたとしても，利用者は法律上必ずしもそれに拘束されるわけではないし，また，ホワイトペーパーですべての法的事象を記述し尽せるものでもない。様々な事象に対する法的規律および法的評価は，法律に基づく法規範の観点から判断せざるをえないことになる」とされる[27]。

　また，本多正樹教授は，確かに，預金や電子マネー等と異なり暗号資産においては約款等の契約が存在しないため，当該暗号資産はどういう仕組みであるかという意味でのルールが存在するとすれば，結局のところ，システム（ソフ

トウェア）の仕様（プロトコル）に求められるのであろうが，利用者＝ネットワーク参加者間に暗号資産のプロトコルについて共通の認識又は暗黙の合意があるとしても，それを集団的な契約として権利義務関係の発生の直接の根拠とすることは難しいとされる[28]。AB間で売買等の取引がなされる場合，取引の対象がどのような性質を有するかについて，A，Bそれぞれが一定の認識を持っていることが前提となるのは，対象が暗号資産である場合に限ったことではなく，そこにあえて集団的な合意を持ち出す必要はなく，合意アプローチから一定の法的効果を導くことはできない，と論じられる[29]。

Ⅲ　私法上の法律関係（各論）

　上記のとおり，暗号資産の私法上の性質は現時点では見解の一致をみないが，個別の法的論点において，総論的な議論に関する，すなわち暗号資産の私法上の性質に関する立場の違いによって結論が異なるかといえば，必ずしもそうとはいい切れない（もちろん，両者は無関係でもない）。「仮想通貨の法的性質を云々したところで，演繹的には個別論点に対して適切な解を見出せるとは限られない」，「法定通貨の私法上の性質についてすら通説を持てないなかでなぜ仮想通貨の法的性質につき結論が出ると夢想するのか」という厳しい指摘もある[30]。

　暗号資産の私法上の性質論から演繹的に暗号資産の私法上の法律関係を導くというアプローチが必然的なものでないとすれば，暗号資産の私法上の性質に関する議論自体は続けられるとしても，必ずしもかかる議論に捉われない形で，暗号資産の私法上の法律関係が個別的に明らかにされていく道筋も見えてくる[31]。

　暗号資産の私法上の法律関係に係る個別の法的論点については，無権限者による移転，預託及び信託，ネットワーク参加者以外の者に対する効力（強制執行，相続等）など様々なものを想定し得る。前記Ⅱの総論的な議論との関係も含めて，個別の論点に関する私法上の議論はいまだ発展途上の段階にある。前記Ⅱのとおり，暗号資産の私法上の性質について，総論レベルで様々な見解があり得るが，各論レベルに視点を移すと，総論レベルにおけるいずれの考え方によっても，おおむね暗号資産の排他的な帰属・移転に関して法的保護を与えるという方向性は共通し，説明の仕方こそ異なるものの，その法的保護のあり

方は，物権や財産権の帰属・移転に関する規律と同等のものと考えられているという指摘が存在することを押さえておく必要があろう。[32)]

　以下では，各論レベルの議論のうち，租税法の観点から注目すべき点を簡単に確認する。

1　無権限者による処分

　無権限者が，秘密鍵のハッキング等により，自己又は第三者のアドレスに不正にビットコインを送付した場合に，元の保有者はいかなる権利を有するか。財産的な価値の侵害がある以上，元の保有者には，無権限者に対する不当利得返還請求権（民法703，704）や不法行為に基づく損害賠償請求権（民法709）が認められると解されている。問題は，これらに加えて，元の保有者が，無権限者に対し，物権的請求権（又はこれに類似する権利）として，ビットコインの返還を請求する権利を有するかという点である。[33)]

　この点に関して，ビットコインについて，金銭における「占有＝所有」と同じような規律を働かせる考え方があり得る。金銭は，硬貨や紙幣といった動産によりその価値が表されているため，動産における事実上の支配すなわち占有の在りかによって，その権利（所有権）の帰属が定まることになり，占有を移転させることで，権利自体を移転させることができる。ビットコインのような暗号資産についての事実上の支配は，秘密鍵とこれに対応するアドレスにより，ブロックチェーン上で電子的に記録されている残高を排他的に管理するという状態により実現される。[34)]そのようなブロックチェーン上の記録のみによって権利の帰属者が決せられるという考え方がある。[35)]これによれば，元の保有者に物権的返還請求権（又はこれに類似する権利）は認められない。この考え方は，そのブロックチェーン上の記録の移転によりビットコイン自体も移転するとの関係を常に認めることにより，あたかも金銭における「占有＝所有」と同じような規律を働かせるものである。[36)]

　もっとも，ビットコインが，不特定の者との間で決済・売買等に用いることのできる支払手段として法的に「通貨」やこれに準じるものと評価できるものであるならば，ブロックチェーン上の記録のみによって権利の帰属が決せられ

ると解し，金銭の「占有＝所有」と同じような議論が可能になると考えられる
が，ビットコイン（あるいは他の暗号資産）がそのような意味での「通貨」やこ
れに準じるものといえるかについては，今後暗号資産が社会にどのように受け
入れられるか不透明であるということもあって，様々な見方があり得ることも
指摘されている[37]。

　ここでは，暗号資産の性質を金銭に寄せることで，暗号資産の法律関係につ
いても「占有＝所有」理論を働かせる見解があり得ることに注目しておきたい。

2 暗号資産の信託

　ビットコインの保有者は，信託契約を締結する方法その他の信託法3条各号
に定める信託行為により，ビットコインを信託することができるかという問題
がある。信託法上の「信託」とは，かかる3条各号に掲げる方法のいずれかに
より，特定の者が一定の目的（専らその者の利益を図る目的を除く）に従い「財
産」の管理又は処分及びその他の当該目的の達成のために必要な行為をすべき
ものとすることをいう（信託2①）。金銭的価値に見積もることができる積極財
産であり，かつ，委託者の財産から分離することが可能なものであれば，ここ
でいう「財産」に全て含まれるという理解を前提として，暗号資産の私法上の
位置付けの総論的な説明方法が異なるとしても，暗号資産は上記のような信託
財産たり得るために必要な性質を有しており，暗号資産の信託は認められると
解されている[38]。

3 強制執行の対象，相続財産性

　ビットコイン等の暗号資産に対する強制執行（差押え）の可否については，
暗号資産の私法上の位置付けの総論的な説明方法が異なるとしても，強制執行
の可能性を否定する見解は見当たらず，暗号資産の排他的な帰属・移転につい
て法的保護が及ぶ以上，強制執行の対象になると考えられている[39]。また，相続
により承継される財産（民896）は，物権，債権・債務，形成権，知的財産権等
の具体的な権利義務のほか，財産法上の地位を広く含むものと解されていると
ころ，暗号資産について，その排他的な帰属や移転に関して法的保護が与えら

れると解される以上，相続財産を構成することになると解すべきであるから，暗号資産の私法上の位置付けの総論的な説明方法が異なるとしても，暗号資産が相続の対象となることは否定し得ないと考えられている[40]。

Ⅳ　私法の議論から得られる示唆

暗号資産の私法上の議論は，暗号資産のあるべき課税関係を検討する際の参考になる。以下，暗号資産の私法上の性質や法律関係などの議論から得られる示唆を述べる。

1　権利該当性に関する議論と租税法上の「資産」該当性の議論

暗号資産の私法上の性質に関する議論，とりわけ何らかの権利該当性に関する議論は，例えば，次のような租税法上の「資産」該当性の議論に影響を与える。

① 　暗号資産の売却・使用損益の譲渡所得（所得税 33）該当性（「譲渡所得の基因となる資産」該当性）

② 　上記①との関連で，非課税所得となる「生活に通常必要な動産」該当性（所得税 9 ①九，②一，所得税令 25）

③ 　一時所得の要件である「資産の譲渡の対価としての性質を有しないもの」における「資産」該当性（所得税 34 ①）

④ 　国内源泉所得該当性（所法 161 等）

このうち①については，暗号資産の保有者が何らかの権利を有しているのであれば，その売却や使用により生じる損益は譲渡所得に該当するという方向に向かう。ただし，国税庁のように，「一般的には資産に該当するとしても値上がり益を生じさせないものは譲渡所得の基因となる資産に該当しない」という立場を採用するならば[41]，暗号資産の保有者が何らかの権利を有しているのか，それは財産権であるかという点は，必ずしも譲渡所得該当性の判断に係る決め手にはならない。この場合，かかる立場が現行所得税法の解釈論として妥当か，無理がないかという点が最重要論点となる。

2 相続財産性に関する議論

暗号資産＝財産的価値であることを前提とすると，無償でこれを取得すれば所得税や法人税の課税対象となり，相続により取得すれば相続税の課税対象となることは理解しやすい。そして，前記Ⅲ3のとおり，相続により承継される財産（民896）は，物権，債権・債務，形成権，知的財産権などの具体的な権利義務のほか，財産法上の地位を広く含むものと解されている。ビットコイン等の暗号資産も，その排他的な帰属や移転に関して法的保護が与えられると解される以上，相続財産を構成することになる。よって，暗号資産は，相続税法上の財産ないし課税財産となる。

ここでは，①相続税法上の財産とは，民法上の財産のうち積極財産のみを指し，②相続税法上の財産であっても，財産評価額が零とされるものも存在し得るという理解を前提としている[42]。もちろん，暗号資産の中には，少なくとも取得時点では時価評価をし難いもの，市場価格が付かないものも存在することや，相続による財産の「取得」（相続税1の3等）に該当するのかという議論もあり得ることへの留意は必要である[43]。

3 金銭に寄せる考え方（金銭＝「所有＝占有」理論の影響）

前記Ⅲ1で見たように，暗号資産の性質を金銭に寄せることで，暗号資産の法律関係についても「占有＝所有」理論を働かせる見解があり得る。「金銭が存在しない限り，租税制度も財政制度も基本的には成立し得ないにもかかわらず従来の租税法や財政法において，金銭の概念の検討が行われることはほとんどなかったが，このような状況は，変えていかなければならない」ことが指摘されており[44]，上記の見解を糸口に暗号資産も視野に入れて，租税法における金銭概念の研究を進展させることも考えられる。

金銭は[45]，特別の場合を除いては，物としての個性を有しておらず，単なる価値そのものと理解されている。また，金銭においては占有あるところに所有権もあるという「占有＝所有」理論も一定の支持を得ている[46]。暗号資産についても，金銭に類似する側面を有するとして，同様に，「占有＝所有」理論を適用すべきであるという見解を推し進めていくと何が見えてくるであろうか。暗号資

産についても，同理論の背後にある❶金銭の没個性性を重視する価値判断や❷金銭に対する高度の流通性（取引の安全）を保護する価値判断を働かせるべきであるという次なる見解が視界に入ってくるのである。[47]

　❶のような価値判断を支持するならば，暗号資産の課税上の取扱いを外国通貨や有価証券に寄せる方向に議論が向かう可能性はある（換算，期末評価方法，1単位当たりの帳簿価額の算出方法の問題などに接続）。

　❷のような価値判断は，所得税法上，金銭，小切手，手形等の支払手段は「譲渡所得の基因となる資産」に該当しないという見解に接続する可能性がある。[48]もっとも，支払は所得税法33条の「譲渡」に該当するか，[49]「収集用又は販売用のもの」[50]はどう解釈するか，といった問題も残る。解釈論の文脈に関する限り，現行所得税法は資産の価値が増加する各要因にまで掘り下げて所得区分を判定することを予定しているか，といった問題もある。例えば，「譲渡所得に対する課税は，資産の値上りによりその資産の所有者に帰属する増加益を所得として，その資産が所有者の支配を離れて他に移転するのを機会に，これを清算して課税する趣旨」であると解する清算課税説を採用するとしても，所得税法は，資産の譲渡により実際に発生した利得又は損失がその資産の値上がり又は値下がりとしての性質を有するかどうかをきめ細かく又は深掘りして，峻別するような規定振りになっていない。資産の価値が増加する要因は多種多様であるから，[51]かような規定の下ではいわゆる二重利得法の採用の可否や金銭債権の資産性など種々の問題が生じる。[52]

　また，❷のような価値判断を推し進めると，租税法としては，暗号資産の使用により生じる損益に課税すべきではないという方向（の解釈論ないし立法論）に向かうであろうか。支払手段であっても差損益・評価損益が観念できる以上，所得であることを前提とした議論となるであろうか。私法では，「実質的金銭」構成を採用し，暗号資産に金銭と同様の法的効果を与えようとする試みがなされ得る。しかしながら，租税法は概念論・形式論に固執する傾向があるため，立法的措置をとらないと，これに置いていかれる可能性がある。ただし，暗号資産が実際には支払手段として使われていないという実態への配慮は必要である。

暗号資産のユースケースとしては，支払手段，国際決済手段，投資手段，資金調達手段など様々なものが考えられるし，法的論点も種々想定し得る。そして，租税法以前の私法の領域において，個別の論点ごとに，金銭と見るべきである，あるいは物と見るべきであるというような議論が展開される可能性もある。たとえ，私法領域（の特定の問題場面）において「実質的金銭」構成が採用されたとしても，租税法領域においては，暗号資産は，金銭そのものではなく，財産的価値のあるモノないし資産として"一律に"または"形式的に"取り扱われる可能性があることは否めない。そして，暗号資産の取得時の取得価額が譲渡時の譲渡原価などとして把握されることになる。この点に関する限りでは，暗号資産の法律関係（帰属及び移転）について，準物権行為として物権変動及び物権の法理が準用又は類推適用される，あるいは物権法のルールに従うと解する見解と親和性がある。[53]

　暗号資産の金銭該当性に関する議論自体が租税法の法律関係に及ぼす影響は限定的なものとなる場面も想定し得る。租税法の規定の中には，金銭のみならず同等物も含まれるように「金銭その他の資産」，金銭と「金銭以外の資産」などと定めているものが存在するからである（所得税25①，36，法人税2十二の八等）。

V　結びに代えて

　本稿では，暗号資産の私法上の議論は，暗号資産のあるべき課税関係を検討する際の参考となるという想定の下，暗号資産の私法上の性質や法律関係等の議論から得られる示唆を述べた。今後，どのような暗号資産又はこれと類似のものが出現し，社会にどれほど受け入れられるのか，という点を正確に予測することはできないが，現在，様々なアイデアや構想が打ち出され，そのうちの一部は実現を果たしている状況にある。このような状況において，私法，規制法及び租税法における暗号資産の議論や立法対応は，常に後手に回っている感がある。各分野において，暗号資産に関する研究が深まりつつあるが，いまだ発展途上の段階であるといわざるを得ない。租税法の専門家としても，私法をはじめとする各分野の議論を注視するとともに，暗号資産に関する課税関係の

議論を積み重ねていくことが枢要である。

　本研究は JSPS 科研費 19K13498 の助成を受けたものである。

　本研究は JSPS 科研費 19K13498 の助成を受けたものである。

注
1)　第 198 回国会において成立した「情報通信技術の進展に伴う金融取引の多様化に対応するための資金決済に関する法律等の一部を改正する法律」（令和元年法律第 28 号）により，資金決済法において「仮想通貨」という語は「暗号資産」という語に呼称変更され，所得税法等においても同様に呼称変更された。
2)　前掲注 1 の法律について，衆議院及び参議院において次のような附帯決議が付けられた。
「暗号資産及び電子記録移転権利の譲渡，暗号資産を用いたデリバティブ取引等に係る所得に対する所得税等の課税の在り方について検討を加え，その結果に基づき，必要な措置を講ずること」
3)　金融法務委員会「仮想通貨の私法上の位置付けに関する論点整理」1 頁参照。http://www.flb.gr.jp/jdoc/publication55 j.pdf［最終確認日：2019 年 3 月 1 日］。資金決済法が暗号資産について財産的価値という法的性質に直接リンクしない表現を用いていることを指摘するものとして，末廣裕亮「仮想通貨の法的性質」法教 449 号 52 頁参照。
4)　私法上の制度に基づいて設計され，保有者と特定の者との間で権利義務関係が明らかにされている暗号資産については，私法上の性格付けはある程度，見えてくることについて，芝章浩「暗号資産の民事法上の取扱い」NBL1138 号 50 頁参照。本稿でとりあげるような暗号資産の私法上の性質に関する議論は基本的にビットコインを想定したものであるが，ビットコイン以外の権利を表章しないトークンに対しても当てはまる可能性がある一方，例えば財産権を認めつつ「所有と占有の一致」の原則を及ぼそうとする議論は，支払手段としての実態を有するトークンを想定したものであり，そのような実態を欠くトークンに対しては当てはまらないこととなる，という指摘として，芝章浩「権利を表章しないトークンの民事法上の取扱い」ビジネス法務 20 巻 1 号 124 頁参照。
5)　このほか，暗号資産を排他的に利用できるという事実状態の財産的価値と捉える見解（西村あさひ法律事務所編『ファイナンス法大全（下）〔全訂版〕』845 頁（商事法務 2017）〔芝章浩〕），暗号資産の法律関係を役務提供契約として構成する見解（得津晶「日本法における仮想通貨の法的諸問題―金銭・所有権・リヴァイアサン―」法学 81 巻 2 号 149 頁以下）や暗号資産の法的性質を巡る従前の議論をプログラム・コードに対する法的評価という観点から捉え直そうとする見解（加毛明「仮想通貨の私法上の法的性質―ビットコインのプログラム・コードとその法的評価―」金融法務研究会『仮想通貨に関する私法上・監督法上の諸問題の検討』1 頁以下（2019））なども存在する。
6)　森田宏樹「仮想通貨の私法上の性質について」金法 2095 号 14 頁参照。
7)　加毛・前掲注 5，15 頁，金融法務委員会・前掲注 3，4 頁，小林信明「仮想通貨（ビットコイン）の取引所が破産した場合の顧客の預け財産の取扱い」金法 2047 号 43 頁，末廣裕亮「仮想通貨―私法上の取扱いについて―」ビジネス法務 16 巻 12 号 73 頁，同

「仮想通貨の私法上の取扱いについて」NBL1090 号 68 頁，末廣・前掲注 3，53 頁，武内斉史「仮想通貨（ビットコイン）の法的性格」NBL1083 号 15 頁，道垣内弘人「仮想通貨の法的性質―担保物としての適格性―」道垣内弘人ほか編『社会の発展と民法学　上巻』494 頁（成文堂 2019），得津・前掲注 5，164 頁参照。東京地裁平成 27 年 8 月 5 日判決（判例集未登載）も参照。秘密鍵も一定の数値であって有体物ではないので所有権の客体とならず，利用者はその所有権を通じて間接的にビットコインの財産的価値の排他的享受を確保することはできないこと及び利用者は占有権をもって財産的利益の享受を図ることもできないことについて，畠山久志ほか編著『仮想通貨法の仕組みと実務』102 頁以下（日本加除出版 2018）〔後藤出〕参照。

なお，片岡義広「仮想通貨の私法的性質の論点」LIBRA17 巻 4 号 12 頁は，暗号資産それ自体が私法上何かとの問いに対して，コンピュータのアルゴリズムに従って記録された電子記録にすぎないから「電磁的記録（民法 446 条 3 項括弧書）である」と説明される。

8)　北村導人＝柴田英典「仮想通貨（暗号資産）に関する法的整理と課税関係―仮想通貨の技術的仕組みを踏まえて―」PwC Legal Japan News（2019 年 3 月 27 日）4 頁参照。https://www.pwc.com/jp/ja/knowledge/news/legal-news/legal-20190327.html［最終確認日：2019 年 3 月 1 日］

9)　おおむね前掲注 7 及び 8 の各文献参照。ただし，債権である又は債権として構成する余地があることを認める見解もある。酒井克彦「所得税法における仮想通貨の資産的性質」税務事例 50 巻 8 号 40 頁以下，東京地裁平成 30 年 1 月 31 日判決（判時 2387 号 108 頁）参照。上記判決について，利用者が暗号資産交換業者に暗号資産を預託している場合を念頭に置いている可能性もあるが，暗号資産を直接保有する者の権利と顧客が取引所に対して有する権利とを混同しているように見えるという指摘もあり得る。得津晶「判批」ジュリ 1535 号 109 頁参照。上記判決に対する種々の疑問について，森下哲朗「判批」現代消費者法 41 号 64 頁以下参照。なお，個人が暗号資産交換業者を通じて保有する場合の暗号資産の私法上の位置付けに焦点を当てた研究として，柳田宗彦「暗号資産（仮想通貨）の交換業者において取引する者に係る私法上の考察」国際取引私法学会 5 号 151 頁以下参照。

10)　金融法務委員会・前掲注 3，4 頁の脚注 16 参照。

11)　金融法務委員会・前掲注 3，4 頁参照。

12)　片岡義広「再説・仮想通貨の私法上の性質―森田論文を踏まえた私見（物権法理の準用）の詳説―」金法 2106 号 12 頁参照。

13)　末廣・前掲注 3，53 頁以下，武内・前掲注 7，16 頁参照。後藤出＝渡邉真澄「ビットコインの私法上の位置づけ（総論）」ビジネス法務 18 巻 2 号 115 頁も参照。

14)　森田・前掲注 6，15 頁参照。

15)　土屋雅一「ビットコインと税務」税大ジャーナル 23 号 76 頁以下参照。

16)　西村あさひ法律事務所・前掲注 5，843 頁，芝・前掲注 4「暗号資産の民事法上の取扱い」51 頁の脚注 11 参照，金融法務部「ビットコイン等のいわゆる仮想通貨の我が国の各種公法等における位置付け」法律実務研究 30 号 96 頁〔片岡義広＝田中貴一〕の脚注 21，片岡義広「ビットコイン等のいわゆる仮想通貨に関する法的諸問題についての試論」金法 1998 号 44 頁の脚注 36 参照。

17）　森田・前掲注 6，17 頁以下参照。本多正樹「仮想通貨の民事法上の位置付けに関する一考察（2・完）」民商 154 巻 6 号 1196 頁，松嶋隆弘＝渡邊涼介『改正資金決済法対応仮想通貨はこう変わる！！暗号資産の法律・税務・会計』156 頁以下（ぎょうせい 2019）〔武田典浩〕も参照。久保田隆「判批」判時 2412 号 147 頁は，暗号資産のうちいかなる要件を満たせばどの範囲で物権的返還請求権を認めるか（かなり限定しないと国際取引秩序を害する）の詳細な論証を加えることを条件に財産権説に賛同するが，財産権は包括概念にすぎない上，解釈論については信託の成立により実用化のメリットは低下するため，むしろ立法論の端緒として意味を持つとされる一方，仮に暗号資産は財産権だから一律に返還請求権が可能とする解釈を裁判所が導くならば，当事者の予見可能性を大きく損ねて不適切であるとされる。

　　なお，財産権であることを否定する見解に対する反論として，森田・前掲注 6，17 頁以下のほか，本多・前掲論文 1204 頁以下参照。

18）　森田・前掲注 6，17 頁参照。

19）　加毛・前掲注 5，19 頁参照。

20）　片岡・前掲注 12，9 頁参照。片岡弁護士の見解については，片岡義広「仮想通貨の規制法と法的課題（上）」NBL1076 号 60 頁なども参照。

21）　片岡・前掲注 12，10 頁参照。

22）　片岡・前掲注 12，9 頁参照。森下哲朗「FinTech 時代の金融法のあり方に関する序説的検討」黒沼悦郎＝藤田友敬編『企業法の進路』807 頁以下（有斐閣 2017），同「FinTech 法の評価と今後の法制の展開」LIBRA17 巻 4 号 25 頁，道垣内・前掲注 7，497 頁も併せて参照。否定説として，利用者による利用者アドレス宛出力データの排他的利用は，利用者に帰属する何らかの財産権により確保され得るものではなく，利用者が，利用者アドレスの秘密鍵を事実上利用者のみが独占的に利用できる状態で管理することにより，事実上達成されるものであるとする見解として，後藤＝渡邉・前掲注 13，115 頁参照。

23）　畠山ほか・前掲注 7，108 頁の脚注 50 参照。また，西村あさひ法律事務所・前掲注 5，843 頁も参照。

24）　芝・前掲注 4「暗号資産の民事法上の取扱い」，50 頁参照。民法の規定に「財産権」という文言が存在することをいかに評価するかという点に加えて，議論の前提とされる「財産権」概念に関し，論者の間に理解の相違があることを注意喚起するものとして，加毛・前掲注 5，20 頁の脚注 79 参照。

25）　末廣・前掲注 7「仮想通貨」，74 頁参照。

26）　末廣・前掲注 7「仮想通貨」，68 頁参照。

27）　片岡・前掲注 12，12 頁。続けて，片岡弁護士は，「そこで，私見は…仮想通貨は，条理により，その性質が許す限り，物権法理を準用するべきものと説くものである」とされる。片岡・同論文 12 頁参照。

28）　本多正樹「仮想通貨の民事法上の位置付けに関する一考察（1）」民商 154 巻 5 号 945 頁参照。

29）　本多・前掲注 28，945 ～ 946 頁参照。そもそも，合意アプローチを提唱する論者からも課題等が示されている。末廣・前掲注 7「仮想通貨の私法上の取扱いについて」68 ～ 69 頁，末広・前掲注 3，55 頁参照。ただし，道垣内・前掲注 7，495 頁も参照。

30) 森下哲朗＝増島雅和「対談　仮想通貨を巡る法的課題」ジュリ1504号70頁〔増島雅和〕。

31) 立法的な解決の困難性の参考として，末廣・前掲注7「仮想通貨」，77頁参照。

32) 金融法務委員会・前掲注3，11頁参照。

33) 金融法務委員会・前掲注3，12〜13頁参照。

34) 金融法務委員会・前掲注3，14頁参照。

35) 金融法務委員会・前掲注3，13頁，森田・前掲注6，21頁以下，末廣・前掲注7「仮想通貨の私法上の取扱いについて」70頁参照。なお，本多・前掲注17，1214頁以下，得津・前掲注5，165頁も参照。

36) 金融法務委員会・前掲注3，12頁以下参照。

37) 金融法務委員会・前掲注3，15頁以下参照。

38) 金融法務委員会・前掲注3，19頁参照。道垣内・前掲注7，494頁も参照。

39) 金融法務委員会・前掲注3，20〜21頁参照。

40) 金融法務委員会・前掲注3，21頁以下参照。

41) 泉絢也「なぜ，暗号資産（仮想通貨，暗号通貨）の譲渡による所得は譲渡所得に該当しないのか？―国会における議論を手掛かりとして―」千葉商大論叢57巻1号109頁以下参照。

42) この辺りの議論については，泉絢也「配偶者居住権の財産性」税理61巻13号16頁以下参照。

43) 酒井克彦「相続財産としての仮想通貨の『取得』（上）・（下）」税務事例51巻1号41頁以下，8号71頁以下参照。なお，国税庁次長であった藤井健志氏は，平成30年3月23日の参議院財政金融委員会において「現時点において，相続人の方からパスワードを知らないという主張があった場合でも，相続税の課税対象となる財産に該当しないというふうに解することは課税の公平の観点から問題があり，適当ではない」と答弁している。

44) 中里実『財政と金融の法的構造』127頁（有斐閣2018）〔初出2008〕。また，私的通貨の課税上の問題に関する文脈として，中里実『タックスシェルター』81頁以下（有斐閣2002）〔初出2000〕参照。

45) 金銭の定義を巡る問題については，古市峰子「現金，金銭に関する法的一考察」金融研究14巻4号101頁以下など参照。

46) 能見善久「金銭の法律上の地位」星野英一編集代表『民法講座別巻1』101頁以下（有斐閣1990）参照。最高裁昭和29年11月5日第二小法廷判決（刑集8巻11号1675頁），最高裁昭和39年1月24日第二小法廷判決（集民71号331頁）参照。「占有＝所有」理論によると，金銭については，即時取得制度の適用がない，占有を失った原所有者は所有物返還請求権を行使できないなどの帰結が導かれる。

47) 古市・前掲注45，125頁参照。

48) 中里実「金銭債権譲渡と所得課税」税研18巻2号64頁以下参照。

49) 暗号資産は，少なくとも一定の範囲での一般的に主張可能な財産の価値が想定されている点で物権的な要素があるとの見方がある一方，実際の暗号資産の財産的価値の移転は，「同一性を有する価値の移転ではなく，価値の消滅と発生により実現しており，この点はむしろ債権的な支払手段に類似する」とも評価できるという見解がある。日本銀行決済

機構局金融研究所「『FinTech 勉強会』における議論の概要」7 頁参照。ビットコインの移転は，価値媒体たる未参照のアドレス宛出力データ自体の移転を伴わない点において，現金よりも預金通貨における価値の移転に類似するという見解として，後藤＝渡邉・前掲注 13，117 頁の脚注 13 参照。畠山ほか・前掲注 7，108 頁の脚注 48，森田・前掲注 6，20 頁も参照。

50)　消費税法別表 1 第 2 号及び同法施行令 9 条 3 項は，「支払手段」という語に収集用や販売用のものが包含されることを暗に示している。

51)　*See* Stanley S. Surrey, *Definitional Problems in Capital Gains Taxation*, 69 HARV. L. REV. 985, 989 (1956); DANIEL L. SIMMONS ET AL, FEDERAL INCOME TAXATION 832 (7th ed. 2017).

52)　暗号資産の譲渡による所得の譲渡所得該当性については，泉絢也「仮想通貨（暗号通貨，暗号資産）の譲渡による所得の譲渡所得該当性―アメリカ連邦所得税におけるキャピタルゲイン及び為替差損益の取扱いを手掛かりとして―」税法学 581 号 3 頁以下も参照。

53)　片岡・前掲注 12，10 頁以下，森下・前掲注 22「FinTech 時代の金融法のあり方に関する序説的検討」807 頁以下参照。ここでいう「物権法のルール」とは，ペーパーレス化された有価証券の取引のほか，預金（預金債権）の帰属をも射程に含むものと説明されているため，その限りでは，財産権を認める見解と大きな違いはないと評価することもできるという指摘として，加毛・前掲注 5，18 頁参照。

4 シェアリングエコノミーと課税
——ギグワーカーの雇用実態を踏まえて——

本 村 大 輔
（日本大学通信教育部非常勤講師）

はじめに

　昨今，インターネットを利用して，個人が保有する遊休資産（空き部屋や空き家，自動車等）やスキル（料理や DIY の代行等）などを仲介するサービスがシェアリングビジネスとして注目されている。シェアリングエコノミーとは，主に個人が保有する活用可能な資産等をインターネット上のプラットフォームを介して，他の個人等も利用可能とするサービスや，その経済活動一般を指す[1]。サービスの利用者（借主）は，企業の仲介が減少することでコストが抑えられ，これまでより低料金でサービスやモノを手にすることができる。また，サービスの利用者（貸主）は，車や空き部屋・家などの遊休資産や自らのスキルを活かし収入を得ることができる。さらに，インターネットを利用してその都度単発又は短期の仕事を受注するという働き方やこれらによって成り立つ経済の仕組みは，「ギグエコノミー」と呼ばれている[2]。このような労働形態で働く人のことをギグワーカーという。このような雇用類似の働き方は，新型コロナウイルスの感染問題を機に増加する一方，社会保険や休業補償等が課題となっている。つまり，本業の勤務先が休業や短縮勤務となり，オンラインでできる副業は収入確保の目的の手段として広がることとなったが，フリーランスやギグワーカーの労働者としての保護は依然として進んでいない現状にある。現在増加傾向にあるフリーランスやギグワーカーなどにおいては，最低賃金や労災保険，健康保険，雇用保険，残業代，有給休暇といった労働環境整備は喫緊の課題といえる。

　また，シェアリングエコノミーの代表的な例としては，インターネットを利

用したプラットフォームビジネスモデルを応用した配車サービスの米国 Uber Technologies 社（ウーバー）や民泊仲介サービスの Airbnb 社（エアビーアンドビー）などがあげられる。そして，両者の性格から前者を「就労仲介型プラットフォーム（labor intensive platform）」，後者を「資産利用仲介型プラットフォーム（capital platform）」に分類する考え方がある。[3] ウーバーの例をあげると，ギグワーカーは，雇用契約に基づいて事業者に労働を提供して賃金をもらう存在ではなく，請負契約に基づく個人事業者として扱われている。

　これに対し，課税上は，登録運転手は個人事業主であるのかウーバーの被雇用者であるのかが問題となる。つまり，前者の場合は自ら申告を行う必要があり，後者の場合には，ウーバーに源泉徴収義務を課すことができるのかといった問題である。その他にも，登録運転手の収入における所得課税の問題やプラットフォーム企業への法人税所得課税および消費課税など課税上の問題も山積している。

　そこで，本報告においては，上記のような問題に関して典型的なプラットフォームビジネスの課税分析および労働環境の問題について検討を行う。

I　主なシェアリングエコノミー事例にかかる課税分析

1　シェアリングエコノミーをめぐる課税の動向

　シェアリングエコノミーは，個人で保有する遊休資産やスキルなどを活用し，収入を得るという新しいビジネスモデルであり，昨今のスマートフォンやタブレット端末の普及もあいまって加速度的に成長している分野である。また，既存のリソース（遊休資産や個人の余った時間等）を効率的に活用するための IT 利活用技術の発展成果であると同時に，従来型のサービスのように本業として資本を投下した者が提供するサービス（BtoC：Business to Consumer）とは異なり，インターネット上のマッチングプラットフォームを通じた，不特定多数の個人間取引（CtoC：Consumer to Consumer）や，本業として追加資本を投下していない者によるサービス提供を基本としたものと説明される。[4] 我が国においては，働き方改革の流れもあり，新たな働き方や副業として注目されている。このような流れの中，シェアリングエコノミー検討会議・内閣官房通信技術

（IT）総合戦略室は，平成 28 年 11 月中間報告書[5]においてシェアリング・モデルガイドラインを発表した。続く平成 31 年 3 月 22 日には，シェアリングエコノミー活用事例集[6]，同年 5 月には「シェアリングエコノミー検討会議 第 2 次報告書[7]」を発表し，マッチングプラットフォーム企業の信頼性・安全性の確保のため，自ら遵守すべき事項を明らかにしたモデルガイドラインの改訂がなされている。つまり，諸外国をはじめ我が国においても，一億総活躍社会の実現や地方創生の実現など，超少子高齢化社会を迎える我が国の諸課題の解決に資する可能性があるとして，積極的に支援する動きをみせている。

しかし，ギグワーカーやフリーランスには，労働者として保護されておらず，雇用保険による休業手当や失業手当を受け取ることはできず，過酷な現状におかれている。また，このような問題と連動しシェアリングエコノミーで得られた所得に対しては課税漏れが発生している可能性が高いとして，我が国をはじめ諸外国も新たな税制を構築すべく検討を重ねているところである[8]。また，令和元年 6 月国税庁は，「シェアリングエコノミー等の新分野の経済活動への的確な対応」において，仲介事業者・業界団体を通じた適正申告の呼びかけや積極的な情報収集・分析に乗り出すとしている。この背景には，大口・悪質な申告漏れ等の納税者の存在があるとされている。例えば，家庭の不用品や手作り品などを個人間で売買できる「メルカリ」は利用の手軽さから国内で利用者が急増しており，その他にも同様のサービスを提供する「ラクマ」等のアプリも複数リリースされている。この個人間取引は，個人情報の登録を行い，気に入った商品があれば，直接売主にメッセージを送ることで商品の状態を確認し（商品の確認には，売主がスマートフォンなどで商品の近影などを撮影し，この画像をアップデートすることで行われる），当該価格に納得がいけば購入手続に移行するという形で行われるため，極めて利便性の高いものとなっている。言い換えれば，当該サービスの利用者は，スマートフォンやタブレットさえあれば，これまで捨てるしか方法のなかった不用品などをリサイクリングでき，収入を得ることができるのである。このような個人間ビジネスは，その気軽さと利便性から市場規模は急速に拡大しているが，個人間の売買では，年間の売り上げが 1000 万円を超えると消費税の納税義務が生じる。また，このようなビジネ

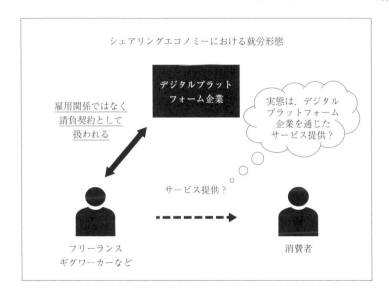

スを行う者が複数のアプリを使用している場合には，合計所得の把握が困難となり，課税漏れの可能性が指摘されているのである。

　しかし，合計所得を把握する前提には，課税のあり方を明確にする必要があり，先に指摘したように雇用類似の働き方をする人々が課税上不利益な扱いを受けないようにしなければ，合計所得の把握は一層困難と考えられる。また，就労仲介型デジタルプラットフォーム企業が創出する新たな雇用類似の働き方は，当該企業のリーダーが「マイクロ起業家（micro-entrepreneur）」出現の時代ともてはやす一方，フリーランスやギグワーカーの就労層・貧困層づくりの船頭役を演じているのではないかとの指摘もある。[9] 後に指摘するとおり，世界に進出している就労仲介型デジタルプラットフォーム企業では，雇用類似の働き方をする人々の過酷な労働環境が問題となっていることからも妥当な指摘といえる。この前提として，伝統的な資本主義経済における就労形態とシェアリングエコノミーにおける就労形態の異同について理解しておくべきである。つまり，前者においては，市場で働く人たちの多くは，労働者として事業者に労働力を提供し，賃金をもらう会社を通してサービス提供を行う存在である。一方，後者は，雇用類似の働き方をする人たちの多くは，雇用契約ではなく請負

契約で，「独立契約者（independent contractor）」，いわゆる「一人親方/請負者/個人事業者」として，消費者や企業に労務サービス，物や資産の貸付などを提供する存在というところに特徴があるのである[10]。一見，独立した立場にあるかのようにみえるフリーランスやギグワーカーは，実態は雇用類似の働き方をしているにもかかわらず労働者として保護されておらず，雇用保険による休業手当や失業手当等の対象から外れてしまうのである。

2　プラットフォームビジネスの典型例

　プラットフォームビジネスの典型例として，先にあげた Airbnb，Uber Eats の仕組みを概観する。

　まず，Airbnb の仕組みを概観すると以下のようになる。①サービス提供者（民泊事業者）は，Airbnb に情報を登録する（掲載料は無料）。②部屋情報を閲覧した宿泊者は，Airbnb で部屋を見つけ，宿泊リクエストをする。③サービス提供者は，宿泊リクエストを受け入れるかどうか判断し承認する（宿泊予約の成立）。④部屋情報を閲覧した宿泊者は，Airbnb を介して借受手続を行い代行手数料（宿泊料金の 6 ～ 12%）を支払う。⑤サービス提供者は，貸出手続の代行に対して代行手数料（宿泊料金の 3%）を支払う。⑥サービス提供者は，宿泊者から宿泊料金を受け取り，部屋の貸出しを行うというものである。

　ただ，個人が保有する空き部屋を貸し出す民泊の「Airbnb」では，宿泊者がホストへ支払う宿泊代金については，ホスト自身に納税義務が生じる。しかし，Airbnb のように次号拠点が海外にある事業者の場合には，法人税を課すことが困難であることから，問題視されている。

　次に，Uber 社によるデリバリーサービスである「Uber Eats」では，事業の主体がプラットフォーム側なのか，配達員（Uber 社においては，「配達パートナー」と呼ばれているが，以降「配達員」という。）として所得を得る個人側なのか明確ではなく，議論となっている。Uber Eats の仕組みを概観する以下のようになる。まず，個人の配達員が Uber Eats に必要な情報を登録する（利用者や飲食店も登録）を行うところから始まり，①利用者がスマートフォン等から Uber Eats を介して注文と支払をする，② Uber Eats から登録しているレスト

図式 1　Airbnb の仕組み

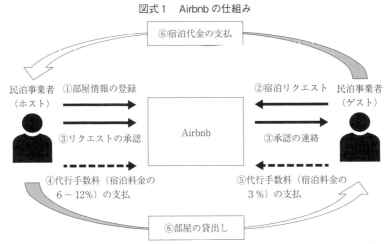

出所．Airbnb の HP および佐藤良「シェアリング・エコノミーの問題点―課税上の観点から―」『調査と情報― ISSUE BRIEF ―』第 985 号 6 頁を基に筆者作成。

ラン等へ連絡がいき，③これがレストラン側で受諾されると，④ Uber Eats から最寄りの配達員へと配達依頼がいく，⑤配達員がこれを受諾し，⑥レストラン等が商品を受け取り，⑦利用者へと配達される。その後，⑧利用者が最終的な支払を済ませると，⑨レストランと配達員に料理代と配達代が支払われるという流れである。このようなデジタルプラットフォームを利用したデリバリーは，新型コロナウイルスの影響による外出自粛により，我が国においても爆発的な広がりをみせている。

　しかし，我が国の税制上は様々な課題が山積している。つまり，配達員がUber などの仲介業者の被雇用者として扱われた場合と，個人事業主として扱われた場合とでは課税方法が異なるため，どのように扱われるかについても議論がある。前者の場合は，その所得は給与所得に分類され，仲介サービス会社は源泉徴収義務を負うこととなる。後者の場合は，サービスの提供者自身に納税義務が生じ申告納税しなければならない。さらに，前者の場合，Uber Eats に源泉徴収義務を課すことができるのか，後者の場合，配達員の所得情報をどのように把握するかが問題となり，Uber に情報提供を求めることができるかが問題となる。この問題は，Uber Eats が配達員の所得情報を正確に把握した

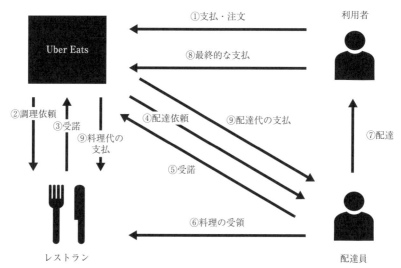

図式2　Uber Eats の仕組み

プラットフォームビジネスの典型例：Uber Eats の場合

出所：Uber Eats の HP を基に筆者作成。

ことが前提となるがこの点からも問題となる。

Ⅱ　課税のあり方：所得・消費課税面からの分析

　シェアリングビジネスをめぐる課税上の問題は，主にサービス提供者にかかる所得税の問題，仲介サービス会社にかかる法人税の問題，双方に消費税の問題があげられる。ここでは，主なシェアリングビジネス事例を題材に課税分析を行う。

　⑴　まず，所得税に関する問題として，仲介サービス会社とサービス提供者の関係は，所得分類の観点から問題となる。すなわち，サービス提供者が個人事業者なのか先の会社の被用者であるのかという問題である。我が国における所得課税は，所得を 10 種類に分類[11]しているが，個人事業者の場合は，サービス提供者の所得は事業所得・不動産所得・雑所得に分類され，サービス提供者自身が申告納税しなければならない。一方，サービス提供会社の被用者の場合，サービス提供者の所得は給与所得に分類され，仲介サービス会社が源泉徴収義

務を負うこととなる。ただ，雇用類似の働き方をするサービス提供者の多くは，実態は従属的な労働者であるにもかかわらず，雇用契約ではなく請負契約で，個人事業者として，消費者や企業に労務サービス，物や資産の貸付等を提供しているのである。この点，イギリスでは，ウーバーの登録運転手は契約上個人事業者であるが，その実態は従属的な労働者であるにもかかわらず本来適用されるべき法的な権利が保障されていないとして，事業者を提訴し，雇用裁判所がこれを認める判断を下している[12]。そのため，所得分類の問題を検討する場合，契約上の関係だけでなくサービス提供者と仲介サービス会社の関係と実態を把握する必要がある。この必要性は，アメリカにおける雇用類似の働き方をしているサービス提供者の暮らしや健康を護るため最低賃金，労災保険，健康保険，残業代，有給休暇等の適用対象となる給与所得者にあたるのではないかとの議論にみることができる。この問題は，州の雇用保険不服審査機関や裁判で争われ，カリフォルニア州ではサービス提供者を被用者とみなすカリフォルニア州ギグワーカー保護法（California gig worker protections bill）と呼ばれる新法（AB 5）の制定に至っている（AB 5 は 2020 年 1 月 1 日から施行される[13]）。AB 5 が施行されると，これまでネット・アプリを介して続けて単発の仕事の紹介を受けた場合，企業などの被用者として扱われるといった画期的な新法である。翻って，我が国の所得分類の関係では，所得計算上の控除の問題があげられる。給与所得では，所得計算上の控除で給与所得控除による概算控除が適用される。給与所得控除として適用できる額は，通常，実際に必要とされる経費よりも高い水準に設定されており，事業所得の場合，所得計算上の控除として，必要経費の実額控除が認められている。この点については，サービス提供者の多くは，労働者性が高く，必要経費として計上できる範囲は限定的であるため，所得計算上の控除の点で，給与所得者に比べて不利な立場にあるとされる[14]。さらに，事業所得と雑所得の区分からは，事業所得では所得金額の計算上で生じた損失の損益通算ができるほか，青色申告を行えば，欠損金の繰越控除が認められるが雑所得ではこれらの措置は認められない。このように所得分類からくる控除の異同が職業選択に影響を及ぼすことも考えられる一方，収入確保の目的で選択の余地なく本業として雇用類似の働き方をする人はより過酷な状況におかれ

ることが予想される。

　他方で，サービス提供者は，一つのアプリのみを使用してサービス提供をしているとは限らず，複数の遊休資産・スキル等を利用しサービス提供をしている場合も少なくない。その場合，所得の把握は一層困難となる。この点，フランスは，2016 年補正予算法によって，仲介サービス会社は，サービス提供者の情報を課税当局である公共財政総局（DGFiP）に提出することが義務付けられ，提出対象となる情報をサービス提供者の氏名，連絡先，事業識別登録番号（SIREN），取引によって得られた総所得などとしている。¹⁵⁾しかしながら，我が国においても仲介サービス会社にサービス提供者の所得情報の提供を求める制度の導入などが検討されているが，¹⁶⁾仲介サービス会社が外国会社である場合や，プラットフォームの運営をするだけで取引の内容や実態を詳細に把握していない場合もあるため，¹⁷⁾情報提供制度の導入には困難な点がある。これに対しては，サービス提供者が自ら申告納税することが望まれ，プラットフォーム企業からの申告支援なども提案されている。¹⁸⁾ただ，現状先に検討した雇用類似の働き方をする人の過酷な環境に鑑みて，給与所得者と同様の扱いを認めるべきとする見解は妥当なものといえる。

　(2)　次に，シェアリングエコノミーによって提供されるサービスは，原則，消費税の課税対象になると考えられる。シェアリングエコノミーにかかる消費税の問題を考える場合，仲介されるサービス（民泊仲介）が，サービス本体（部屋の貸出し）と手数料の授受から構成されることを確認する必要がある。つまり，仲介サービス会社が国外事業者であり，仲介されるサービス全体が B to B 又は B to C 取引に該当する場合，サービス全体に消費税が課されるため，課税上の問題は生じない。しかし，該当する取引が手数料の授受のみの場合には，課税上の問題が生じる可能性がある。この場合，部屋の貸出し（サービス本体）に対する消費税の納税義務者は，仲介サービス会社ではなく，サービス提供者となる。この場合の多くが，免税点（基準期間の課税売上高が 1000 万円）を超えずに免税事業者となる可能性がある。Uber の場合も同様で，サービス提供者（登録運転手）が免税事業者である場合には，サービス提供者が負担したガソリン代などにかかる消費税は控除できない。また，既存の同業者の多くが課税事

120

業者である場合，双方の間で公平な競争条件が確保されない問題が生ずるため，サービス本体についても，仲介サービス会社に納税義務を課すことの是非が問題になる。他方，仲介サービス会社が納税義務者となる場合には，利用者は消費税込みで代金を支払い，それを仲介サービス会社が国に納付する義務を負うが，イギリスでは，Uber を通じて配車を頼んだ料金に VAT（付加価値税）が含まれていないことが問題となっている。[19]

　そして，このような議論がある中，我が国では，平成 27 年 10 月から，国外事業者がインターネット等を介して国内事業者又は国内消費者に対して行う役務の提供について，国内取引として消費税を課税する制度が導入されている。具体的には，国外事業者の国内事業者向け取引（B to B 取引）では，国内事業者が納税する方式（リバースチャージ方式），国外事業者の国内消費者向け取引（B to C 取引）では，国外事業者が日本の税務署に対して申告納税を行う方式が採られている。ただ，仲介サービス会社が納税義務者となる場合，一部の国外事業者には，B to B 又は B to C 取引への課税の対応に不備が見られ，法令遵守の徹底が必要であろう。

Ⅲ　国際課税面からの分析：主要諸国での課税動向を含めて

　法人税の問題として，外国法人である仲介サービス会社に対する課税問題がある。我が国における外国企業の事業利得については，外国企業が国内に恒久的施設（Permanent Establishment，「PE」という。）を有する場合には，PE に帰属する所得が課税対象となる。[20]つまり，非居住者又は外国法人が事業活動によって取得する利得に対しては，「恒久的施設（PE）なければ課税せず」という国際課税の基本的な原則により，外国企業が日本国内にある PE を通じて国内で事業を行わない限り，日本においては課税できないこととされている（法法 4 条 3 項，9 条 1 項，138 条 1 項 1 号）。しかし，昨今この PE の認定を人為的に回避する事象が生じており，実際に企業が外国に進出する際に，PE に認定されないような進出形態を選択することにより，進出先での課税を免れようとするケースが増大している。[21]具体的に，このような事案は，PE の解釈とその該当性を主要な論点として争われていた。[22]また，仲介サービス会社は，インター

ネットを利用することで，国境を越えて様々な経済的取引を行うことが可能となる一方で，課税を受ける施設や人を媒介せずに他国の顧客と取引をすることができ，利益を獲得することができる。例えば，インターネット上での販売は，国内に必ずしも物理的拠点がなくても，インターネット上で商品等を販売したり，サービスを提供することが可能であることが特徴としてあげられる。また，物理的商品にとどまらずデジタル商品であれば，なおさら物理的拠点の必要はなくなるため，どのように課税するのかまたどの国の課税管轄に属するのかが国際課税の立場では問題となっている。そこで，我が国においては，平成30年度の税制改正において，PE認定の人為的回避に対処するため，国内法上のPEの範囲を国際的なスタンダードに合わせ規定の見直しが行われた。[23)]

1 PE認定の人為的回避防止措置の導入

旧法の規定では，商品の引渡しや購入のみを行う場所等は，その活動が企業の本質的な部分を構成する場合であってもPE認定されないことになる。これまで，企業においては，各場所の活動をPE認定されない活動に分割することによって，PE認定を人為的に回避することが可能であった。この点については，BEPS行動計画7（action7）は，多国籍企業による恒久的施設の認定を人為的に回避することを防止するために，改正OECDモデル租税条約とそのコメンタリーのPEの変更を目的とし，それに準じてOECDモデル租税条約の改正が進められていた。我が国もOECD租税委員会の一員であることから，OECDモデル租税条約に従わなければならず，すでに締結されている二国間租税条約も改正されることとなった。

改正OECDモデル租税条約第5条［恒久的施設］は，特定の活動，つまり物品又は商品の保管，展示，引渡し又は加工を目的とした物品の保管，購入又は情報の収集のためであれば，その一定の場所をPEとしない例外の取扱いを，その活動が全体の事業においての準備的又は補助的なものである場合にのみ適用できるものとされる。[24)] そして，このような活動が電子商取引等の発展と共に事業の中核的活動とみなされるケースが多く，これに対応するため，2010年7月にOECDモデル租税条約が改正されるに至っている。

本規定は，外国法人が他国において純粋に準備的又は補助的な活動を行う場合，その外国法人が他国でPE課税されることを防止するために設けられたものである。例えば，アマゾンの米国販売会社が，我が国に倉庫事業の子会社を設立し，その子会社に物流業務を行わせていたところ，我が国の課税当局はその子会社にPEが置かれているとして認定課税を行おうとした事例があるが，顧客とアマゾン米国本社が直接契約しており，決済も同社で行われているということで，PE課税をされることがなかった。[25)]

そこで，我が国においても平成30年度税制改正で，PEを有するとはされない活動の範囲の見直しが行われた。つまり，保管，展示，引渡しその他の特定の活動を行うことのみを目的として使用する事業を行う一定の場所等は，現行法と同様に支店PEに含まれないが，その活動が外国企業の事業の遂行にとって準備的又は補助的な機能を有するものである場合に限ることとされた（法令4条の4④）。換言すれば，いかなる活動であれ準備的又は補助的な性格のものでない場合にはPEと認定されることになる。

例えば，外国企業が，相当数の従業員が勤務し，製品の保管，引渡しのみを行うための巨大倉庫を保有し，この倉庫を通じて行う製品の保管・引渡し活動が，企業の製品販売事業の本質的な部分を構成して，準備的・補助的活動に該当しないとしても，倉庫では製品の保管・引渡しの活動のみしか行われないため，現行法においてはPE認定の例外にあたり，外国企業は国内にPEを有しないことになる。しかし，改正後においては，倉庫を通じて行われる活動が事業の本質的部分を構成している場合にはPEを認定し，その活動が事業にとって準備的・補助的な性格のものである場合に限ってPEを認定しないとなるとされている。[26)]

2　PE概念の見直しとデジタル課税の可能性

先にも述べたとおり，国際課税においては「恒久的施設（PE）なければ課税せず」という国際課税の基本的な原則がある。しかし，シェアリングビジネスにおける仲介サービス会社は，顧客の所在国で事業を展開する場合に，そもそもPEを設置する必要がない。このような場合には，当然に法人税を課すこと

ができない。そして，電子商取引の事業の中には，顧客の所在国に物理的な拠点を一切保有することなく，事業展開できるものが存在する。このような場合，現状の PE 概念では PE 認定の人為的回避こそ防止できるが，そもそも物理的拠点が存在しない場合には適正な法人課税をなすことができない。そこで，デジタル課税（Digital Tax）という考え方がでてくる。デジタル課税とは，オンライン・ショッピング，インターネット・オークション等のデジタルプラットフォームのサービスを提供する事業者であるデジタルプラットフォーマーに対する法人課税問題であり，具体的には国際的に事業展開を行っている主として米国系の IT 企業がこの対象となっている[27]。EU の欧州委員会による 2018 年 3 月 21 日の公表資料（European Commission—Fact Sheet Questions and Answers on a Fair and Efficient Tax System in the EU for the Digital Single Market）によれば，その背景には，従来から存在する企業の実効税率が 23.2% であるのに対して，国際的に事業展開を行う米国系巨大 IT 企業への実効税率の平均が 9.5% であり，EU 加盟国に多額の税収ロスが発生しているとして問題視されていたことがあげられる[28]。つまり，欧州委員会は，企業間の税負担の不公平と EU 加盟国の税収ロス等を理由として，デジタル課税を可能とするよう提言している。ただ，EU 加盟国間では，デジタル課税に反対する国もあり，足並みは未だ揃っていないのが現状である。

これに対し，独自路線を歩むイギリスはデジタル・サービス税（DST）を 2020 年 4 月から導入する予定となっている。内容は，イギリス国内における米国系巨大 IT 企業の売上金額に対して 2 ％の税率を課すものであり，その対象は全世界売上高が 5 億ポンド（735 億円）以上の企業である[29]。また，デジタル課税に積極的なフランスにおいては，デジタル課税法が本年 7 月に施行されたが，米国通商代表部は 12 月 2 日 1974 年通商法 301 条に基づく調査報告書において GAFA（グーグル，アップル，フェイスブック，アマゾン）のような米国のデジタル企業を差別していると批判している[30]。このようにして，デジタル課税に積極派の国々と米国をはじめとする消極派の争いは依然として続いており，イギリス・フランスのように独自路線に舵を切る国も現れてきている。このような中，OECD は国際課税ルールの見直しの下でデジタル課税の実現を目指しているが，

各国のシェアリングエコノミーに対する課税の動向を含め，デジタル課税のあり方についてはなお一層の検討が必要であろう。

むすびにかえて

　我が国におけるシェアリングエコノミーに対する所得課税，消費課税，そして法人課税では，問題が山積している。大まかに分けると，①サービス提供者の所得に対する所得の把握，所得分類および控除額等の問題，②消費課税をめぐる納税義務者と課税対象，③PE概念やデジタル課税をめぐる法人課税の問題となる。中でも深刻な問題は，雇用類似の働き方をするフリーランスやギグワーカーの雇用実態と当該雇用実態とはかけ離れた課税方法である。

　これまで検討してきたとおり，シェアリングエコノミーは，遊休資産の有効活用の機会や自らのスキルを利用した新たな働き方を創出している。今後我が国は，超少子高齢化社会に突入していく中で，既存のリソース（遊休資産や個人の余った時間等）を活用することで，労働力不足や資源の再利用につながることが期待されている。このような観点からみれば，税制がシェアリングエコノミーを阻害する要因になってはならない。一方で，カリフォルニア州の事例にみたように，「就労仲介型プラットフォーム（labor intensive platform）」を介して働くサービス提供者がおかれる実態の多くは，名ばかりの個人事業者である。アメリカにおける雇用類似の働き方をしているサービス提供者の暮らしや健康を護るため最低賃金，労災保険，健康保険，残業代，有給休暇等の適用対象となる給与所得者にあたるのではないかとの議論は，我が国においても基本的に妥当性を有すると考えられる。また，我が国においても，カリフォルニア州がギグワーカーを従業者とする進歩的なカリフォルニア州ギグワーカー保護法（AB5）を制定したことに習い，雇用類似の働き方をするフリーランスやギグワーカーに労働者性を認めなければ，労働者の生存権保障にも抵触してくる可能性がある。さらに，就労形態の判定および基準には，諸外国や各国裁判所，不服審査機関等で様々であるが，我が国においては，雇用類似の働き方をする人々の労働者性を独立性と従属性から判断をすることが妥当であるのか，さらに検討する余地があろう。加えて，国境をまたにかける巨大IT企業に対する

適正な課税が実現できなければ，我が国に税源浸食を引き起こすばかりでなく，既存企業との競争に不公平を及ぼすことにもつながる。その意味では，今現在 OECD や諸外国で議論されているデジタル課税の可能性を模索・検討することは，シェアリングエコノミーに対する課税を考えるうえで，有用かと考えられる。

　最後に，新型コロナウイルスの影響は，今なお世界で広がりをみせており，その中で命をつなぐため「就労仲介型プラットフォーム（labor intensive platform）」を介して働く人々は増え続けている。政府や地方自治体は，国民や住民の生活の保護や法人を存続させるため様々な経済支援を講じているが，それだけでは十分ではない。つまり，憲法の保障する生存権の観点から，雇用類似の働き方をするフリーランスやギグワーカーを労働者と解釈して，給与所得者として取り扱うことが求められていると考えられる。

注
1) 総務省『情報通信白書 平成 29 年版』23 頁（URL: http://www.soumu.go.jp/johotsusintokei/whitepaper/ja/h29/pdf/29honpen.pdf 最終閲覧令和 2 年 6 月 28 日）。
2) 総務省『情報通信白書 令和元年版』2 頁（URL: http://www.soumu.go.jp/johotsusintokei/whitepaper/ja/r01/pdf/01honpen.pdf 最終閲覧令和 2 年 6 月 28 日）。
3) 石村耕治・菊池純「アメリカのシェアリングエコノミー課税論議〜問われる「オンデマンド労働プラットフォーム」の所在」国民税制研究 5 号 133 頁。
4) 川田剛・酒井克彦「税務行政を取り巻く最近の海外情勢と我が国の対応（下）―電子化・情報化・分散化を中心に―」税務事例 51 巻 4 号 1 頁。
5) シェアリングエコノミー検討会議・内閣官房情報通信技術（IT）総合戦略室「シェアリングエコノミー検討会議 中間報告書」URL：http://www.kantei.go.jp/jp/singi/it2/senmon_bunka/shiearingu/chuukanhoukokusho.pdf 最終閲覧令和 2 年 6 月 28 日。
6) 内閣官房シェアリングエコノミー促進室「シェアリングエコノミー活用事例集 シェア・ニッポン 100 〜未来へつなぐ地域の活力〜」URL：https://cio.go.jp/sites/default/files/uploads/documents/share_nippon_100_H30.pdf 最終閲覧令和 2 年 6 月 28 日。
7) シェアリングエコノミー検討会議・内閣官房情報通信技術（IT）総合戦略室「シェアリングエコノミー検討会議 第 2 次報告書―共助と共創を基調としたイノベーションサイクルの構築に向けて―」URL：http://www.kantei.go.jp/jp/singi/it2/senmon_bunka/shiearingu/dai2ji-houkokusho.pdf 最終閲覧令和 2 年 6 月 27 日。
8) 2019 年 6 月福岡において，G20 財務大臣・中央銀行総裁会議が開催された。その際の会議の課題「Ⅲ. 技術革新・グローバル化がもたらす経済社会の構造変化への対応」の「国際租税」の項目にあるデジタル化に伴う課税原則の見直し，租税回避・脱税への対応

に引続き取り組むことを確認している。

9)　石村耕治「Q&A：アメリカのシェアリングエコノミー課税論議〜問われる雇用類似の働き方をするギグワーカーの所得分類　加州では，フリーターを就労仲介プラットフォーム IT 企業の従業者とするギグワーカー保護法（AB５）を制定」税務事例 52 巻 5 号 44 頁。

10)　前掲 9，石村，40 頁。

11)　金子宏『租税法』（弘文堂，第 23 版，2019 年）200 頁。

12)　労働政策研究・研修機構「不安定な働き方に関する議論」『国別労働トピック』URL：http://www.jil.go.jp/foreign/jihou/2017/07/uk_03.html 最終閲覧令和 2 年 6 月 28 日。

13)　前掲 3，石村ほか，141 〜 144 頁参照。

14)　佐藤良「シェアリング・エコノミーの問題点―課税上の観点から―」『調査と情報― ISSUE BRIEF ―』第 985 号 2 頁によれば，労働者性（使用従属性）とは，指揮監督下の労働か否か，報酬の労務対償性等の基準によって判定されるものと説明される。

15)　同上，6 頁。

16)　仲介サービス会社に所得情報の提供を求める制度として，サービス提供者が仲介サービス会社に登録する際にマイナンバーの登録を義務付け，課税当局が仲介サービス会社に対してマイナンバーと併せた所得情報の提供を求める見解もある（森信茂樹「急拡大するシェアリング経済 課税議論を急げ」『Wedge』29 巻 4 号 52 頁。同旨，前掲 14，佐藤，2 頁。

17)　伊藤公哉「シェアリングエコノミーの拡大に伴うタックス・ギャップへの制度対応（後）テクノロジーの発展と申告納税制度の下での資料情報制度の再検討」『税務弘報』65 巻 13 号 75 頁では，フリマアプリ等のプラットフォーム上では，消費者が出品者と個別に交渉することが半ば当然のこととして行われることを前提に，取引の場でプラットフォームが利用されたとしても，取引の内容や実質を最も理解しているのは実際の取引の相手方と交渉を行った当事者であるので，その当事者（納税者）本人の責任で申告・納税を行うことがシェアリングエコノミーに適合していると指摘する。

18)　渡辺徹也「シェアリング・エコノミーに携わるプラットフォーム企業と課税―所得課税および執行上の問題を中心に―」税経通信 74 巻 2 号 10 頁。

19)　前掲 16，森信，52 頁。

20)　前掲 11，金子，584 頁。

21)　高山政信「恒久的施設関連規定の改正点と実務への影響」税務事例 50 巻 9 号 62 頁。

22)　東京高判平成 28 年 1 月 28 日裁判所 HP（倉庫 PE 事件）は，所得税法上の非居住者として，アメリカ合衆国から本邦に輸入した自動車用品を，インターネットを通じて専ら日本国内の顧客に販売する事業を営んでいた X が，処分行政庁から各所得税決定処分および無申告加算税の各賦課決定処分を受けたことから，Y に対し，これらの取消しを求めたところ，X の請求が棄却されたため，控訴した事案である。これに対し，控訴審は，「通信販売業では発送業務が重要な発送業務」であるとして，本件販売事業の用に供していた日本国内のアパートおよび倉庫は，日米租税条約 5 条 1 項（平成 16 年条約第 2 号）の規定する「恒久的施設」に該当するなどとして，上記各処分を適法とした原判決を相当とし，控訴を棄却したものである（木村浩之「倉庫 PE 事件 恒久的施設該当性の判断

（補助的活動の除外）」税務弘報 66 巻 10 号 146 頁参照）。

23）矢内一好「恒久的施設に関する規定の見直し」税務事例 50 巻 7 号 76 頁。

24）成道秀雄「PE 認定の人為的回避の防止」『「税源浸食と利益移転（BEPS）」対策税制』日税研論集 73 号 180 頁。

25）前掲 24，成道，181 頁。

26）高山政信「恒久的施設関連規定の改正点と実務への影響」税務事例 50 巻 9 号 63 頁。

27）矢内一好「ネクサス概念の浮上」税務事例 51 巻 7 号 86 頁。

28）同上，86 頁。

29）前掲 27，矢内，87 頁。

30）日本貿易振興機構（ジェトロ）「米 USTR，フランスのデジタル課税法施行に対する報復関税案を発表（米国，フランス）」参照。URL：https://www.jetro.go.jp/biznews/2019/12/86e779082528be57.html 最終閲覧令和 2 年 6 月 28 日。また，同報告書（URL：https://ustr.gov/about-us/policy-offices/press-office/press-releases/2019/december/conclusion-ustr%E2%80%99s-investigation）では，報復措置としてフランスからの輸入額約 24 億ドル相当の品目に最大 100％の追加関税を課すとしており，最終的な措置は，2020 年 1 月に開催する公聴会を経て決定する見通しとなっている。

5 デジタル化・グローバル化と納税者権利保護
——税務行政のデジタル化の進展とその影響を中心に——

望 月 　 爾

（立命館大学法学部教授）

はじめに

　デジタル化の急速な進展により税務行政や納税者を取り巻く環境に，いわゆる「デジタル・ディスラプション（digital disruption）」と呼ばれるような大きな変化が起こりつつある。IT 先進国として有名なエストニアをはじめ，デンマークやフィンランドといった北欧諸国に加え，近年では，ロシアやメキシコ，チリ，ブラジルなどの中南米諸国では，オンライン・キャッシュ・レジスターの導入や電子インボイスの義務化により取引データがリアルタイムで税務当局に提供され，会計や税務情報との相互チェックが行われている。

　また，各国の税務当局は，いわゆる「ビッグ・データ（Big Data）」を含む，納税者情報の広範かつ大量な収集を進め，それらを人工知能（AI）や統計的手法を用いた「高度な分析方法（Advanced analytics）」により税務調査対象の選別や滞納管理，納税者サービスの改善，税制の政策評価などに積極的に利用している。さらに，OECD の BEPS プロジェクトを受けて国際的租税回避への対策として，金融口座情報や移転価格税制の国別報告書（CbCR）の自動的情報交換など国際的な税務当局間の情報交換も進展している。

　わが国においても国税庁は，平成 29（2017）年 6 月に「税務行政の将来像～スマート化を目指して～」を公表し，ICT や AI などを利用した情報システムの高度化を進める方針を示した。令和元（2019）年 6 月にはそれを更新した「『税務行政の将来像』に関する最近の取組状況～スマート税務行政の実現に向けて～」を公表し，税務手続のデジタル化や税務相談や税務調査，徴収の高度化・効率化の具体的な計画を明らかにしている。

このような税務行政のデジタル化の進展は，税務行政の効率化や高度化，サービスの向上など納税者の利便性に資する反面，納税者権利保護の観点から新たな課題を生じさせようとしている。本稿では，まず，国際的な税務行政のデジタル化の状況を紹介した上で，税務当局による情報収集やデータの利用の拡大の問題を中心に，それに対する納税者のデータ利用の規制や納税者のプライバシー保護について述べようと思う[6]。

I　税務行政のデジタル化・グローバル化をめぐる国際的状況

1　税務行政のデジタル化の「5つのレベル」

　国際的に各国の税務行政のデジタル化の進捗状況について，5つのレベルで評価する考え方がある[7]。これに基づけば，第1のレベルは「電子申告（e-file）」であり，標準化された電子申告フォームの利用を選択または義務化し，給与支払者台帳や財務データなどが電子的に税務当局に提出送信され，それらが各年単位で照合される段階である。

　次に，第2のレベルは「電子会計（E-accounting）」であり，会計データやインボイス，試算表などその証跡となるソース・データ（source data）を定期的に電子的形式により税務当局に送信し，頻繁に追加や変更を行う段階である。

　第3のレベルは「電子照合（e-match）」であり，追加的な会計情報やソース・データが電子的形式により送信され，税務当局はそれら金融機関の取引明細のような追加的データにアクセスし，リアルタイムで税目を越えて照合を始め，潜在的には納税者や管轄を越えた照合を開始する段階である。

　第4のレベルは「電子調査（E-audit）」であり，地理的な経済循環システムを把握するため，税務当局によって分析された第2のレベルの会計データやソース・データとリアルタイムで送信されたデータを相互チェックし，納税者が限られた期間内で対応することが求められる「電子的税務調査（electronic audit）」による税額の査定を受ける段階である。

　第5のレベルは「電子査定（E-assess）」であり，税務当局は申告書などによることなく送信された電子データにより税額を査定し，納税者がその当局によって計算された税額を確認検証する段階である。

すでに，国際的にみるとロシアやメキシコ，チリ，ブラジルなどの国々はレベル4の段階にあるといわれる。また，EU各国は，OECDの提案する標準フォーマットによる会計データの税務当局への提出送信制度である「SAF-T (Standard Audit File for Tax)[8]」の導入を進めており，レベル2から3の段階にあるといえる。イギリスも「税のデジタル化（Making Tax Digital）」の方針の下，レベル2から4の段階に進むべく，2020年度までに全事業者が四半期ごと会計データを電子的に報告送信する制度を導入し，将来的には申告書の作成や提出も不要なレベル5を目指しているといわれている[9]。

2　電子申告・納付の国際的な導入状況

次に，レベル1として税務行政のデジタル化の入口となる電子申告（e-filing）や電子納付（e-payment）の国際的な導入状況を概観し，とくにレベル2の「電子会計」や3の「電子照合」へのステップとなる「記入済申告書（pre-filled tax returns）」制度について，各国の現状について紹介する。

(1)　電子申告・納付

2017年のOECDの調査によれば[10]，加盟36カ国に22カ国を加えた58カ国について，平均電子申告率（average e-filing rate）は，個人所得税73.5%　法人所得税85.3%　付加価値税89.0%であった。そのうち，個人所得税・法人所得税・付加価値税いずれも電子申告率100%であったのが，デンマーク，イタリア，ポルトガル，アルゼンチン，コスタリカ，ペルーの6カ国である。ちなみに，わが国の令和元（2019）年度のe-taxの利用率は所得税59.9%，法人税87.1%，消費税（個人）70.4%，同（法人）86.8%であった[11]。なお，令和2（2020）年4月より資本金の額等1億円超の法人に対して電子申告が義務化されている[12]。

また，OECDの同調査によると平均電子納付率（average e-payment rate）は，納付件数基準56.1%　納付金額基準64.7%であった。電子納付率100%であったのが，デンマーク，フィンランド，スウェーデン，ノルウェー，オランダ，ベルギー，ルクセンブルグ，スロバキア，コスタリカ，インドネシアの10カ国である。ちなみに，わが国の電子納税の利用率は，7.4%（平成29（2017）年度，ダイレクト納付2.5%，ネットバンキング等2.5%）にとどまっている[13]。

(2) 記入済申告書制度

　記入済申告書（pre-filled tax returns）は，納税者の個人情報や社会保険・年金情報，勤務先の給与・賃金支払情報，金融機関の利子や配当，キャピタルゲイン情報などから所得金額や諸控除をあらかじめ申告書に記入して送付し，納税者がその内容の確認や修正を行うことで申告が終了する制度である[14]。スウェーデンやデンマーク，ノルウェーなどの北欧諸国から始まり，前述の2017年のOECDの58カ国調査では，フランス，スペイン，カナダ，オーストラリア，韓国，シンガポールなど40カ国が導入済とされている[15]。また，スウェーデンやエストニア，オーストラリアやメキシコのように，記入済申告書制度を導入している国々の多くは，電子メールや番号管理によるウェブ上のポータルサイトなどを利用し，その処理を電子化している。

　たとえば，エストニアでは，2001年に "e-Tax/e-Custom" による電子サービスが導入され，個人向けアカウントから記入済申告書としてアクセスの上，電子申告・納付はもちろん自己の税務情報の確認や税務当局との連絡，納税者向けの情報の閲覧などもできる。記入済申告書制度は，給与，利子，源泉徴収額，教育費，寄附金等の控除額，上場株式の売却額等が記入済で，それに事業所得や国外所得，キャピタルゲインの取得価額等を納税者が追加入力する仕組みとなっている。また，"X－Road" という情報交換基盤により金融機関や他の行政機関の情報を共有でき，2013年からは電子メールやSNSと連動した新たなシステムも稼働し，現在はスマートフォンのアプリケーションによる申告も可能となっている[16]。

　オーストラリアも，2005年に記入済申告制度の試行を始め，2007年からは正式に導入，2014年の連邦政府ポータルサイト "myGov" の本格稼働にあわせて，"myTax" 呼ばれる電子的処理による記入済申告制度をフルタイムの給与所得者を対象に導入した。2016年からは，"myTax" の対象をすべての個人納税者に拡大し，個人や事業主向けの旅費等の職務関連経費や利子控除などの支払や控除を管理するアプリケーションとして "my Deductions" を提供し，そのデータは "myTax" にアップロードできる[17]。

　フランスは2006年より記入済申告制度を導入し，社会保障の徴収・給付の

ための DSN システムなど通して公共財政当局（DGFiP）の把握する世帯情報や給与，年金，利子，配当等の所得に，寄附金控除等の各種控除情報やキャピタルゲイン，不動産所得等を納税者が追加入力する仕組みとなっている。無料の納税者向けアプリケーションを提供し，スマートフォンから統一的なポータルサイト "Impôt.gouv" にアクセスして，電子申告や納付，還付請求ができる仕組みとなっている。[18]

イタリアは，2015 年から給与所得者と年金所得者に対して税務申告情報と第三者（源泉徴収義務者や金融機関，郵便局，生命保険会社）の提供情報による記入済申告制度 "Cassetto Fiscale" を導入し，すべての給与所得者や年金所得者がこれを利用している。2018 年からは所得のみではなく諸控除や経費を含む新たな記入済申告システムを導入している。

カナダは，2015 年より記入済申告制度を選択的に導入し，給与，利子，配当，キャピタルゲインなどの所得に関する情報を各機関から電子的に収集し，納税者は歳入局（CRA）の承認したソフトウェアにより世帯情報や医療費，寄附等の控除情報，キャピタルゲイン（取得額）を追加入力し電子申告することになる。そのほか，メキシコも "Declara SAT" と呼ばれる個人所得税について所得や経費支払，控除を含む自動計算による完全な記入済申告システムを導入している。[19]

なお，アメリカは 1980 年代のレーガン政権時から「申告書不要制度（return free system）」として記入済申告書の導入を検討し，2005 年にカリフォルニア州において州所得税に "Ready Return" のパイロット・プログラムを実施した。そして，2011 年，2017 年，2018 年と納税申告簡素化法案として連邦議会において記入済申告書制度の導入のための法案が提出されてきた。しかし，申告代行業者の激しい抵抗から導入に至っていない。[20]

3　納税者サービスのデジタル化

OECD の納税者サービス・教育（taxpayer service and education）の体系によれば，納税者サービス・教育には，「事前予防型・反応型サービス（proactive and reactive service）」と「納税者教育（taxpayer education）」，「セルフ・サービ

ス（self-service）」，「ウェブによるサービス（web based service）」の４つがある。また，納税者サービスは，登録（registration）⇒査定（assessment）⇒調査・分析（verification）⇒徴収（collection）⇒紛争処理（disputes）の５つのプロセスに分類でき，さらにそれらはコンプライアンス・リスク・マネジメント，データ分析，データ・マネジメント，テクノロジーに支えられている。[21]

OECD はこのような納税者サービスの体系の中で，とくに納税者自身が自ら申告納税を行うなどのコンプライアンス向上ためのセルフ・サービスを重視し，ICT や AI などの利用による利便性の向上を図ることを推進している。[22] それに伴い，納税者サービスのルートや需要も変化し，納税者との対面や電話，書面によるサービスが減少し，オンラインや電子メール，デジタル・アシスタントによるサービス需要が増加している。とくに，多くの国々において，納税者サービスの中でも，AI による「チャット・ボット（chat-bots）」や情報提供や計算等のツールとしてのウェブサイト，オンラインサービス，デジタル・メール・ボックスなど ICT を利用した情報提供やセルフ・サービス支援のためのツールの利用が拡大している。[23]

その一例をあげると，税務相談の自動化を目的にデジタル会話型サービス（digital conversational services）として，AI を活用した「自動会話プログラム」であるチャット・ボットや，AI により個人のタスクやサービスへの支援を行う「バーチャル・アシスタント（virtual assistants）」を導入する国々が増えている。[24] たとえば，オーストラリアでは，バーチャル・アシスタント "Alex" を導入し，自然言語による質問や問い合わせに対し，約 84,000 パターンの質問や問い合わせを理解し自動的に回答するシステムを構築している。[25] シンガポールでも，バーチャル・アシスタントとして "Ask Jamie" と呼ばれる，自然言語による納税者からの質問や問い合わせに回答・応答するシステムが提供されている。[26] そのほか，付加価値税の処理にバーチャル・アシスタントを導入しているスペインをはじめ，40 カ国以上の税務当局が納税者からの税務相談に AI の利用を進めている。

また，近年，スマートフォンなどのモバイル端末を利用するアプリケーションの開発や利用も進み，納税者にとって税務上の情報や指針となる資料，納税

者の口座情報，質問・問い合わせサービスへのアクセスやモバイル納税，税務当局への申告のためのアプリケーションを32カ国の税務当局が提供している。すでにふれたエストニアやフランス，オーストラリアなどやメキシコやチリ，ブラジルといった中南米諸国では，スマートフォンなどのモバイル端末のアプリケーションにより，電子申告や納付，税務情報の閲覧確認，税務相談なども可能となっている。

なお，わが国でも令和2（2020）年1月から，チャット・ボットが試験的に導入され，スマートフォンとマイナンバーカードによる e-tax の利用が可能となっている。[27)]

Ⅱ　税務行政のデジタル化・グローバル化の進展と納税者権利保護

1　税務当局によるデータ利用・収集の拡大

⑴　税務当局による情報収集方法や情報源の多様化

まず，デジタル化の進展に伴い，税務当局による他の政府機関や金融機関，民間企業など第三者機関の情報やデータの収集や利用が拡大している。すなわち，税務当局への申告や調書の提出などによる税務情報に限らず，①雇用主の賃金・給与などの支払情報や，②金融機関の口座や取引情報，③社会保障関係を含む税務当局以外の政府機関の情報，④国際的情報交換により他国の税務当局より提供される情報，⑤生命保険会社の情報，⑥不動産取引に関する情報，⑦オンライン・トレードの情報，⑧資産のリース情報，⑨下請業者への支払情報，⑩インボイス情報など，その収集や利用の対象は多岐にわたっている。また，前述のように，これらの情報を電子的に蓄積しつつリアルタイムで把握し，照合できるシステムの構築が進んでいる。

さらに，データや情報の収集方法や情報源も多様化しており，①オンライン・レジスターやタクシー・トラックの走行記録など電子機器からのデータ，②販売店や金融機関からの取引データあるいは代理人やサービス・プロバイダーへの支払データ（デビットカードやクレジットカードの取引データなど），③電子インボイス（e-invoice）など供給業者からのデータ，④顧客の数やコンプライアンスに関する情報，現金の授受記録などの顧客データ，⑤インターネット

やソーシャル・メディアから電子的に辿ることのできる事業や取引の情報のような「非構造化データ（unstructured data）」，⑥許認可や免許などの規制や社会保障目的の他の政府機関からのデータなどが幅広く収集され，税務当局による税務行政の情報源となっている現状がある。

(2) 税務当局によるビッグ・データの収集と利用

　このように税務当局によるデータや情報の収集活動が拡大する中で，いわゆる「ビッグ・データ（Big Data）」の収集や利用も進んでいる。ビッグ・データには統一的な定義はないが，ICT の進展により生成・収集・蓄積などが可能・容易になる膨大な量のデジタル・データのことである。国連や欧州経済委員会の定義によれば，ビッグ・データとは，一般的には「コスト効果が高く洞察力や意思決定を強化する革新的処理の形式を求める大量・高速・多様なデータ・ソース」とされる[28]。そして，ビッグ・データは，① Facebook，Instagram，Twitter などの「ソーシャルネットワーク情報」，②e コマースやクレジットカードの取引，金融機関での決済や株式売買の記録のような「商業取引データ」，③衛星画像や天候や交通情報，携帯位置情報（GPS）や防犯・監視カメラの映像といった「IoT（Internet of Things）活用によるデータ」の 3 つに分類できる。

　各国の税務当局は，②の商業取引データについては，従来から申告内容の照合や税務調査先の選定などに利用してきたが，近年各国の税務当局は，①のソーシャルネットワーク情報のデータ・マイニングを強化している。「データ・マイニング（data mining）」とは，情報システムに蓄積した膨大なデータの集合をコンピュータによって解析し，これまで知られていなかった規則性や傾向など何らかの有用な知見を得る分析手法をいう。とくに，ソーシャルネットワーク情報は，特定の個人レベルの申告情報では不正の発見などに限界がある中で，税務当局がリスクの高い個人やグループを特定するのに役立ち，個人間のつながりを識別し，結び付けられた個人のネットワークを簡単に視覚化できるという利点がある。

　アメリカ内国歳入庁（IRS）のリサーチ・データベース担当ディレクターのジェフ・バトラー（Jeff Butler）氏は，ビッグ・データが有益な 7 つの分野として，①申告と納付の不遵守のパターンの特定，②ID の窃取（identity theft）や

還付詐欺の予測と防止，③タックス・ギャップの評価見積もり，④納税者の負担の測定，⑤税務処理のための事例リストと処理戦略の最適化，⑥税制改正の納税者への影響のシミュレーション，⑦犯罪ネットワークの分析をあげている[29]。たとえば，IRS は悪質な還付詐欺事案において，Facebook のアカウントの検索から被疑者が「税金詐欺の女王（Queen of Tax Fraud）」と自称して犯行を繰り返していた事実を把握し摘発した例がある[30]。

(3)　税務当局による相手方を特定しない情報提供要請の推進

　従来の税務当局による調査や情報収集は，特定の納税者やその取引相手などを対象とする者であった。しかし，近年，デジタルエコノミーやシェリングエコノミーの進展に対し，先進各国では相手方を特定しない情報提供要請を推進する動きがある[31]。

　アメリカには，銀行やクレジットカードの支払決済会社やモバイル決済代行業者の支払決済情報を IRS に情報申告（Form1099K）する制度がある。この制度は第三者ネットワーク取引による支払であればいわゆる「プラットフォーマー（platformer）[32]」も対象となり，インターネット取引の増加により情報申告の範囲は拡大傾向にある[33]。さらに，違法が疑われるケースでは，相手方を特定することなく，「ジョン・ドゥ・サモンズ（John Doe Summons）」を発出し，司法的手段による資料提出を求めることができる[34]。

　イギリスは前述のように，「税のデジタル化」の方針のもと情報処理・保存の電子化と税務手続上の関係者のネットワーク化を推進し，歳入税関庁（HMRC）のコンピュータ・システム "Connect" は，過去の申告書や調査資料，付加価値税登録情報のほか，雇用主からの給与支払，土地登記記録，銀行口座，オンラインマーケットプレイスや金融サービス会社，ソーシャル・メディア，他の政府機関などの利用可能なデータや情報を管理している。これらの情報は，HMRC の情報通知（information notice）による情報提供要請などにより収集されるものであるが，2013 年と 2016 年の法改正により取引仲介事業者等に対する不特定の納税者に係る情報提供要請の範囲が拡大している[35]。

　フィンランドでも，法律によりフィンランド国税庁（FTA）に対して国内に拠点を有するプラットフォーマーから個人を特定することなく関連の情報を収

集することが認められている。データはクレジットカード会社や ATM での現金の引き出しや国境を越えた取引の情報を含み，金融機関や支払サービス提供業者，仮想通貨業者からも収集できることになっている[36]。

　そのほか，フランスも，2014 年から調査対象が特定されていない段階でも，一定の条件のもと第三者に対する情報提供の要請が可能となり，2020 年までにインターネット上の取引仲介業者等の情報報告制度の導入が予定されている。ドイツも，従来から判例に基づき不特定の納税者の情報提供要請が可能であったが，それが 2017 年に法定されている[37]。

　なお，わが国も令和元（2019）年度改正により，事業者等への協力要請（通法74 条の 12 第 1 項）と特定事業者等への報告の求め（通法 74 条の 7 の 2 第 1 項）として，新たに情報照会のための手続が導入されている[38]。

　⑷　電子インボイスの義務化とオンライン・キャッシュ・レジスターの導入

　2017 年の OECD の加盟国を含む 58 カ国に対する調査によれば，電子インボイス・システム（e-invoice system）が課税目的で標準とされているのは 21 カ国，されていないのが 36 カ国であった。そのうち，すべての納税者が電子インボイスの提出を義務付けられているのが 5 カ国，インボイスを税務当局に電子送信しなければならないのが 16 カ国，すべてのインボイスの提出が求められるのが 12 カ国，定期的なインボイスの提出 12 カ国，当局によって認められた一部の取引のインボイスの提出 7 カ国，税務当局以外の主体によって検証後にインボイスの提出を行うが 2 カ国であった[39]。

　たとえば，イタリアでは，公的業務委託部門における電子インボイスの導入に続いて，2019 年 1 月から民間ビジネス一般についても，国内で設立された法人または居住者との間で行われる取引には，電子インボイスが義務化されている。また，電子インボイスは，所定の形式により当局の管理する交換システム（SDI）経由で送信されなければならず，2019 年には約 15 億の電子インボイスが SDI を通して送信されている[40]。

　前述のように，近年税務行政のデジタル化が急速に進んだメキシコでも，CFDI（Comprobante Fiscal Digital por Internet）と呼ばれる法定の様式による電子インボイスの発行を義務付け，そのデータはメキシコ国税庁（SAT）から

提供される電子署名を付して送信され，すべてのデータはSATのシステムに保存蓄積されている。そのCFDIによる膨大なデータと企業から月次で送信提出される会計情報や各年の税務申告データとを照合し，大きな差異がある場合には各納税者のデジタル・メール・ボックスに質問メールが送信され，場合によっては電子インボイスの発行権限が停止されることになる。なお，電子インボイスの対象取引は，通常の商品の販売やサービスの提供の場合だけではなく，給与や賃金の支払などでも発行が義務付けられている[41]。

　他方，ロシアでは，「オンライン・キャッシュ・レジスターシステム（Online Cash Register system)」が導入されている。OCRの販売データは，安全なオペレーターを介して連邦国税庁（FTS）のデータ処理センターに送信される。そして，そのデータシステムは，リアルタイムで自動的に取引を監視，分析し，遠隔によるデータの照合や調査を可能にしている。OCRは2018年から義務化されており，物理的要件と情報セキュリティ要件とデータの形式やFTSへの送信方法の詳細は法律で定められている[42]。

　このようにロシアやメキシコをはじめ税務行政のデジタル化が最も進んでいる国々は，電子インボイスの義務化やOCRの導入により付加価値税の徴収目的に限らず，個別の取引情報をリアルタイムに税務当局のシステムに送信蓄積し，税目を越えてそれと会計情報や税務情報などとの電子照合を進めている現状がある。

2　税務当局間の国際的情報交換の進展

　税務当局間の国際的な情報交換には，従来から個別の納税者への調査において自国内で入手できる情報のみでは十分に事実を解明できない場合に，二国間の租税条約に基づき，外国の税務当局に関連情報の収集や提供を求める「要請に基づく情報交換」を行ってきた。そのほか，税務当局による情報交換には要請がなくても自国内での納税者への調査などにより収集した情報が外国の税務当局に有益と判断した場合に税務当局が自ら情報提供する「自発的情報交換」，金融口座情報や国別報告書（CbCR）のように国際的基準や条約に基づき税務当局間で国際的に一括して情報提供する「自動的情報交換」がある。

OECD は，2000 年に「税の透明性と情報交換に関するグローバル・フォーラム (Global Forum on Transparency and Exchange of Information for Tax Purposes)[43]」を組織して，2004 年にはモデル情報交換協定（Model Agreement on Exchange of Information on Tax Matters）を公表するなど税務当局間の情報交換の推進に取り組んできた。その後金融口座情報をめぐるアメリカとスイスの国家間対立につながった UBS 事件[44]などをきっかけに，2009 年にグローバル・フォーラムが拡充され，2013 年には「自動的情報交換グループ」を創設し，2010 年にアメリカで外国口座税務コンプライアンス法（FATCA）が成立したことを受けて，2014 年に OECD 租税委員会は非居住者に係る金融口座情報の税務当局間での自動交換（AEOI）のための国際基準として，「共通報告基準（CRS：Common Reporting Standard)」とそのコンメンタリーを公表した。そして，CRS は G20 各国により最終承認され，所要の手続の完了を条件として，2017 年または 2018 年末までに自動的情報交換が開始されることになった。現在，日本を含む 100 を超える国々や地域が，この CRS に従った自動的情報交換の枠組みに参加し，金融口座情報を交換している[45]。

　また，OECD の BEPS プロジェクトの行動 13 の多国籍企業情報の文書化での議論や勧告をふまえ，年間連結グループ売上高が 7 億 5000 ユーロ以上の多国籍企業は，グループのグローバルな事業活動に関する情報の「事業概況報告（マスター・ファイル)」と，関連者との取引における独立企業間価格を算定するための詳細な情報（ローカル・ファイル），事業活動を行う課税管轄における総収入額，税引前利益，法人税額等を記載した国別報告書（CbCR）の作成が義務付けられた。このうち国別報告書（CbCR）は，自動的情報交換の枠組みに基づいて，多国籍企業グループの属する企業の居住地の税務当局において情報提供を行っている[46]。

　他方，EU においても 2011 年 2 月に加盟国間の情報交換を強化する指令[47]が発せられ，2016 年 1 月の租税回避防止パッケージには，OECD の BEPS の行動 5 に対応して，各国の優遇税制や移転価格の事前確認（APA）などに係るルーリング（ruling）や国別報告書（CbCR）を自動的情報交換の対象とする提案を含んでおり，実際に 2016 年から情報交換が進められている[48]。

さらに，2010年に情報交換を含む税務行政の国際協力を推進する「税務行政執行共助条約 (Convention on Mutual Administrative Assistance in Tax Matters)[49]」の議定書が見直され，情報交換において銀行機密の否定や自国に課税の利益がない場合の情報提供が可能となり，2011年のG20財務大臣・中央銀行総裁会議の共同声明により署名が奨励された。その結果，日本を含む多くの国々が署名を行い，現在141カ国にそのネットワークが拡大したことも税務当局間の情報交換を進める大きな要因の一つとなっている[50]。

このような税務当局間の情報交換の進展は，国際的脱税や租税回避の防止を目的としたものであるが，すでにEUで要請に基づく情報交換について法的紛争が生じているように，税務当局間の納税者情報の交換共有により生じる双方の当局による個人情報の保護や手続的保障の問題がある[51]。

3　税務当局のデータ利用規制と納税者権利保護

これまで述べてきたように，税務行政のデジタル化の進展に伴い，各国の税務当局はさまざまな手段により膨大なデータや情報を収集し，従来の税務調査の枠組みを超えてそれらを照合あるいは分析し，調査対象の選別や滞納管理，納税者サービスの改善，税制の政策評価などに積極的に活用している。それは税務行政の効率化や高度化，サービスの向上などにつながり，納税者の利便性に資する反面，納税者権利保護の観点から新たな課題を生じさせようとしている。

それに対し各国とも，納税者のプライバシーや個人データの保護を図るべく，税務職員の守秘義務の強化やデータや情報へのアクセスの制限などを法定している。たとえば，アメリカでは1976年にIRS内部の秘密保持に関する内国歳入法（IRC）6013条が立法され，納税申告書や申告情報の秘密保持・開示禁止，守秘のための安全措置を講じる義務が定められ，違反した職員には刑事罰や民事上の賠償責任が生じることになった。また，1997年に不正閲覧納税者保護法 (Taxpayer Browsing Protection Act) が制定され，職務上のアクセス権限のない職員が興味本位で申告書や申告情報にアクセスすることが禁止され，違反した職員は免職・解雇に加え，刑事罰の対象となった[52]。しかし，IRSによる情報や

データの収集の範囲は拡大し，情報源も多様化する中でそのような税務職員に対する内部的な規制では対応できなくなっている。税務当局以外の他の行政機関や金融機関を含む民間からの第三者情報，情報提供要請によりプラットフォーマーや仮想通貨取引業者などから入手したビッグ・データ，国際的な情報交換により他国の税務当局や国際機関からの情報などをどのように収集管理するか，新たなルールが必要になっている。

　また，税務当局によるデータの照合やマイニングの規制も，アメリカでは，1974 年プライバシー法（Privacy Act of 1974）や 1988 年コンピュータ照合プライバシー保護法（Computer Matching and Privacy Protection Act of 1988）に基づき，IRS に対しても内部的にデータ主体に照合する旨の通知や新たなデータ照合プログラムの議会への報告，法定された通知や報告の連邦官報への掲載などが義務付けられている。また，2007 年には連邦機関データ・マイニング報告法（Federal Agency Data Mining Reporting Act of 2007）が制定され，連邦政府の機関のデータ・マイニングに関する議会への報告義務が法定され，IRS も政府機関としてこの対象とされている[53]。しかし，そのような照合やマイニングへの規制も，デジタル化による情報やデータの急増や ICT や AI の利用によるリアルタイムの処理などに対して，十分機能しなくなっている。

　さらに，税務当局は情報提供要請によりプラットフォーマーや仮想通貨取引業者などから国境を越えた取引情報を収集し，また自動的情報交換により海外の金融口座情報や事業情報を税務当局や国際機関から入手する場合，国内的な情報やデータの保護だけではなく，課税管轄権を越えた情報やデータの保護が必要になる。EU の「個人データの取扱いに関する個人の保護および当該データの自由な移動に関する欧州議会および理事会の規則（General Data Protection Regulation[54]）」のような，第三国や国際機関への個人データの移転に関する規制や国際的な納税者情報やデータの保護のためのルールも必要になるものと思われる。

4　デジタル化の進展と納税者権利保護

⑴　OECD のプライバシー・ガイドラインと 8 つの原則

1980 年 OECD はプライバシー・ガイドライン[55]を公表し，8 つの原則を示している。すなわち，①収集制限の原則：個人データを収集する際には，法律にのっとり，また公正な手段によって，個人データの主体（本人）に通知または同意を得て収集するべきである，②データ内容の原則：個人データの内容は，利用の目的に沿ったものであり，かつ正確，完全，最新であるべきである，③目的明確化の原則：個人データを収集する目的を明確にし，データを利用する際は収集したときの目的に合致しているべきである，④利用制限の原則：個人データの主体（本人）の同意がある場合もしくは法律の規定がある場合を除いては，収集したデータをその目的以外のために利用してはならない，⑤安全保護の原則：合理的な安全保護の措置によって，データの紛失や破壊，使用，改ざん，漏えいなどから保護すべきである，⑥公開の原則：個人データの収集を実施する方針などを公開し，データの存在やその利用目的，管理者などを明確に示すべきである，⑦個人参加の原則：個人データの主体が，自分に関するデータの所在やその内容を確認できるとともに，異議を申し立てることを保障すべきである，⑧責任の原則：個人データの管理者は，これらの諸原則を実施する上での責任を有するべきであるの 8 つである。

これら 8 つの原則は，上述の EU 一般データ保護規則（GDPR）をはじめ各国の個人情報やデータ保護法制の文字通りガイドラインとして機能している。2013 年の OECD のプライバシー・ガイドラインの改定時に見直しが検討されたが，結局そのままとなった。自己情報コントロール権としてのプライバシーを尊重し，本人同意を基本とする 8 原則の考え方は，税務行政のデジタル化における納税者情報やデータの保護においても，重要な基本原則を示しているといえる。

⑵　ベントレー教授の「納税者権利保護法の国際モデル」

近年，納税者権利保護をめぐって，国際的なガイドラインとしてモデル法やモデル納税者権利憲章を公表する動きがある[56]。それらは，いずれも納税者の秘密保持やプライバシーの保護に関する定めを含んでいる。その中でもとくに税

務当局による情報収集への規制と納税者のプライバシー保護を具体的に規定しているのが，オーストラリアのダンカン・ベントレー（Duncan Bentley）教授の「納税者権利保護法の国際モデル（A Model of Taxpayers' Rights）」である[57]。

　ベントレー教授はモデル法の第5章に「情報収集（Information Gathering）」として，その15条と16条に次のような2つの定めをおいている。

　まず，15条は，税務職員に対する守秘義務を定め，その内容と範囲は，税務職員と納税者の双方を保護するため明確に定められなければならなないものとし，提供された情報の収集や保存，アクセス，修正，利用と公開の規則を含むものとする。そして，それらは，税務当局と契約し働く第三者にも拡大適用されるべきと規定している。

　次に16条は，納税者情報の秘密保持とその使用の課税目的と社会保障目的への限定，他の政府機関や納税者，第三者といった人々に対する，納税者情報の公開のルールの明確化などについて定めている。そして，税務職員や税務当局と契約して働く第三者の職務目的以外の権限のない納税者情報へのアクセスの禁止や，情報漏洩や濫用による法的責任を追及する旨を規定している。また，納税者本人に自己の情報に対するアクセスや修正の権利を認め，税務当局によって請求される情報は，納税者の課税問題に関連した情報に限定されるべきとしている。さらに，税務当局間の情報交換や徴収共助については，税務行政執行共助条約21条及び22条と，その注釈において納税者やその秘密に与えられたのと同等の保護を規定しなければならないとし，とくに自動的かつ任意の情報交換に対しては定期的な検査と点検が必要である旨を定めている。なお，税務行政執行共助条約の21条は，対象となる納税者の保護及び支援を行う義務の限度についての定めであり，22条は個人情報保護の水準を確保するために必要な範囲内で，締約国が自国の法令に基づいて法定する保護の方法に従い，納税者の情報を秘密として取扱い保護すべきとの規定である。このようなモデル法の規定は，今後税務当局の国内法の整備や納税者権利憲章の制定の指針になる。

　(3)　コフェルト教授の「多国間納税者権利章典」

　カナダのアーサー・J・コフェルト（Arthur J. Cockfield）教授は，12か条の

「多国間納税者権利章典（Multilateral Taxpayer Bill of Rights）」を提案されてい
る[58]。その規定は次のように居住地国の税務当局だけでなく，外国の税務当局に
も適用され，デジタル化やデータ保護にも配慮した内容になっている。

多国間納税者権利章典

①納税者は，法律によって求められる税額（それ以上でも以下でもなく）を
　納付する権利を有する。

②納税者は，プライバシーと秘密保持の権利を有する。

③納税者は，公式の調査を受け，その後に不服を申し立てる権利を有する。

④納税者は，完全かつ正確，明確で時宜にかなった情報の提供を受ける権
　利を有する。

⑤納税者は，一貫して法律の適用を受ける権利を有する。

⑥納税者は，サービスに対する苦情を申し立て，関連の税務当局からその
　結果の説明を受ける権利を有する。

⑦納税者は，税務当局が説明責任を果たすことを期待する権利を有する。

⑧納税者は，疑わしい税務上のスキームについて時宜にかなった方法で警
　告を受けることを期待する権利を有する。

⑨納税者は，自らの選択した人によって代理される権利を有する。

⑩納税者は，理解と同意のもと自らの情報を取得，利用され，適法かつ公
　正な手段によって国境を越えた交換を適切に行われる権利を有する。

⑪納税者は，その利用目的のため必要な範囲で正確かつ完全で最新の納税
　者情報を収集，利用され国境を越えた交換を行われる権利を有する。

⑫納税者は，税務情報が国境を越えて送信される場合に，合理的かつ安全
　な保護をもって行われる権利を有する。

　この多国間納税者権利章典の12か条は，OECDやアメリカ，カナダの納税
者権利章典の条項に，デジタル化やグローバル化への配慮を加味したものとい
え，一つの多国間の納税者権利保護の指針として参考になる。

おわりに

　本稿では，税務行政のデジタル化の現状について，各国の電子申告・納税や記入済申告書制度の導入状況や，納税者サービスへの ICT や AI の利用などを紹介した。そのうえで，各国の税務当局のデータ収集や利用の拡大，税務行政への第三者機関の情報や，いわゆるビッグ・データの利用，国際的な自動情報交換の進展など，従来の税務調査の枠組みではとらえきれない税務当局による情報収集や分析の状況とその影響について述べた。そして，納税者権利保護の課題として，納税者情報やデータの利用規制やプライバシーの保護の重要性を強調し，新たなルールの必要性や最後に OECD のプライバシー・ガイドラインの8原則や納税者権利保護法の国際モデル，多国間納税者権利章典を紹介した。

　そのほか，デジタル化時代の納税者権利保護のあり方について，欧州基本権憲章8条1項に基づいて個人情報データの保護が基本権とされ，一般データ保護規則（GDPR）が発効した EU の現状や，税務調査を中心とする現行の手続法制の見直しと，情報セキュリティやデジタル・デバイドの問題など論じるべき課題は多く残るが，それらはまた別の機会に譲りたいと思う。

＊本稿は，JSPS 科研費基盤研究（c）19K01308 の助成を受けた研究成果の一部である。

注

1)　デジタル・ディスラプションとは，一般的にはデジタル技術の進展によって既存の産業やビジネスが新しく生まれ変わる「創造的破壊」のことをいう。また，情報通信技術（ICT）の進展や技術革新の税務行政の影響に関する先行研究として，佐藤英明「情報通信技術の進展と税務行政―沿革と現状」論究ジュリスト 26 号「特集2技術革新と租税手続の変化」68 頁（2018 年），高橋祐介「技術革新による税務行政の課題」租税法研究 46 号 64 頁（2018 年），浅妻章如「租税手続の ICT 化：所得分類毎の対物課税から対人課税へ」租税法研究 47 号 42 頁（2019 年）ほかがある。

2)　OECD, *Tax Administration 2019: Comparative Information on OECD and other Advanced and Emerging Economies* (2019).

3)　OECD, *Advanced Analytics for Better Tax Administration* (2016).

4) 吉村政穂「国際課税における金融口座情報の共有体制の確立」金子宏ほか編『租税法と市場』532頁（有斐閣, 2014年）, 同「国際的情報交換・徴収共助をめぐる諸問題」租税法研究47号61頁（2019年）ほか参照。Oberson, Xavier, *International Exchange of Information in Tax Matters: Towards Global Transparency* (2nd ed. 2018).

5) 国税庁ホームページ「税務行政の将来像〜スマート化を目指して〜」<https://www.nta.go.jp/information/release/kokuzeicho/2017/syouraizou/index.htm>（最終閲覧日2020年5月20日）。わが国における税務行政や税務のデジタル化の現状や今後の方向性については, 酒井克彦編著『スマート税務行政でこう変わる‼ キャッチアップ デジタル情報社会の税務』（ぎょうせい, 2020年）所収の各論文参照。

6) アメリカやオーストラリアを中心に税務行政のデジタル化と納税者のプライバシー保護の問題を論じた先行研究として, 石村耕治「AI税務と税務専門職の将来像を展望する〜税務のスマート化とタックスプライバシー（第1回〜7回）」月刊税務事例51巻3号73頁から9号50頁連載（2019年）, 国際的情報交換における納税者の権利保護については, 漆さき「国際的情報交換における納税者の権利保護」論究ジュリスト26号83頁（2018年）, 谷口勢津夫「国際課税における納税者の権利救済」法の支配193号60頁（2019年）ほか参照。Wöhrer, Viktoria, *Data Protection and Taxpayers' Rights: Challenges Created by Automatic Exchange of Information* (2019).

7) Ernst & Young Global, *Tax authorities are going digital Stay ahead and comply with confidence*, p. 3 (2017).

8) 企業から税務当局または外部監査人に会計データを電子交換するための国際規格。

9) HM Revenue & Customs, *Overview of Making Tax Digital* (2017) <https://www.gov.uk/government/publications/making-tax-digital/overview-of-making-tax-digital>（last visited on May 20, 2020).

10) OECD, *supra note* 2, p. 80.

11) 国税庁「令和元年度における e-Tax の利用状況等について」<https://www.e-tax.nta.go.jp/topics/0208pressrelease.pdf>（最終閲覧日2020年8月20日）。

12) 学会報告時の質疑において, 外国の電子申告の義務化に関するペナルティについての質問があり確認できないと回答したが, その後の調査の結果, たとえばフランスでは電子申告義務の不履行については, 税額の0.2%の加算税（ただし下限60ユーロ）が課されている。

13) 第20回国税審議会説明資料「税務行政の現状と課題」12頁（2019年）<https://www.nta.go.jp/about/council/shingikai/190313/shiryo/pdf/04-1.pdf>（最終閲覧日2020年5月20日）。

14) 記入済申告書制度については, 石川緑「記入済申告制度の変遷と我が国への制度導入検討」アコード・タックス・レビュー 9・10号78頁（2018年）, 日本型記入済申告書制度の導入の提案として, 森信茂樹『デジタル経済と税 AI時代の富をめぐる攻防』204-210頁（日本経済新聞出版, 2019年）参照。

15) OECD, *supra note* 2, p. 82.

16) 政府税制調査会「海外調査報告（エストニア・スウェーデン）」<https://www.cao.go.jp/zei-cho/gijiroku/zeicho/2017/29zen10kai6.pdf>（最終閲覧日2020年5月20日）。また,

EU 各国の税務行政のデジタル化については，拙稿「EU における納税者の権利保護の調和―「EU 納税者法のモデルのための指針」の紹介を中心に―」立命館法学 385 号 67-71 頁（2019 年）参照。

17）石村耕治「電子政府構想の光と影：豪の「マイガブ」と日本の『情報ネットワークシステム』を比べる」国民税制研究 2 号 85 頁（2016 年）。

18）政府税制調査会「海外調査報告（フランス，イギリス）」<https://www.cao.go.jp/zeicho/gijiroku/zeicho/2017/29zen10kai13.pdf>（最終閲覧日 2020 年 5 月 20 日）。

19）OECD, *supra note* 2 at 82.

20）詳細は，石村耕治「AI 税務と税務専門職の将来像を展望する―税務のスマート化とタックスプライバシー―第 3 回」税務事例 51 巻 5 号 44 頁（2019 年）参照。

21）OECD, *Tax Administration 2017: Comparative Information on OECD and other Advanced and Emerging Economies,* p. 76.（2017）

22）石川緑「ICT を活用した納税者サービス（OECD）」酒井・前掲注（5）233 頁。OECD, *Increasing Taxpayer Use of Self-Service Channels*（2014）.

23）OECD, *supra note* 2, p. 41.

24）*Ibid.*

25）ATO, Introducing Alex, our new web assistant <https://beta.ato.gov.au/Tests/Introducing-Alex--our-new-web-assistant>（last visited on May 20, 2020）.

26）Government Technology Agency of Singapore, 'Ask Jamie' Virtual Assistant, <https://www.tech.gov.sg/products-and-services/ask-jamie/>（last visited on May 20, 2020）.

27）「国税庁チャットボットの試行運用の開始について」<https://www.nta.go.jp/publication/pamph/koho/campaign/r 2 /Jan/05.htm>（最終閲覧日 2020 年 5 月 20 日）。

28）総務省『平成 29 年版情報通信白書』52 頁（2017 年），同「ビッグ・データの統計的利用に向けて」平成 30 年 5 月 23 日 <https://www.soumu.go.jp/main_content/000554053.pdf>（最終閲覧日 2020 年 5 月 20 日）。

29）Houser, Kimberly and Sanders, Debra, *The Use of Big Data Analytics by the IRS: Efficient Solution or the End of Privacy as We Know it?,* VAND. J. ENT. & TECH. L., vol. 19, No. 4, pp. 818-820（2017）.

30）U.S. v. Rashia Wilson, No. 15-11089（11th Cir. 2016）.

31）森信・前掲注（13）166-168 頁。

32）プラットフォーマーとは，第三者がビジネスを行う基盤（プラットフォーム）として利用される製品やサービス，システムなどを提供，運営する事業者をいう。とくに，いわゆる GAFA のような大規模なデジタルサービス基盤を提供する事業者を意味する。

33）アメリカの Form1099K による情報申告制度（IRC § 6050w）については，高橋・前掲注（1）70 頁参照。

34）「ジョン・ドゥ・サモンズ（John Doe Summons）」とは，裁判所が発する相手方を特定しない匿名行政召喚状である。仮想通貨業者へのサモンズの発出と強制履行が認められた事案として，U.S. v. Coinbase INC N.D. Cal. Nov. 28. 2017.

35）情報通知（information notice）による情報提供要請は，納税者本人または第一層審判

所（First-tier Tribunal）の承認が必要であるが，直近の情報ではこのような承認プロセスなしに，金融機関の顧客に国内外の情報提供要請できる見直しが検討されている。

36) OECD, *supra note* 2, p. 49.

37) 森信・前掲注（13）167 頁。

38) 国税庁「シェアリングエコノミー等新分野の経済活動への的確な対応」令和元（2019）年 6 月 <https://www.nta.go.jp/information/release/kokuzeicho/2019/sharingueconomy_taio/index.htm>（最終閲覧日 2020 年 5 月 20 日）。

39) OECD, *supra note* 2, p. 61.

40) *Ibid.*

41) Edicom CFDI <https://cfdi.edicomgroup.com/en/>（last visited on May 20, 2020）.

42) OECD, *Implementing Online Cash Registers: Benefits, Considerations and Guidance* (2019).

43) Global Forum on Transparency and Exchange of Information for Tax Purposes <http://www.oecd.org/tax/transparency/>（last visited on May 20, 2020）. なお，現在の加盟国は 161 カ国。

44) スイス金融大手 UBS のプライベートバンク業務について，富裕層の脱税をはう助しているとして，アメリカ政府は UBS に対して業務停止と関係者の刑事訴追，行政召喚状による口座情報の開示を求めた事件。

45) 日本も 2018 年から情報交換を開始し，非居住者に係る金融口座情報約 9 万件を 58 か国・地域に提供，外国税務当局から日本の居住者に係る金融口座情報約 74 万件を 74 カ国・地域から受領した（国税庁「平成 30 事務年度における租税条約等に基づく情報交換事績の概要」令和元（2019）年 12 月 <https://www.nta.go.jp/information/release/kokuzeicho/2019/joho_kokan/pdf/joho_kokan.pdf>（最終閲覧日 2020 年 5 月 20 日）。

46) 国別報告書（CbCR）の情報は，最終親会社 831 社分を 51 カ国・地域に提供し，2100 社分を 42 カ国・地域から件を受領し，移転価格リスク評価その他の BEPS に関連するリスク評価及び統計目的で使用した（同上）。

47) Council Directive 2011/16/EU of 15 February 2011 on administrative cooperation in the field of taxation and repealing Directive 77/799/EEC.

48) 加藤浩「EU における税の透明性の確保：ルーリングに関する自動的情報交換」レファレンス 778 号 25 頁（2015 年）。

49) 増井良啓「マルチ税務行政執行共助条約の注釈を読む」租税研究 775 号 253 頁（2014 年）。

50) 2011 年 11 月に日本も G20 のカンヌサミットで条約及び改正議定書に署名した（2013 年 10 月 1 日発効）。

51) 漆・前掲注（6）85-89，自動的情報交換については，増井良啓「非居住者に係る金融口座情報の自動的交換―CRS が意味するもの」論究ジュリスト 14 号 218 頁（2015 年）参照。

52) 石村耕治「AI 税務と税務専門職の将来像を展望する―税務のスマート化とタックスプライバシー―第 6 回」月刊税務事例 51 巻 8 号 63-64 頁（2019 年），佐伯彰洋「アメリカにおける税務情報の秘密保護と情報公開㈠」同志社法学 42 巻 5 号 722 頁（1991 年）。

53) 石村・前掲注（52）65-67 頁。Houser and Sanders, *supra note* 29, pp. 858-866.

54) REGULATION（EU）2016/679. 詳細は，宮下紘『EU 一般データ保護規則』（勁草書房，2018 年）ほか参照。

55) OECD, Recommendation of the Council concerning Guidelines governing the Protection of Privacy and Transborder Flows of Personal Data（1980）.

56) 拙稿「納税者権利憲章をめぐる最近の国際的状況」税制研究 76 号 101 頁（2019 年）参照。

57) Bentley, Duncan, *Taxpayer Rights; Theory Origin and Implementation*, pp. 373-401（2007）. 拙稿「納税者権利保護法の国際モデル― Duncan Bentley 教授のモデル法の紹介を中心に」水野武夫先生古稀記念論文集『行政と国民の権利』761 頁（法律文化社，2011 年）参照。

58) Cockfield, Arthur, *Protecting Taxpayer Privacy Rights Under Enhanced Cross-Border Tax Information Exchange: Toward a Multilateral Taxpayer Bill of Rights* University of British Columbia Law Review, Vol. 42, pp. 420-471（2010）.

6 討論 租税上の先端課題への挑戦

〔司会〕

　長島　弘 （立正大学）／中村芳昭 （青山学院大学）

〔討論参加者〕

　石村耕治 （白鷗大学）／泉　絢也 （千葉商科大学）／黒川　功 （日本大学）／鶴田廣巳 （関西大学）／藤間大順 （青山学院大学）／松井吉三 （税理士）／望月爾 （立命館大学）／本村大輔 （日本大学）／八代　司 （税理士）／山﨑広三 （税理士）

司会　シンポジウムの討論を始めたいと思います。まず質問を先にしていただいて，会場からも自由に質問していただけるように配慮したいと思います。

　まず，報告していただいたかたの中にはかなり膨大なレジュメあるいはスライドを用意していただいたのですが，時間の制約上，大幅に短縮して報告していただいたということもありますので，最初の鶴田先生に報告分について特に付け足したい点についてあればお願いしたいと思います。

鶴田（関西大学）　それほど付け加えることはないのですが，最後の「改革のゆくえ」というところで「ICRICT」という法人税改革を進める独立委員会の報告によりながら，国際課税制度のこれからのゆくえをどうするのかということをとり上げました。その報告では非常に重要な提案がされていると私は思います。今，国際課税の仕組みが大幅に変わりつつあ

ります。1930年代に確立された現行の国際課税ルールが今非常に大きな挑戦にあって，たぶんこれから変わっていかざるを得ないだろうということなのです。その場合，各国で国内法や租税法の改定等にそれが跳ね返ってきますので，そういう意味で国際課税ルールの変更というのは単に国際課税の場だけで終わるような問題ではなくて，やっぱり広く国内の税法，あるいは租税条約等のあり方にもかかわってくるわけです。

　国際的な法人税のあり方をどうするかというときに，1990年代の初めにEUで出された報告書において国際租税競争の際に重要な要因になっているのは法人税率の水準であり，一定の範囲内に法人税率をおさめる，そういう方向が必要ではないかという提案が既になされているわけです。それを受けたのかどうかわかりませんが，今回の独立委員会の提案は，25％という最低税率の水準を決めようと，

各国ができるだけそれ以上になるように課税権を強化していこうという方向が強められているのです。

そういう最低税率に合わせて，もう1つ，いわゆる市場国の課税権をどう確保していくかということが大きな問題となっているのです。その場合に一番問題になりますのは，GAFAに象徴されるような巨大プラットフォーマーが世界のどこにおいてもほとんど税を払っていない。これをどうするかということが最大の問題となっているのです。OECDの議論は，そのへんが各国間の利害の対立を反映して議論があっちに行ったりこっちに行ったり，二転三転するものですから，どうも焦点がだんだんぼやけてくるところがあるのです。やはり最後は多国籍企業，なかでも，巨大プラットフォーマーを中心とする巨額の利益，利潤を各国にどう公正に配分していくか，それによって各国の財政収入を確保して福祉国家の財源をどう確保していくかが問題となっているわけです。また途上国の場合，特に法人税収を失っている，その比率が高いわけで，途上国にとっては法人税のあり方は死活的問題となっているわけです。同時に途上国には独裁体制の問題がありますので，それがタックスヘイブンなんかと結びついて，そこに賄賂だとか，その他のブラックマネーが流れる，こういう構造があるわけです。ですから，国際課税制度，特に法人税制度の改革によって，こうしたことをどこまで改善できるかど

うかが問われているわけですが，各国間の足並みがなかなかそろわずに，難しいのが現状ではないかということなのです。

さて，そこでどうするかが問題となりますが，それには各国の利害対立の中でいろいろ声を上げて国際租税協調の方向を粘り強く追求していく以外にないのではないかと考えています。

司会 それでは，白鷗大学の石村先生から。

石村（白鷗大学） 鶴田先生，本当に難しい問題について報告いただきまして，ありがとうございました。先ほど鶴田先生がおっしゃったように，OECDは今，リアルとデジタルの国際ルールの策定をしているわけですが，今回，やっぱりアメリカファーストの壁にぶち当たって，公正なルールが本当に確立できるのかどうなのか，妥協してどんどんおかしい方向へ行くのではないかと危惧しています。

それから，我が国のこの課題の問題で，G20の中でいろいろやったというのですが，指導的な立場に立って的確な主張をしているとはまったく思えないのです。あえていえば，アメリカ追従のような感じを受けるのです。政治的な要素もあると思うのですが，その原因について教えていただければと思います。

鶴田（関西大学） OECDでリアルとデジタルについての国際課税ルールの策定をめぐっていろんな問題が起こっています。特にアメリカファーストの圧力が加わって，改革の状況は非常に厳しいので

はないかとのご指摘ですが，確かにそう
いう面がこれまでもあったわけです。た
とえば，有害な租税競争を規制しようと
いう動きが 1990 年代の末に EU や
OECD の中で強まったことがありますが，
それに対して当時のブッシュ政権が横やり
りを入れて，各国が独自に税率を決める
のは自由だと，だからタックスヘイブン
が自分たちのところでいくら低い税率を
設定しようが，それは各国の主権だとの
主張をして，有害な租税競争について税
率を云々することは許さないというよう
なメッセージを出したものですから，結
局 OECD の試みは途中で勢いを失い，
最後は情報交換のシステムを整備しよう
という方向に急転換してしまいました。
これだったらどういうざる法をつくって
もうちは情報交換制度をつくりましたと
アリバイ証明ができるため，タックスヘ
イブンはほとんど世界からなくなってし
まった，こういういきさつがあるわけで
す。そういう点で，絶えずアメリカは自
国の IT 産業をどうやって守るかという
のと同時に，アメリカ自身が税源を失っ
ているという面がありますので，自国の
税収をどう回復するか，こういう利害が
絡まってきます。そのあたりでたぶんア
メリカがいろんなことをまた要求してく
るというのは十分あり得ると思うのです
ね。

　もうひとつ重大な問題と思われるのは，
昨日も紹介しましたが，OECD の議論で
は，多国籍企業の利益をルーティン利益

とノン・ルーティン利益に区分して，ル
ーティン利益のところについては手を触
れさせない，従来の国際課税ルールで対
処するんだとしている点です。これだと
ほとんど税源の配分にならないし，多国
籍企業の利潤も捉え切れないという問題
が出てくるだろうと思うのです。そうい
う意味で独立委員会はノン・ルーティン
利益だけでなく全体の利益を問題にすべ
きだと提起しているのです。ノン・ルー
ティンとルーティンを分けるやり方は拒
否すると明確に述べているのは正しい処
方箋だろうと思います。はたしてそうい
う方向に OECD が結論を持っていける
かどうかというと，私は若干悲観的なの
ですね。そのあたりが今後の1つの大き
な焦点になるだろうと思います。

　多国籍企業，とくに巨大 GAFA，巨大
なプラットフォーマーが利益全体をどう
するのかということをはっきり規制しよ
うとすると，BEPS 行動計画 13 で提起
された国別報告書の提出を義務化し，厳
しくしていくことが必要だと思います。
国別報告書の提出を最初に提起したのは
マーフィーですが，国別報告書を出させ
ると，多国籍企業が各国でいったいどう
やって所得を上げているのか，その実態
を報告させることが可能になるわけでま
さしくこうした仕組みが今動き始めてい
るのです。果たしてこれがどこまで実効
性を持てるのか，これもまた今後の課題
だろうと思っているわけです。他方では，
多国籍企業の方ではいかにしてそこから

抜け出るかという試みが始まるだろうと思っているわけで、いわばそのせめぎ合いの中でいったいどこまで多国籍企業の利潤に迫っていけるかがポイントだろうと思います。

そういう中で日本が独自の主張をできているのかというと、ほとんどできていないのが実態だろうと思います。OECDの今回のBEPSプロジェクトにおいて租税委員会の議長を務めていたのは、財務省から出向していた財務官の浅川さんですが、そこに日本の財務省の一貫した主張があったのかというと、ほとんどないのではないかと思います。最後はいつもアメリカ追従で終わっているのが日本の実態ですので、あまり期待できないところですが、本当はもっと日本が、核兵器なんかの問題でも同じですが、イニシアチブを発揮しなければならない、あるいは発揮してほしいと思うのですが。

司会 では、摂南大学の後藤さんの質問を代読いたします。「プラットフォーマーの収益の源泉は、ビッグデータのほかに広告収入もある。広告収入については広告主企業を特定できるので、課税権の配分がしやすいのではないか」というのが1つです。

それから、「プラットフォーマーに対する課税権の配分以前にプラットフォーマーの会計を開示させ、利潤等を把握（特定）する必要があるのでは」というのが第2点。

第3点は、デジタル国際課税に関する

問題は出版等においても存在する。つまり、他のビジネスにも存在するのではないか。以上、3点です。

鶴田（関西大学） 今の後藤先生からのご質問ですが、第1点目は、プラットフォーマーの収益の源泉がどこにあるのかということだろうと思います。確かにユーザー、あるいは消費者のデータですが、つい最近日本でも、我々は確かに通販なんかを利用する際にクチコミを読んでみて、これがいいのかどうかというのを判断する材料にしている方はたぶん多いのではないかと思います。こういうクチコミのような形だとか、いろんな形がありますが、ユーザーがいろんな意見をプラットフォームに対して上げてくると。それがまた分析されて、いろんな商業用途に使われるという実態があるわけです。

そういう意味では、ビッグデータが実際どういうものかという定義もはっきりしていないという実態があるのですが、そういうユーザーとか消費者の意見、あるいはそこで開発されてくるいろんなコンテンツがすべて収益の源泉に転化するといわれているわけです。後藤先生は広告収入はどうかといわれていますが、もちろん、バナー広告のような広告収入が非常に大きなプラットフォーマーの収益源になっていることも現実ですし、それ以外にもいろんな形で収益源になっているということでありますので、そういう意味では、そこをどう整理して、何が収益源になっているかということをはっき

りさせることがまず1つのせめぎ合いの焦点になっているのではないかと思うのですね。つまり，それに対して市場国側がいったいどこまで自国の課税権を主張できるのか，その根拠，それこそネクサスの根拠が収益なのかどうか，また，その収益もノン・ルーティン利益に限定されるのか，それともルーティン利益を含めた収益全体なのかなどが問題になってくる。

さらに，OECDは，新しいネクサスの根拠を収益を中心に考えようとしているのですが，それだけではだめで，むしろ雇用数，特に途上国やその他では非常に安い賃金で多数の労働力が酷使されているという実態がありますし，先進国でもAmazonなどで使われている労働力は非常に安い賃金で酷使されているという実態がありますから，そういう意味で賃金の金額ではなくて，雇用数をもっと指標に入れるべきだと，さきの独立委員会は提案をしています。ですから，新しいネクサスの根拠としてどういう指標を採用するのかということが，これからのいろんな議論の中で確認されてくるのではないかと思っております。

それから，プラットフォーマーに対する課税権の配分以前にプラットフォーマーの会計を開示させ，利潤等を把握する必要があるのではないかというご質問ですが，行動1のデジタル経済に対する課税の対応という問題と同時に，行動計画13に，いわゆる移転価格の文書化と国

別報告書の提出という問題が提起をされており，各国でその手当てが進んでいる，国内法の整備が進んでいるということです。マスターデータだとか，ローカルデータだとか，そういうものをすべて出させて，国別の所得がいったいどういう実態になっているのか，そこでどのぐらいの雇用数があって，どういう売上げを上げているのかといったようなことについて，すべて情報を出させるという方向が強まっているのですね。これが本当に実現されてくると，多国籍企業の各国での活動実態について相当正確なところがつかめるのではないか。

タックスヘイブンについて非常に詳しい大著を書いたマーフィーなどが中心になって，以前からこういう国別報告書を出させるべきだという議論が国際的にずっとされてきたのです。国際会計基準委員会などでは当初，それがほとんど無視されてきたといういきさつがあります。それが今回，BEPSのプロジェクトの中の行動13によって実現の方向になっている。さて，これが今後，どういう結果を生むのかということがこれから問われてくると思います。それが前進すれば多国籍企業の利潤をもう少し正確に捉えられて，各国の課税権の発動もしやすくなるのではないか，そういう期待をしているわけであります。

最後に，デジタル国際課税に関する問題は出版等においても存在する。つまり，ほかのビジネスにも存在するのではない

かといわれていますが，それはそのとおりで，イギリスはユーザー参加ということを特に強調して，ハイ・デジタライズド・ビジネスだけに焦点を合わせて課税を強化しようと提起しているのですが，これに対してアメリカはそうではなくて，ハイ・デジタライズド・ビジネス以外にも，一般のインターネット等を通じて遠隔で財やサービスの販売をしている。そういう企業を含めて課税の対象に据えるべきだと提起をしているわけです。私はアメリカなどが主張する方向の方が正しいのではないかと考えています。つまり，デジタル経済だけを一般の経済と区別して囲い込むことはできない。それはほとんど不可能だろうと思います。インターネットの時代にそういうことはあり得ないと思いますので，ほかのビジネスに対しても当然適用されていく方向ではないかと思っています。

司会　続いて，日本大学の黒川さん。

黒川（日本大学）　ちょっと私どもは今さら聞けない系の質問なのですが，巨大IT企業の利益に対する国際的，特にこれは民間タックス系なのですが，法人税課税に山積する問題をよく整理して，大変わかりやすくご報告いただき，ありがとうございました。

消費地課税を建前とする消費税，VATでは，もう少し問題の整理の仕方は容易なのではないかと思うのですが，こちらのほうでの問題の起こり方はどういう状況になっておりますでしょうか。その違

いをご説明いただいて，さらに民間タックス課税に何か参考になるような点があれば，それをご解説いただきたいと思います。

鶴田（関西大学）　消費課税での対応はどうなっているのかということについては，報告ではほとんど触れなかったわけですが，それは，今回の行動1に基づく改革案というのが，基本的に法人課税を中心として，所得課税を中心に改革案が検討されている，そういういきさつがあるからです。ただ，報告ではあまりふれませんでしたが，2015年10月に公表されたBEPS行動1に関する最終報告書では，法人所得税の枠内で「重要な経済プレゼンス」の概念に基づいてPEを拡張する案のほかに，国外からのオンラインでのデジタルサービスの提供に対して直接税かどうかはあいまいなまま源泉徴収税を課す案や内外の競争条件を均等化することをねらいとする平衡税を採用する案などが示されていました。こうした3つの案のうちどれを採用するかが検討課題とされたわけですが，その後，2018年3月に公表された中間報告書でも明確な方向は出されないまま，直接税としてマーケット・インタンジブルなどに着目して新しいネクサスの根拠とし，多国籍企業の本国と市場国の間で課税権を割りふる方向の検討に集中するようになったという経緯を担っています。その意味で，消費課税として対応する方向については，現状では，未解決のままといってよいの

ではないかと思います。

EU の委員会の暫定案でも売上げを課税ベースとする消費税でやってはどうかという形で EU 全体で提案しようとしたのですが，これはイギリスなんかでもデジタル売上税を導入しようという動きがあるものですから，それを各国別のユニラテラルな動きを封じるために，EU 全体としてそういう間接税的な課税の仕方もあり得るのではないかという当面の提案として暫定案が提起されたのです。しかしこれが通らなかったということで，消費課税としての対応が，それだけではたぶんうまくいかないのではないかと考えられているのではないかと思います。消費課税独自の観点から付加価値税として対応してはどうかという議論も現に提起されていることも事実です。しかし，その場合には税の負担者がデジタル企業ではなく，消費国（市場国）のユーザーとなってしまうという問題があることが指摘されています。

司会 続いて，藤間会員への質問がいくつか出ていますので，藤間会員の質問に移りたいと思います。それでは，同じく石村先生，お願いします。

石村（白鷗大学） なかなかおもしろいお話をありがとうございました。特にクラウドファンディングの寄附について，傾斜する形でお話をされておりました。その中で，通常，リアルの寄附というのは，寄附者から相手方にやるという形になるのですが，プラットフォーマーが介

入すると，プラットフォーマーに対して一定の支払いが生ずるということをお話しされていました。これは，リアルの世界，現実空間では少ないことなのですが，もちろんカードで支払ったりすると，その手数料とかが生じているかもしれないのです。特に寄附金控除を受ける場合の寄附金課税の取扱い上，これは我が国の税制で結構ですから，その場合にプラットフォーマーの支払いを，課税上，どういう形で処理すべきなのか。昨日聞いたところではあまりすっきりしないような感じもいたしましたので，そのへんについてお教えいただければと感じております。

藤間（青山学院大学） 寄附金控除とプラットフォーマーへの支払いの関係性についてというご質問であると思います。スライドの5で書きましたとおり，資金提供者という人がお金をプラットフォーマーに支払って，ただ，その支払った分というのは消費税とかなり類似的かなとは思うのですが，要はプラットフォーマーへの手数料になる部分と，純粋に渡る部分の2つに分けられると思うわけです。このうち，プラットフォーマーへ渡る分についても寄附金控除してしまってよいのかという質問におそらくなるのではないかと思うわけです。この点については，私は手数料も含めて寄附金控除をしてよいのではないかと考えております。

理由としては，この点は規約でも報告で確認したとおりですが，まず提供者と

157

調達者との間の契約によって資金が移転して，そこにプラットフォーマーは介在しないという規約にはなっているわけです。つまり，資金の流れとしては，プラットフォーマーに一度渡って，その後，資金調達者に渡るということになるわけですが，契約内容としては，提供者から調達者にお金が渡って，その後で調達者が資金をプラットフォーマーに支払うという，要は２段階の契約と解すべきであるからです。この点，たぶんジャパンギビングの資金の流れが建付けのとおりであるということはスライド12で，つまり全額をまず渡して，末日締めで，その後で手数料を支払うという形式ですし，あるいはacademistというプラットフォーマーは，手数料を差し引いて支払うということはスライド13でお話ししましたが，これも言ってしまえば民法上の債権債務の相殺と解すべきではないかと思われるからです。つまり，全額が渡った後で手数料が支払われるので，提供者としては，調達者に一応，その手数料分を含めた全額を寄附したと考えるのが，建付けとしては合理的なのではないかなと思うからです。

　この点，ご質問いただいて，先ほど少し雑駁というか，急ごしらえで調べたのですが，寄附金控除が可能であるということを明らかにしている文献ですとか，あるいはウェブサイト上の掲載は見当たりませんでした。この点は今後検討していきたいというか，実際どうなのかとい

うことはリサーチをしていきたいと思っております。ただ，一応，幕あけという，主に購入型をやっているところでは，ふるさと納税制度については全額を対象にしてもよいという記述がありまして，なので，おそらく手数料分を含めて寄附金控除をしているとは思うのですが，いずれにせよ，実際のところはわかっておりませんので，今後検討したいと思います。

石村（白鷗大学）　日本赤十字社に寄附したとします。日本赤十字社は，オンライン/ネットのプラットフォーマーではないのですが，実質的にリアルのプラットフォーマーのような存在で，寄附者から受けた寄附金を各種団体に分配するわけです。ところが，日本赤十字社が取る手数料，ピンハネがすさまじく，寄附額の１割とか，かなりの額が日本赤十字社の経費とか社員の給料とかに充当されてしまうわけです。実際に分配に回される額はかなり目減りしてしまいます。これには大きな疑問符がついています。それでも，寄附者は，税金の申告の際には，寄附した全額を基準に寄附金控除を計算することになっています。オンラインのプラットフォーマーの場合も手数料がかなり高額になっているとすると，どう考えたらよいのか迷ってしまいます。

藤間（青山学院大学）　リアルの世界の話は全然存じあげなくて，全額が寄附金控除の対象になっているということですよね。もちろん，それが要は正義かどうかという話かなと思うわけで，つまり，

例えばスライドの 12 で挙げたジャパン
ギビングですと，15％の手数料を取って
いるわけです。つまり，赤十字が仮に
10％であるとすると，それよりも高いわ
けです。議事録が残るのであまり強い言
葉ではいえないのですが，そんなに取っ
てしまってよいのかというか，むしろ仲
介しているだけと見てしまえば不当に取
っているように見えるわけです。ただ，
この点はプラットフォーマーへの課税と
いう問題でさらに考えるべき課題がある
のではないかと個人的にはあります。

石村（白鷗大学）　今，藤間会員が言っ
たように，ネットでやっても 15％も取
られると。そして，全額寄附金控除にな
るからいいのではないかと。ところが，
現実の空間では，例えばネットで切符を
買うと安い，手数料も安い。ところが，
リアルで買うと通常の値段，それが普通
ですよね。それが逆転して 15％も取る
というのはネットを使う意味が全然ない
のではないかという感じも受けます。で
すから，藤間会員が示した 15％の手数
料を取られて，全額寄附金控除するとい
うのはあまりにもひどいのではないかと
いう意識があって，それで聞いたわけで
すね。

藤間（青山学院大学）　なかなかお答え
が難しいですが，まず，その資金を支払
った側としては，もちろんそのプラット
フォーム企業に対して利益をすごく供与
したいという者もいるかもしれませんが，
やはり払う側としては，どこにお金が渡

るかということを見ずに寄附をしている
人もある程度いるのではないかと思うわ
けで，つまり，寄附金控除を制限すべき
かどうかというのは，個人的には制限し
なくてよいのではないかと考えます。む
しろプラットフォーム企業に対する課税
をかなり強化ではないですが，しっかり
とそこに法人税を課税するということで，
15％のピンはねについてある程度税を課
すということをすべきなのではないかと
個人的には考えるのですが，どうですか
ね。

石村（白鷗大学）　たぶん，赤十字に寄
附する人は，自分が寄附した額が全額相
手方に渡っていると思っているのですよ。
でも渡っていないのです。通常，私たち
が少額の寄附をするときは寄附金控除が
ないから税収に影響はないのですが，赤
十字も多額の寄附をしますと寄附金控除
の対象になります。しかし，寄附者には
どの程度ピンはねされているかがよくわ
からないわけです。私はずっと寄附の問
題を勉強してきて，どうしても納得いか
なかったのです。そうしたら，またネッ
トの問題で同じ問題が出てきたから，藤
間会員はどうかなと考えたわけです。

藤間（青山学院大学）　自分の意見を述
べるわけではないので少しずるい回答に
なってしまうかもしれませんが，以前，
同じというか，この報告の前になるよう
な報告をさせていただいたときに，クラ
ウドファンディングというのは寄附のよ
うに見えますが，むしろ今では広告の掲

載と変わらなくなってしまっているのではないかという意見がありました。つまり，寄附型のイメージは正直つきづらいのですが，購入型ですと，これからうちはこんな新商品を出しますよということをプラットフォーマーのウェブサイトに記載して，それで顧客を確保できるわけです。つまり，これだけ高い額でもビジネスが成り立っているというのは，それらはつまり広告を掲載するような仕組みに近くなってきてしまっているのではないかという考え方もできるかなとは思うのですが，ただ，やはり寄附型である以上，個人的にはそういう側面がないことはないですが，純粋な寄附をしている人もいるのではないかと個人的には考えて報告いたしました。

司会　難しい問題がたぶん日本にはあるように思うのですが，同じことはすぐみなさん考えても，ちょっと法律の形態は違うのですが，ネットで同じように広告を出しているわけだから，基本的にはクラウドファンディング的な要素を入れながら，同じような形態で寄附金を募っていますので，同じような問題がやっぱりそこかしこにあるのではないかと思うので，ですから，日本の場合に問題は，差額を寄附するという考え方がまだ入っていないのですね。結局全部寄附にしないと寄附金控除の対象にならないとか，そういう基本的な問題はまだ解決できないでいるように思います。これはまた別の機会に議論の対象になるのではないかと思います。

続きまして，黒川会員，お願いします。

黒川（日本大学）　バーチャル空間を使った新しい行動形態が登場すれば，当然これに対する課税問題も出てくるわけなのですが，そこで，どうしても税法の研究者は，すぐにどういう課税問題・課税関係になるか，ここに結論を早期に絞るのですが，その前に，市民法生活レベルでこの取引がどういう法律関係にあるのか，これをまず詳密に分析したほうがいいのではないかと思われたのです。議論の中で，例えばクラウドファンディングなんかで贈与税の課税関係か，一時所得の課税関係かどうか，そういう議論がされていましたが，我々が少し考えると，クラウドファンディング，例えば今の民法でいくと寄託のような法律関係も生じているのではないかと。そうすると，自分のものにした贈与収入のところに立てられないのですね。預かり資産のような形で義務がくっついてくると思う。もしアフガニスタンにクレーンを買いたいから金をよこしてくれと言っていた金でレクサスを買っちゃったら，おそらく金を返せと言われると思うのですね。実際にそういう義務が発生すると思うのです。そうすると課税関係の組み立ても変わってくるので，まずそういうクラウドファンディングとか，新しい取引について，その法律関係を厳密に解明していくほうが重要なのではないかと思いました。この点についてご意見を伺いたいと思いま

す。

藤間（青山学院大学）　確かにその点は検討が足りていなかったかもしれないと思いますが、一応、今のところお答えできる範囲でお答えさせていただきたいと思います。

　まず、例えば寄託と見ることができないのかという提案をしていただきました。確かに寄託になればいろいろ説明は可能ですが、とりあえず所得を得たとか、みなし贈与になるとか、そういった話にはならないだろうと思うわけですが、クラウドファンディング契約を寄託と見ることは、差し押さえができないと思います。なぜかというと、返還ができないからです。寄託者はいつでもそのへんの請求をすることはできる、これは民法の第662条ですが、このような建付けに規約上はなっておりません。

　例えば、このたびの報告にはなかったことですが、ジャパンギビングの規約の18条の1では、当社ないしプロジェクトオーナーは、飛ばしますが、その他いかなる理由があっても、一度利用者から本サービスを通じて支援により受領した金銭については、返還することはできないものとしますと書いてあります。つまり、プロジェクトを中止したとしても、返還は規約上できないということになっているわけです。あるいは、academistの規約においても、サポーター・資金提供者は、支援金の支払いを完了した後は、キャンセル、返品、返金要求、その他支

払い撤回はいっさい行うことはできませんと書いてあります。つまり、いつでも請求できるようにはなっていないからです。差し当たり、寄託に近い契約はおそらくできないのではないかと思うわけです。

　ただ、この点は、黒川先生の根本的な関心にお答えする内容にはおそらくなっていないと思うわけです。つまり、従来の贈与かとか、寄託かとか、そういうことに強引に当てはめる必要があるのか、もう少し詳細に内容を見ていく必要があるのではないかなというご質問であると承りました。私もそこは同意いたします。既存の規定に強引に当てはめる必要はおそらくないであろうと思うわけです。ただ、仮に司法上、無名契約であると解したとしても、税法上の対価が決定しなければ、課税関係は決まらないわけです。つまり、例えば民法でとりあえず結論が出ていないから、3年間ぐらいは課税しないようにしようかとはならないわけです。実際お金が動いていて、もうお金をもらっている人がいるので、そうしたら課税関係はどうなのかという議論は司法を待つ前にしないと、本当に税法学としてはいけないということになるのではないかと思うわけです。

　この点は、やはり解釈論として私が論じたように、贈与とみなされるのかなという話になるのではないかと思います。ですので、昨日の報告になるわけですが、この点、立法で対処すべきだというご意

見はもちろんあり得るだろうと思います。つまり，純粋な贈与ではないのだから，そんなものはみなし贈与とか，そういう話をするのではなくて，規定の整備をすべきかという話もおそらくあり得るだろうと思われるわけですが，ただ，その場合，注意しなければいけないのは，クラウドファンディングというのはそもそも一番最初に述べたとおり，かなりふわっとしたといいますか，定義が明らかではない概念であるということです。例えば寄附型クラウドファンディングによる金銭の移転については非課税とするですとか，そういう規定をつくってしまうと，そもそもクラウドファンディングというのはすごくあいまいな概念ですので，悪用されることもあるでしょうし，いろいろなリスクがあるわけです。

　一方で，すごく限定的に，例えば相続税法の定義規制で寄附型クラウドファンディングとはこのようなものであるとすごく厳格に規律をした場合には，今度は一般用語としてのクラウドファンディングと，相続税法上のクラウドファンディングという言葉で離れてしまうわけです。つまり，何が言いたいかというと，立法では対処すべきだという話についても，クラウドファンディングという言葉はかなり対義的であることから，深い検討がもう少し必要かなと思われるということです。

　いずれにせよ，根本となる法律関係はいまだに，そもそも文献もあまりなくて，西村あさひ法律事務所の『ファイナンス法大全』（商事法務）ぐらいしか司法上の性質決定についても突っ込んで検討しているものがなかったので，今後また司法の議論も十分参照しながら検討していきたいと思います。

黒川（日本大学）　現在進行形の最新の問題について，ほぼ最大限の研究をされたと思うのですが，実は今回の大会は会員でもない，民法の先生とかが聞きに来ていらっしゃるのですね。おそらくこの問題は司法領域でも関心を持たれていると思いましたので，あえて無理な質問をさせていただきました。

司会　藤間さんから付け加えたいことがあれば，さらにお願いします。

藤間（青山学院大学）　そんなに突っ込んだ検討をしませんでしたので，報告した内容で尽くされたと思いますが，一応，報告の自己評価などをしたいと思います。

　私としては，ほかの方々の報告を聞いて，やはり古典的なダイナミックさに欠ける報告ではあったかなと思います。ただ，私自身，具体的な問題にしかあまり関心を持てないというか，少しダイナミックな検討ができない人間ですので，ご容赦いただきたいというか，今後いろいろと検討していきたいと思っております。本報告はあくまで検討の入り口です。この点，例えば仮想通貨についても既に業績がたくさんある泉先生の報告などは全然違ったので，機会を与えていただいたこともちろんなのですが，今後の検討

課題が多く見つかったので，その点は本当に感謝をしております。

　最後に，特にスライドにはないですが，今後の課題として述べた，贈与になぜ所得税が課されないのかという問題です。この点は，調べたところ，かなり検討するべき課題がいろいろあるのではないかと感じました。例えば生命保険年金二重課税事件の話ですとか，そのあたりとの関連で議論を今後していかなければならないと思いますし，あるいは，私のこれまでの研究領域，私は博士課程で債務免除益課税を専ら研究してきたのですが，この点ともかかわる点です。債務免除益については，個人間の場合，みなし贈与課税がされますので，この点も含めてかなり大きな課題を与えていただいたと思っております。

　事前に伊川正樹先生より，別の学会があってシンポジウムに参加できないかもしれないのでということで，メールでご質問いただきました。質問内容は，典型的な寄附型クラウドファンディングは，税法上，贈与でみなすことはできないとありますが，もう少し具体的に，どの部分がこのように考える理由なのでしょうかというご質問でした。報告の内容に大きくかかわるというか，根幹にかかわる点の質問をいただいて，非常に感謝しております。

　この点，少し長くなってしまうかもしれないですが，手短に申しますと，主たる論拠は2つです。1つは，政治献金が所得税の課税対象になっていることの類似性です。もう1点は，専ら議論した米国の議論の援用の話になるわけです。政治献金の事件については，特定の活動への支出が予定されていること，かつ相続関係間での移転がほとんどないこと，この点がクラウドファンディングと共通する。ただ，この判決の根拠ですとか，あるいは査定がよくわからないという点からこれだけでは不十分だろうということで，米国の議論，商業的性質と自発的な贈与の探求という点を援用いたしました。この両者の関係をおそらくあまり説明できていなかったのではないかと思います。個人的には，この2つの論拠は整合的だろうと思っています。相続関係にない，つまり，家族関係のようなつながりがないから自発的に贈与を探求しなければならなくなるわけです。

　もう1点は，特定の活動への支出であることは商業的性質につながるのではないかと個人的には考えています。この点，反論としては，難病の手術のために寄附をしたのに，それに商業的性質があるのかという反論があり得るかなと思うわけです。

　この点，例えばカーンという私が主に依拠した研究者は，今，ビデオゲームのプレーヤーがウェブ上で動画配信をしていると，投げ銭といってお金を寄附することができるのです。例えばゲームでよいプレーをしたら1万円をぽんと寄附するであるとか，私もよくそういう配信を

見るので，その話なのだなと思ったわけ
ですが，そういったものは贈与ではない。
なぜならば，商業的性質があるからだと
カーンは述べているわけです。この点，
少し合理的な経済人を想定しているとい
いますか，少し冷たいというか，人の心
がないような発言になってしまうかもし
れませんが，やはり難病から救われる人
を見たいから寄附するという側面はある
程度あるのではないかと個人的には思う
わけです。ですので，コマーシャルとい
う言葉をカーンは使っていて，コマーシ
ャルといってしまうのは少し抵抗がある
わけですが，やはりこの点から贈与では
ないということが導かれるのではないか
と個人的に考えた報告でした。

　条文上の根拠はなんなのだというと，
相続税法の９条です。ただ，対価という
言葉にこのようなお金のやりとりはない
わけですね。満足であるとか，そのよう
なものまで含めてしまってよいのかとい
うのは非常に難しいというか，おそらく
そうではないという意見のほうが強いの
ではないかと思います。この点，仮に含
められるのであれば，特定の活動に対す
る支出を賄うための寄附であるというこ
とは，これは商業的性質につながって，
かつプロジェクトに要した費用，例えば
難病手術であれば，難病の手術のために
要した費用というところに特定の活動が
つながっていくと思います。かつ，相続
関係にないから自発的な探求をする必要
があった，この点はプラットフォームへ

の手数料がここにつながってくる。つま
り，これらのものが条文上の対価という
文言にもつながってくるのではないかと
思っています。かなり苦しい解釈論だろ
うとは思っているわけです。ただ，この
点は，そもそも政治献金がなぜ所得課税
されているのが贈与税ではないのかとい
う根拠がよくわからない点におそらく理
由がある。つまり，私がそもそも援用し
た考え方，根拠が非常に乏しいというと
ころに理由があるのではないかと思いま
す。

　つまり，相続税法上の贈与というのは，
税法上の固有概念だとか，あの判決は考
えているように読めないことはないわけ
です。それはおそらく現状の解釈論で許
されない考え方だと思うわけです。贈与
は借用概念ですし，かつ武富士事件の上
告審判決を考えれば統一説をとっている
わけですし，あるいは法的な手続の観点
からこのような考え方が妥当ですから，
政治献金については贈与契約ではなくて，
みなし贈与と考えた。つまり，対価が何
かしらあると考えたとしかあの判決も現
行の解釈論では捉えられないわけです。
なので，このような無理筋かもしれない
解釈論を私は述べざるを得ないわけです
が，ただ，ちょっと難しく考えすぎかな
という気もいたしますので，条文上の根
拠と私の報告との間の関係性というのは
もう少し詰めて，原稿化までに考えてい
きたいと思っております。

石村（白鷗大学）　藤間会員の言う政治

献金というのは，政治団体に対する寄附ではなくて，個人に対する寄附ですか。

藤間（青山学院大学）　そうです。

石村（白鷗大学）　そこのところをはっきりしないと，政治献金と言っているから，団体に対する寄附はまた違いますから。それから，いわゆる収支報告するものについては課税されないものもありますから，そこのところを政治献金と言っていますが，たぶん個人対個人の政治献金の問題を自分の頭の中で考えているのでしょうが，しかし，政治献金といっても政治団体に対する寄附もあるし，政治資金規正法に基づく非課税の寄附もあります。だから，さっきからずっと聞いていて，政治献金のところは個人だろうなという感じで考えていましたが。

藤間（青山学院大学）　すみません，言葉足らずでした。個人から議員個人へのということです。政治献金について，東京地裁の平成8年の判決で所得税を課すべきだという結論がなされているのでこの点を挙げているのですが，いずれにしても，政治団体とか，法人とか，そういう話ではなくて，個人対個人の話を想定していました。

司会　続きまして，泉会員への質問に移りたいと思います。最初に，松井会員の質問から行きたいと思います。

松井（税理士）　私も今さら聞けないような質問なのですが，お答えいただければありがたいと思います。

　仮想通貨については，ここにおられるみなさんは，1回ぐらいは論文を書かれていると思います。ただ，私はその内部整理がよくできていないものですから，基本的なことについて伺いたいと思うのですが，仮想通貨の財産的性格並びに課税上の取扱いの今後のあり方ということについて考えを伺いたいと思います。

　仮想通貨については，先生は貨幣として該当するかどうかということでしたが，貨幣というのは尺度というのが1位にあって，2位は交換手段，3番目に貨幣としての概念というか，それで3つ合わさって貨幣だと思うのですよね。1つ目と2つ目というのは性格上の問題であって，結局貨幣が貨幣として成り立つためには，一定の労働時間を貨幣にしたものとして価値がある。他の商品と同じように，貨幣自体に価値があるからほかのものと交換できるということだと思うのですよね。

　ところが，仮想通貨については，そういう実態が何もないです。これは信用制度の発展とか，結局，株式会社制度とか，そういうものの発展の上に擬制資本的なものがあって，つまり，一種の金融資本とか，金融資産，金融商品としての本質があるように私は思うのです。金が金を生むというところではなんでもそこに金が回ってくると，そこへ動くと。だから，そういう暗号的資産でもそういうような裏づけが少しでもあれば，そこへ投資をするということで成り立っているようなものだと私は思うのです。

　現物としての貨幣の機能を有しない，

そういう仮想通貨なのですが，金を売却する場合は貨幣として売るのではないので動産としての譲渡の扱いで，現状は総合課税の譲渡，事業的な関係があれば事業所得あるいは雑所得ということになると思うのですが，私も擬制資本，あるいは金融資本として財産的な役割を見れば，これは結局，有価証券の売却というような意味合いのほうが強いのではないかと。今の税法の枠内でのみ考えれば，当然そういう金融的資産の譲渡と，有価証券の譲渡と，今だと分離譲渡になると思うのですが，そういう経済的性質から見た割り切り方でいえば当然そうなると思うのです。でも現実にいうとそうでなくて，雑所得が減るということなので，ただ，金子宏先生は譲渡所得が減るという話があったのですが，先生についてはどのように考えておられるのか。私たちはよく意味がわからない，聞き取れなかったので質問させていただきました。

泉（千葉商科大学） ご質問ありがとうございました。私からの回答といたしましては，質問用紙にありますとおり，仮想通貨の財産的性格と課税上の取扱いのあり方について考えを伺いたいというお話がありましたので，今，ご質問いただいたことにすべてストレートにお答えできるかわかりかねますが，まず財産的性格のほうから私の考えを説明させていただきたいと思います。

気をつけなければならないのは，今，税法自体が仮想通貨を資金決済法上の仮想通貨と定義しております。ただ，世間一般には資金決済法に当てはまらないものも仮想通貨といわれているものが多数ありますので，このへんの説明の仕方は難しいのですが，例えば資金決済法上の仮想通貨だけに着目いたしますと，実はその資金決済法の定義の中で既に財産的価値とされているわけです。租税法としては，資金決済法上の仮想通貨を規定の対象としていますので，租税法以前の段階のルールの中で既に財産的価値があることが所与のものとされていて，そして資金決済法の仮想通貨に該当すれば，ストレートに税法上の仮想通貨に当たってしまいますので，税法上の仮想通貨と通常いった場合には，既に財産的価値があることにはなるのですね。今の関係は，私のレジュメでいうと，14ページあたりに資金決済法による仮想通貨の定義とありますので，あわせてご覧いただければと思います。

ただ，そうはいっても，では実際上，仮想通貨というのはどういう財産的価値があるのだというところは1つの論点としてあります。仮想通貨の価値からお話しさせていただきますと，例えば国際決済銀行なんかは，仮想通貨というのは本源的価値，ファンダメンタルズがないのだと。資産評価するに当たっての基盤のようなものがないので，最終的には需要と供給によって価格が決まっていると思われますが，結局なんで本源的価値がないのにこのような価格がついているのか

というと，やはりそこは中里実先生の受け売りになってしまうところがあると思うのですが，そもそも法定通貨だとしても，例えば自国の法定通貨に対して信用を有していない国はあるわけで，法定通貨イコール価値があるということにもおそらくならないと思うのですね。そんなときに結局突き詰めて考えるとどうなるかというと，金銭というのは，金銭を金銭として受け入れるという一定の集団の中の暗黙の合意によって初めて金銭として機能しているのだと。ですから，その価値は究極的にはソフトローに基づいて生じていて，必ずしも法定通貨であるかどうかというところは関係がないのだという見解があります。この考えを突き詰めていくと，外国通貨やビットコインのような仮想通貨についても法定通貨と同様の取扱いをすべきであると。これは税法上もそうであるのかというように次の質問の課税上の取扱いの議論に進んでいく可能性はあるのではないかと思います。

ただ，通常，自国の税を納めることができるのは自国通貨であって，一部例外もありますが，日本では基本的には日本円でありますし，また，税額計算もドルでするわけではなくて，最終的には円で出さなければならないので，どうしても円との関係では，外貨あるいは仮想通貨というのは相対的な差損益が発生してしまいます。この差損益については，やはり所得課税のところで課税関係が生じるのではないか，そういうようなイメージ

を持っています。

スライド107にありますとおり，仮想通貨は投資対象として浸透しているという現状があると。そして，金融商品取引法が今回改正されましたが，それによって手当てがなされた背景に，仮想通貨というものが社会的に有意義なものであるかどうかはまだわからないと。わからないのですが，実際にこれだけ取引が行われていて，しかも投資対象として扱われていると。それを踏まえての金融商品取引法での手当てということになります。つまり，金融商品取引法の中で着目しているのが，先ほど有価証券のように扱ったほうがいいのではないかというお話もありましたが，やはり有価証券の場合は基本的に権利が先にあると思いますので，はっきりとは書いていませんが，権利があって，それを証券に化体しているのが有価証券であると。ただ，近年では必ずしも紙で証券を発行するわけではないので，一部みなし有価証券として取り込んでいっていると。それでもそこに金融商品取引法に羅列されている有価証券あるいはみなし有価証券というものは，基本的に権利であると私は考えています。そうすると，仮想通貨に対しては，基本的に果たして権利を化体したものといえるかどうかというところで1つ壁にぶつかるのかなとは考えています。ただ，仮想通貨自体は設計が多種多様ですので，この後の質問にありますとおり，STOという形で権利性のある，あるいは収益分

配権としての仮想通貨というのも考えられますから，それはケース・バイ・ケースであるということは補足させていただきます。

　そして，収益分配権のある仮想通貨については電子的にどんどん流通していきますので，投資家保護が必要であると。そこで金融商品取引法は，暗号資産の定義の中から電子記録移転権利等を除いて，これについては資金決済法ではなくて，金商法のほうで投資商品として規制をかけますよと。要は開示規制です。投資商品ですから，投資家に対してあらかじめ継続的な情報の開示が必要になります。ですので，情報開示規制に乗せるために新たに電子記録移転権利を設定したわけですが，そのときに資金決済法の仮想通貨からは除いていますので，昨日の話では金商法の電子記録移転権利に目を向けていない税法は，果たして仮想通貨と似ている電子記録移転権利にどういうふうに対応していくのだという問題提起をさせていただいたところです。

　それから，昨日，クリプトキティという猫のブロックチェーンを使ったものがありましたが，ああいったものが何百万円という形で市場で整理されていると。これも1つの暗号資産として考えられていますので，こういったものを考えるときにも果たして課税上の取扱いを，こういった支払手段とは異なる投資手段を一緒くたに考えていいのかどうかというのは非常に難しいところで，やはり現時点

で私のほうで課税上の取扱いはこうあるべきだと断言するのは非常に難しい。まさに目下検討中のところでありますというところが私の回答です。

　ただ，先に見えていますのは，58ページ，スライド116です。やはりイノベーションの発展とか，テクノロジーを応援する，あるいはビジネスにかかわっている方々を応援したいという気持ちがありまして，なるべく税が障壁とならないようにというようなところで研究を進めている部分もちょっとあります。もちろん，本質的なところは押さえながらも，税としてある程度障壁を取り払ってもいいのではないかと。特例措置は設ける可能性はあり得ると思っていて，例えばその理由として市場やテクノロジーの育成，支払手段としての奨励，事務負担の緩和というところから，購入時，使用時の税務処理が重い負担となっていますので，これでは使用等を阻害しますから，少額，特定用途のものなどに限定して特例措置を検討してもいいのではないかとは考えています。ただ，この措置は例外的な取扱いであることを自覚しつつ，十分な検討とその後の検証は必要だと考えています。例えば譲渡損益を非課税としたりとか，課税を繰り延べたりとか，あるいはマネックスグループの松本会長がご提案されたのですが，昔の有価証券取引税のような形で流通税というのもいいのではないか，そういうご提案もありました。

松井（税理士）　今の市場やテクノロジ

ーの育成とか，事務負担の軽減というお話があったのですが，これは私の個人的な見解だと，はっきり言ってイカサマのような，それで儲けを軽く負担するというのは公平の原則に反するのではないかと私は思いますが，総合課税あるいは分離課税の違いにしても，本来は総合課税にするべきだと思います。仮想通貨が法定通貨になるというご報告については，私はちょっと理解が及んでいない時代遅れな人間なのですが，とにかく課税の公平の原則に従って，結局，経済的な利得の性格によったら，かえって重く課税するべきであると私は思っていますので，そういうふうに質問を書いてみたまでのことです。これについては回答はいりません。

司会　続きまして，山﨑さん。

山﨑（税理士）　実務家なのでどうしても仮想通貨の話は避けて通れなくて，現在2億5,000万円の仮想通貨を持っている企業がクライアントで，私自身も実はデータセンター，ブロックチェーンの開発とプロバイダーをやっている日本企業の顧問税理士でもありながら役員でもあるので，私もプラットフォーマーの1人なのかもしれないと思っています。STOコインの上場の件に関しましても，今，先生はたぶん私の質問を意識して回答していただいたと思いますので，質問を減らしたいと思います。

　仮想通貨は本邦通貨にはならないと思っていますし，現に事業者もそういうふ

うに思っています。というのは，日本はSTOが来年の春に認可されるのではないかと。上場が認められて，ICOはもう既にだめなので，ほとんどのプラットフォーマーやブロックチェーン開発者はそちらに移転しています。悩ましいのは，先生のレジュメの22ページ，スライド44の中に，仮想通貨交換業者に預託していることを除外して今回発表されたと思いますが，通常の仮想通貨を持ちたい方々というのはボラティリティが欲しい，つまり差益が欲しいので，ほとんどが投資対象だという話だと思うのですが，この交換業者に，例えばコインチェックにお金を入れている2億5,000万円の人，こういう人たちは，もう既に時価評価であったりとか，そういうような形をしなければいけないのだろうと思うのです。本来，トークンでいうと，みなさんが持たれている，例えば楽天ポイントを1,000万持っていると。これで楽天で物と交換して，1,500万ポイントで米，味噌，しょうゆを買ったら，これで商売ができてしまうのですよね。そっちのほうが僕は問題だと思っていて，トークンというのは，もちろん楽天ポイントはお金に換えられないのですが，物々交換が，こういうトークンがブロックチェーン上で動いてしまうと，実は本邦通貨なんかがなくても，金融機関がなくても，証券会社がなくてもいいのだという議論が，我々のようなデベロッパーに入っているような人間が言っているのですね。

そうすると，実はブロックチェーンも含めて，仮想通貨も含めて貸借対照表のどこに載せるのですかと。あるいは，税務調査上も今，ログインの統括に仮想通貨の評価と取引を決算書のどこに載せるのだと聞いているのですが，誰一人回答してくれません。これは税理士としては非常に困っていまして，1月に調査が控えているので，会計処理上と税務上の問題で仮想通貨を既に法人で所持しているときにどうしたらいいのだということが非常に困っています。プライスウオーターハウスはマルタにSTOの拠点を持っていますし，それから中国のバイナンスという世界の交換所がマルタに移転しますので，日本はこの世界からどんどん遅れていて，非常に多くのプラットフォーマーが日本の経済を荒らすのではないかという心配もしています。実務だけの問題なのですが，会計上の評価，それから財務諸表上の取扱いについて先生のご意見を聞かせていただきたい。1点で終わりたいと思います。お願いします。

泉（千葉商科大学）　ちょっと補足させていただきますと，STOというのはセキュリティトークンのことを基本的に指していて，先ほど申し上げましたとおり，基本的に仮想通貨というのは価値の裏づけはないという見方が大半だと思いますが，STOの場合は，株式とか不動産を価値の裏づけとして仮想通貨を発行していますので，証券のようなものということです。ですから上場の可能性もあると。

　質問の本丸の財務諸表上の表示の問題については，基本的に報告の対象から外れますのでなかなか難しいのですが，国際会計基準との関係で暗号資産の取扱いの問題については議論があったと記憶しています。基本的に無形資産として考えて，棚卸資産にも状況によってはなり得るのではないかと。そのときにたしか金融商品ではないというような見解が示されたと思うのですが，でも，これも設計によってはまさに金融商品のような仮想通貨というのは存在いたしますので，そのへんは各国の利害の関係も踏まえて，会計のほうは決まっていくのかなというところです。

　法人税法的には，損益計算に影響がない場合には，おそらくはっきりとした回答というのは当局も示さないかもしれませんが，財務諸表規則ですか，勘定科目をこういった形でしてくださいとか，あるいは財務諸表にはこういうふうに表示してくださいという目安が一応ありますので，それにのっとって考えるべきなのか，やはり無形資産的に考えるのが通常なのかなというのは本当にイメージといいますか，申し訳ありませんが，研究の対象からちょっと外れたところですので，ご容赦いただければと思います。

司会　日本大学の黒川さん。

黒川（日本大学）　今，もう既に私の質問内容が出てしまった部分があるのですが，まず，先生の電子マネーの私法上の性質を分析するというアプローチは大変

正当なものだと思います。さらにぜいたくな，無茶な要求をさせていただきます。今，既に少し出ていましたが，この学会は，税法学，財政学，会計学の3領域を持っていますので，もう1つ，最後に出てきていない会計学での議論の状況を，だいたいの概要を教えていただきたいと思うのです。できれば私法上の性質といいますか，いろんな場合を分けて，どういう場合には財産権が発生するとか，債権になるとか，そういうところがわかってくると，今度は会計上の取り組み，仕分けが切れるところまで説明できるようになると思うのです。これは大変無茶な要求で，最新の問題を扱っている人に対してここまで要求するのは言いすぎではないかと我々は思いますが，今の会計学の議論の状況と見通しまで教えていただければ幸いです。

泉（千葉商科大学）　レジュメの29ページ，スライドナンバー58になります。実は所得税法も今回税制改正がありましたが，所得税法は，どちらかというと，法人税法に合わせての改正になっていて，ではなぜ法人税法が改正したかというと，やはり会計の影響が大きいわけです。これは，会計のほうで実務対応報告第38号というのが出ていまして，題名としては，「資金決済法における仮想通貨の会計処理等に関する当面の取扱い」，ですから暫定的な位置づけかと思いますが，平成30年3月14日に企業会計基準委員会から公表されているという状況です。

そこでの取扱いを踏まえて法人税法で手当てを行ったという状況で，例えばスライドの58に，なぜ法人税法が譲渡損益について契約日基準をとったかというと，そこに書いてありますとおり，仮想通貨の売り手は売買における約定日まで市場における価格変動によって生ずるリスク等にさらされていると考えるが，約定が済んでいるものについて約定後に生じた含み損益を事後の損益とするのは適当ではないという考えと，先ほどの実務対応報告において，仮想通貨については売買の合意が成立した時点において売却損益を認識することとされているというところで，収益認識について売買の合意の成立時点を会計が採用したために，法人税法も同様の対応をしたということが説明されています。

次のページに行っていただいて，スライドナンバーでいうと60です。ここは先ほどの企業会計の実務対応報告ですが，期末に保有する仮想通貨については，活発な市場が存在する仮想通貨であれば時価法で評価しますと。そういった市場がまだまだ存在しない仮想通貨であれば，切り離しの低価法を採用するということになりました。これに合わせまして，法人税法も期末評価については時価法を採用しますと。それは，活発な市場があれば，当然時価法であると。市場がないなら時価評価は難しいですから，原価法のままということになりました。もともと法人税法は，低価法は保守的すぎるとい

うことで今は採用していませんので，切り離し低価法は採用されていないということです。

　ただ，気をつけなければならないのは，スライドの60のゴシックのところにありますとおり，市場がある仮想通貨はまず時価評価ですので，実は先ほどのご質問の中にもあったのですが，預託されているかどうか，要は，顧客から預かったものかどうかにかかわらず，時価評価をするということになっています。ただ，自己の計算において有するもののみ損益の算入をすると。つまり，人から預かった仮想通貨ではなくて，法人が自分で有しているものについてはリスクを負っていますから，その損益の算入を時価評価とともに行うということが定められているところです。ここは会計が時価法と切り離し低価法を採用しているところと，法人税法の取扱いのところで少し差が見られるところです。会計の実務対応報告のほうも，大きく分けて，やはり最初に仮想通貨の交換業者とか，利用者が保有する仮想通貨，ただ，これは人から預かったものを除いて，まさに自分がリスクを負って自分で持っている仮想通貨に対する会計処理と，もう1つ大きな枠組みとして，人から預かった仮想通貨の会計処理に分けて対応をしているところです。

　先ほどの私法の議論の影響ですが，会計のほうも，今，私法上の位置づけが明らかでないことを踏まえて，当面必要と考えられる最小限の項目に関する会計上の取扱いのみを定めていると。現時点では今後の進展を予想することは難しいという状況のもとに当面の取扱いをつくっているものですから，昨日お話しさせていただいた私法の議論が今進みつつありますので，それを踏まえてまた変わってくる可能性はあると思います。というのは，やはり物であるのかどうか，あるいは債権であるのかどうか，こういったところによって税法の取扱いを考えても，債権であれば金銭債権のように扱ったりとか，当然資産として扱ったりとか，そういったふうに私法上の関係が少し決まってくると，税法上の取扱い，あるいは会計上の取扱いも決定しやすいようにはなるのではないかと思っています。ただ，会計の場合は法的な観点だけではなくて，経済的な事情とか，実際の実情というのを踏まえておそらく取扱いをする可能性がありますので，私のほうで予測するのは難しいかなというのが現状です。

司会　本村会員に対して質問が出ています。まずは白鴎大学の石村会員から質問をお願いします。

石村（白鴎大学）　まず，プラットフォームのビジネスモデルの選択についてです。日本のUberはライドシェアリング，つまり，相乗りサービスを仲介するサービスは，法律上，業務上提供できないことになっています。アメリカの場合はライドシェアリングは許されますが，日本の場合はできません。日本では，配車サービスのみを今提供しています。ところ

が，本村会員の図では相乗りサービスで雇用類似のサービス形態の問題を議論しています。これは間違いですので直してください。混同していると思います。Uber Eats は大丈夫ですが，Uber はだめです。例としては間違っています。

それから，雇用類似の働き方をする人たちのプラットフォーム企業は，本村会員が先ほど指摘したように，カリフォルニア州では 2020 年の 1 月 1 日から，単発でプラットフォームのアプリを使って継続的に仕事をしている人たちはプラットフォーマーの従業者とみなすというルールができました。ですから雇用契約ではなくて，従業者として扱って，社会保障から何から全部入れなければいけなくなったということになります。我が国ではどういうふうに考えたらいいかということをご質問します。

それから，政府の働き方改革ではフリーターをどんどんつくるという政策になってしまって，働いても貧しい人たちを量産する仕組みと化しているのではないかと思います。ですから，やはり我が国の Uber Eats が労働組合をつくったように，そういう単発，オンデマンドで働く，いわゆる雇用類似の働き方をする人たちをむしろどういうふうに保護するかという議論をしなければいけないと思います。その場合に，アメリカのようにプラットフォーマーの従業者とみなすという考え方があり得るかどうかです。

最後に，シェアリングエコノミーでは

プラットフォーム企業が問題だと，それで PE の問題とかをいっていますが，例えばバイトルとかメルカリとか，そういうプラットフォーマーを見ますと，巨大な IT プラットフォーマー，GAFA なんかとは全然違うわけです。ですから，GAFA の議論とここの議論を一緒にして議論するとわけがわからなくなってしまいます。そのへんも，もう少し分けて議論したらいいのではないかということが私の提案です。

本村（日本大学） それで，ご質問内容が少し前後いたしますが，回答しやすい点からということで，一番最後にありましたシェアリングエコノミーでは，いわゆるプラットフォーマーは必ずしも巨大企業ではないのではないかというところですが，これはお詫びしなければなりません。私のレジュメとスライドでごったになっていましたので，このあたりは整理して原稿化には臨みたいと考えています。

そして，そこからまず，1 点目のご質問に移らせていただきます。プラットフォームビジネスモデルの選択に問題があるということで，まさしくそのとおりです。4 番と同様に私の理解が及ばずに混同しているところがあったと思うのです。先生がおっしゃるように，Uber が我が国で行っているサービスは相乗り，いわゆるライドシェアではなくて，あくまで配車サービスであるということで現時点では口頭で整理させていただいて，配車

サービスを行っているわけですから，その後のライドシェアを仲介するサービスを提供するプラットフォーム企業であるのだと。ただ，我が国では，業法の関係で相乗りサービスはできない。まさしくドライバーは国土交通大臣の許可が必要になってきますので，Uber は我が国でライドシェア，いわゆる相乗りサービスを仲介することができないという形になっています。この点が混同しているのではないかというところにつながってきます。まさしくそのとおりで，ここは4番目の質問とリンクしています。ここはお詫び申し上げます。申し訳ありません。原稿化の際にはしっかりと整理した上で記載したいと思います。

　2点目についてです。アメリカ・カリフォルニアのギグワーカー保護法に倣って，我が国でもプラットフォーム企業のアプリを使って単発の仕事で雇用類似の働き方をする人たちをプラットフォーム企業の従業者，いわゆる給与所得者として課税扱いをする考え方が可能かどうかというご質問の内容でした。この点につきましては，先ほどご報告の際にご確認させていただきましたが，カリフォルニアでは一般的には請負契約だということで，事業者として扱われていました。その中で運転手のほうから，我々は雇用者だろうと，そういった形で我々は働いているということで疑問が提示され，そこから訴訟に至ります。結論は，判断機関でさまざまですが，先ほどご報告にあり

ました……。

石村（白鷗大学）　カリフォルニア州では，プラットフォーム企業のアプリを使って雇用類似の働き方をする人は，プラットフォーム企業の従業者とみなすという法律をつくったのです。だから，来年の1月以降は，Uber Eats なんかで働いている人たちは全員プラットフォーム企業，Uber Eats の従業者として扱って，Uber Eats は今後，社会保険を全部払わなければいけないというふうになったのです。それで労働者を守ろうということになったわけです。

本村（日本大学）　そのような経過で法律が制定された上で，雇用類似の働き方をする人たちが雇用保険等のセーフティーネットの適用が受けられるようになったという経過があります。ですので，我が国において考え方がストレートに入ってきて，給与所得者として課税扱いをするのが，憲法が保障する生存権の観点から妥当だと考えます。また，現行法で照らして考えますと，やはり給与所得なのか事業所得なのかというところの問題になってこようかと思われるわけです。すなわち，従属性と非独立性の観点から判断されてくるわけですが，そこから従属性や非独立性は業務の代替性や使用者の指揮命令権の有無等で判断されます。そういった判断基準で解釈論では考えるしかないのかなと思われます。

司会　次の望月会員の質問に行きたいと思います。まず，白鷗大学の石村会員，

174

お願いいたします。

石村（白鷗大学）　望月会員の納税者の権利保護は，リアルからデジタル，つまり，ネット，オンライン，サイバーの税務行政手続にまで拡大すべきであるという意見には私も大賛成であります。ただ，問題はデジタルディバイドの問題に対処するために，我が国ではそのへんがしっかりした議論がなくて，デジタル支援なんかを受ける権利を納税者の権利としてどう構築したらいいかという議論が必要なのではないかと感じています。

それから，スマホとか，タブレット端末のような，いわゆるモバイル端末ファースト時代に入って，我が国のPCとICカードを使った政府ポータルサイト，マイナポータルサイトがガラパゴス化してしまって，このカードをみんなに使えと推進しているのですが，このへんに問題があるのではないかと感じています。

それから，アルゴリズムの問題はものすごく重要です。つまり，例えば税務対象の選定基準にAI，MLとかを使った場合に，そこにインプットされるアルゴリズムは，例えば疑わしきは納税者の不利益にとか，政府の利益にというアルゴリズムが1つ入っただけで，AIは，疑わしいのは全部税務調査にするというふうになってしまうので，公正・中立性，偏頗性があるようなアルゴリズムが入っているという場合に納税者がそれをチェックする，問う権利をどういうふうに保障したらいいのかということはアメリカ

でも真剣に議論されています。

たまたま名古屋税理士会の会員の方から聞いた話ですが。同会の会員がグループでドイツのミュンヘン税理士会を訪問したそうです。その際に，AI税務が話題になったそうです。あちらの税理士が，「AI税務がフェアに運営されるかどうかはアルゴリズムにかかっている。」といったそうです。ところが，日本の税理士には何を言っているのかまったく見当がつかなかったそうです。私が名古屋会会員の参加する研究会で，AI税務とアルゴリズムの話をしました。私の話を聞いた方は，はじめてミュンヘンの税理士が何をいっていたのか理解できた，というのです。つまり，例えば税務調査対象選定をAIでやるとします。この場合，AIにインプットされているアルゴリズムを公正であるかどうかをチェックする権限を誰が持つかということは，納税者の権利に大きな影響を与えます。アルゴリズムについてしっかりとした検証をしないで，課税庁に一任してしまうと，納税者に不利なAIとかMLとかができあがってしまうからです。この点について，望月先生の見解を伺いたい。

望月（立命館大学）　まず1点目の納税者権利保護，特に法制手続的なものについて，リアルでデジタル，オンライン，そういったものを対象としたということにつきましては，国税通則法について，今後そういったデジタル化に対する影響につきましては，おそらく行政内部でも

検討していると思うのですが，税理士会，あるいは我々研究者でも手続的な影響を評価する，そういう形での取り組みが必要であるということと，デジタルディバイドの問題なのですが，結局日本の場合，そもそも税務行政であって，税務行政サービス…最近，国税庁のレポートとかを見ると，「サービス」と言い始めているのです。サービスである場合にはそれを享受する権利がありますし，私の今回の報告は，どちらかというと，データによる情報の収集やデータによるリスクの部分を強調したのですが，逆の部分もありまして，場合によったら電子申告なんかを利用して，今まで申告権が認められていなかったサラリーマンが申告を行う可能性，あるいは年末調整制度のようなものを大幅に縮減するような主張をされている方も何人かいらっしゃると思うのですが，そういう形で，そもそもそういったサービスを受けるという視点で考えると，それが受けられないということについてはやはり解消しなければなりませんし，5月のカンファレンスのときにも納税者オンブズマンの方がかなりお話しされていたのですが，いわゆる脆弱な集団という，バルネラブルグループとか，ポピュレーションとか，ポリューションとか，私はそういうふうに聞き取ったのですが，いわゆる情報弱者ということなのですね。高齢者あるいは低所得者，そういった方々がそこに属してくる場合に，そういった人たちに対するサポートをきちっと考えないといけない。

　そもそも誰でも利用できるようなユースウエアというのですか，デジタル化は，逆にいえば，今はスマホとかはみんな高齢者の方から子供までやっているわけですから，そういったことを配慮した，誰でも利用できるということを前提としたサービスということと，そもそも税務行政もサービスなのだということをはっきりと明確に方針として…この間，実は泉先生の師匠の酒井先生とお話ししたことがあるのですが，やっぱり課税の情報の側もサービスだという認識はお持ちで，それを前提とした話をするべきだというお話をちょっとされていたので，それを前提とした，サービスを受ける権利としてのデジタルディバイド問題に対する対応ということを考えて，特に高齢者やそういったことになかなかアクセスできない人たちに対するアクセス権を保障するということも権利保護としては重要であるということだと思います。

　マイナンバーカードの普及率はたしか今年の4月ぐらいでまだ13％か15％ぐらい。これを使うメリットがわからないというと，私は，グリーンカード，住基カード，カードの呪縛だと言っていて，カードでしか公開鍵の認証ができないような思い込みがあって，これはもう石村先生はご存じ，私もオーストラリアを調べましたが，オーストラリアは，よくみなさん，ネットバンキングでやるワンタイムパスワードのような，IDとパスワ

ードでアクセスして，その後，またさらにワンタイムパスワードのようなものを発行して認証するようなシステム。ですから，本人認証の方法は，カードのようなものを使わなくてもいくらでもできるのに，まだカードの呪縛にとらわれている。これがもしかすると，今後のデジタル化の進展ということに対してむしろ足かせになるので，今回また変な形でカードを使うことを促進しないで，もうやめて，もう少し現代的なやり方で認証するようなシステムに見直さないと，逆に今後デジタル行政，全般的にはマイナポータルの話として，これ自体の利用が進んでいかないのではないかと思います。

　アルゴリズムの公正・中立性，偏頗性は重要です。これも先生が紹介されていましたが，裁判所の再犯率のようなやつを見て，やっぱりアメリカはちゃんと白人，黒人，人種だとか，そういうので再犯率が高い，そういうアルゴリズムを組まれてしまうと，結局それで自動的にその人が黒人だと仮釈放してはだめだというような形になってしまうので，第三者的にアルゴリズムの公正性，中立性をチェックする機関ですから，情報オンブズマンなのか，納税者オンブズマンなのかよくわからないのですが，そういう公正性を第三者的にチェックするということと，先生のご質問の中に書いていただいた，EUの一般データ保護規則のGDPR22条のよう自動処理した決定を受けない権利というのをきちっと法制化して，そうい

ったことに対する異議を申し立てたりとか，自動的にそうなってしまったらもうそうなのだということを受け入れない権利を明確化する必要性，これは，今の行政機関の個人情報保護法ではそういう対応は全然考えていないので，抜本的な法律の見直しが必要ではないかと考えます。

司会 次は日本大学の黒川会員から質問が出ています。

黒川（日本大学） 先生の報告はよくまとまっていてわかりやすかったのですが，デジタル化によって課税庁に膨大な情報が集まります。これで税務行政が効率化されるというのはよくわかるのですね。ところが，同時にそれは，個人情報に関する人権侵害の事例が起こりやすくなる危険性も増大すると。諸外国では既にこの問題について取組みが始まっているということまで手際よく紹介していただいて大変助かりましたが，その前提として，その取組み以前に人権侵害に係るような事件や事故，そういった問題がどの程度どういう形で起こったのか紹介していただけると助かります。

望月（立命館大学） 行政の手続単価自体が効率化になる反面，扱うデータが膨大になるので，そのリスクをちゃんと管理したりだとか，処理する部分でそれが果たして単純に効率化するかというところは，ちょっとここは正確に言わせていただくと疑問なところはあるのですが，おっしゃるとおり，そのデータが流出したりとか，それによって一定の侵害が起

こる可能性があります。

　実例としていうと，国際的な情報交換，EUの司法裁判所とかでいくつか例があって，たしかこれは松井先生が紹介していたかもしれませんが，チェコのサッカー選手が…，サッカー選手は国際的に，みなさん知ってのとおり，ヨーロッパなんかはずっとリーグでしているので，各国の当局に情報提供要請をして，各国の情報によって結局課税処分を受けるというようなことがあったのです。ただ，どういう情報が提供されて，どういうやりとりが当局間であったのかということについて本人に知らされないで行われたことについて，やっぱりそこが問題になって，EUの中は税務情報提供が相当進んでいるので，そういう情報交換のやりとりというのは進んでいるのですが，それに対して一定の保護や保障が必要なのではないか。例えば本人に対してそれぞれの当局がこういう情報をやりとりしましたということについて，それをちゃんと本人に通知だとか，理解を求めるとか，そういった対応が必要なのではないかという議論があります。

　具体的次元でのお話でいうと，一番目立っているのが欧州司法裁判所とか，欧州人権裁判所で欧州人権条約とかから見た情報の権利や情報コントロール権のプライバシーだとか，あるいは救済を受ける権利という視点から，本人が知らないところで情報がやりとりされる。それによって課税処分を受けるというのは不当

な処分ではないかというのが争われている事案はあります。事例としては，そういうところになります。

司会　次の質問，八代会員より出ています。

八代（税理士）　望月先生，きょうは本当にありがとうございました。大変勉強になりました。それで，3点ほど質問させていただきたいと思います。

　第1点目は，先生も紹介されていましたが，大企業に対する電子申告の義務化が法制化されました。ところが，紙媒体での申告については，当局は無申告の扱いにしますと。ですから，当然無申告加算税は課されるということが前提になりますが，そういう扱いにするわけです。政府としては，これから中小企業や零細企業，もしくは個人事業者あたりまで含めて義務化する制度の方針ですが，この義務化に対して例えば申告手続の保障の原則とか，そういうことから見たら，齟齬を来すのではないかと私は考えるのですが，この義務化についての先生のお考えと，それから諸外国でこういう場合はどのようになっているのか，先生のご教示をお願いしたいと思います。

　2点目も電子申告に絡む話なのですが，事業者の青色申告特別控除の特典があるわけですが，従来65万だったのですが，税法改正でこれが55万に引き下げられました。ただし，電子申告とか，いわゆる電子帳簿保存法による帳簿の備えつけとか，そういうものを利用している場合

には，従来どおり 65 万の控除が可能です。この差別化について先生はどのようにお考えなのか，見解をお聞かせ願いたいと思います。

　3 番目については，理事長や黒川先生からも話が出ていますのでダブるかなと思うのですが，あえて質問させていただきたいのですが，税務職員にとってみれば，いわゆる法定外の資料情報は，実地の調査における法定外の情報の収集も含めてコントロールはききません。いわゆる無原則です。そういうふうになっていまして，ですから，納税者にとってみれば何が資料情報というか，自分の情報が収集されているのかさえもおそらくわからないと思います。この背景には情報収集の枚数とかを競わせているという現実があるのですが，こういう問題について先ほどから出ていますが，いわゆる自己情報のコントロール権との関係でどのように規制すべきか，どのように考えればよろしいかということをひとつよろしくご教示をお願いします。

望月（立命館大学）　まず 1 点目が来年というか，4 月から資本金 1 億円以上の企業に対する電子申告の義務化，日本を踏まえた上で，外国でどういう扱いになっているかというご質問だと思うのですが，日本がこれからなるように，無申告扱いにしている，明確にしているのはエストニアです。エストニアは電子申告が義務化なのですが，これを紙でしても無申告という扱いになります。ほかの国は

というと，使うソフトとか，あるいはアメリカなんかもそうですが，業者に代行した場合，代行業者に義務づけをしていて，そういう義務づけの方法によって違うのですが，エストニアと同じように，いわゆる北欧で進んでいるスウェーデンの話を先ほどしたと思うのですが，スウェーデンは紙で出してもいいという形になっていて，無申告扱いとはしないというふうになっていると，私が調べたところではそうなっています。カナダは，電子申告は，どちらかといえば，義務化というよりは任意，紙の申告を一定認めています。明確に無申告になるのは，私が知る限りではエストニアで，ただ，エストニアも電子立国で，その電子情報基盤がもう整っているので，そこであえて紙で出すという話になるので，それと日本が同じかというと，到底そうとはいえないと思うので，大企業なのでインフラはある程度整っているとは思うのですが，日本の今後の取扱いについてはいかがなものかなと思います。

　2 点目，青色申告特別控除の特典といっているかというのが私も考えるところはありますが，これが 65 万円から 55 万円に引き下げるということについて，電子帳簿保存法の適用を受けている場合はそのままですが，それ以外の場合は 10 万円に引き下がって 55 万円になるのですよね。これについてほかの国との比較という話をさせていただくと，やっぱりそういうインセンティブを働かせて，一

定電子化のほうに行くような施策，政策をとっていますので，日本もおそらく電子化していくのだったらそのままの控除を認めますよということでそっちへ誘導しようとしている。そういう政策の一環であると理解しています。

税務職員がいろいろな情報収集，税務調査を平成23年の国税通則法改正で枠組みをつけたのですが，行政指導による調査によって一定空洞化している部分もある。加えて，調査という概念自体が非常に広がって，今後，情報収集，データの収集，しかもそれが税務情報とは限らないさまざまな情報を，一定の分析によってそれを税務上意味のあるデータに変えられるということになってくると，先ほどダンカン・ベントレー教授の情報収集に関する規制というのを法的，あるいは納税者権利憲章によって設けるべきだというのですね。私もその考えの立場をとっていて，やっぱりそこについて一定規制というか，枠組みをしないと。ですから石村先生の最初の質問にちょっと重なってくると思うのですが，税務調査を税務的な情報収集活動の第一だと考えている時代ではなくなって，さらにいろいろな形でデータが利用され，しかもそれが税務上のデータという意識なく，本人が行った取引や行為の活動が税務情報として使われてしまう。そういう今後のデ

ータのデジタル化がさらに進んでいけば，やっぱりそこに対する一定の規制を設けたりとか，あるいは内国歳入庁のように，国税庁も税務職員の内部的取扱いのあたりはマニュアルのようなものを情報公開したらどうかと私は思っていて，だから，インターナル・レベニュー・マニュアルのようにアメリカは見られますよね。そのとおりにやらない人もいるという話はアメリカに行くと聞くのですが，一定税務職員の取扱い処理についてマニュアル公開しています。

ですから，やはりそれをどこまで日本ができるか，あるいはするかという問題はあると思うのですが，税務職員がどういう形で情報収集活動をしていくかというガイドライン的なもの，これはおそらく職員の方々にとっても，特に若手職員の方々にベテランのノウハウがなかなか伝わらないような話もあって，そういった意味でも一定のマニュアルやガイドラインのようなものを国税内部のほうでもつくって，それを公開されたらどうかというのが，八代先生から見た税務職員の情報収集活動に対する1つのガイドラインのところについては，そういうお答えとさせていただければと思います。

理事長 今日は本当に参加いただいた会員の皆様方，ありがとうございました。

Ⅱ　一般報告

韓国における納税者権利保護の動向

阿　部　徳　幸
（日本大学教授・税理士）

I　はじめに

　わが国の国税通則法をはじめとした「納税環境の整備」についてみれば，2011年度税制改正で，国税通則法を「国税に係る共通的な手続並びに納税者の権利義務に関する法律」と改め，同時にその目的規定に，「国税に関する国民の権利利益の保護」という文言が加わるはずであった。そしてこの改正と納税者権利憲章の制定を前提に，国税通則法が「納税者権利保護法」へと変身を遂げる予定でもあった。しかし，これらの改正はいずれも見送られ，わが国税法上，「納税者の権利」の実現は遠のいてしまった。

　本稿は，韓国における納税者権利憲章（以下，「憲章」という。）の制定から今日までを振り返りながら，同国における納税者保護の動向の概略を報告するものである。なおここで韓国における納税者の権利という場合，税務調査手続における権利ということになる。わが国も税務調査手続については，先にみた税制改正において，所得税法をはじめ各個別税法に規定されていた「質問検査権」（旧所税法234ほか）についての定めが，国税通則法第7章の2「国税の調査」に，国税全般にわたる共通事項の一つとして，横断的にそして統一的に集約して規定され，一応，税務調査手続は整備された。なおこの改正税法の附則106条は，「納税環境の整備に向けた検討」として，「政府は，国税に関する納税者の利益の保護に資するとともに，税務行政の適正かつ円滑な運営を確保する観点から，納税環境の整備に向け，引き続き検討を行うものとする」とした。そしてその後も「納税環境整備」として，国税通則法をはじめいくつもの法改正がなされてきた。しかしそこでは，国税通則法に扇動罪が導入され（国通法

126），所得税法をはじめとした税法も共謀罪の適用範囲とされた（共謀罪法別表第四）。また，租税刑事手続法ともいえる国税犯則取締法の租税行政手続法である国税通則法への編入（国通法 11 章「犯則事件の調査及び処分」），さらには 2019 年度税制改正において，「情報照会手続の整備」として，これまで行政指導の一環として任意でなされてきた照会が，罰則つきで法定化された（国通法 128 三）。これらは附則 106 条のいう「国税に関する納税者の利益の保護」からすれば逆行しているとしかいいようがない。

　一方，韓国では 1990 年代には，この納税者の権利の実現に向けた議論がなされ，憲章の公表とともに現実化され，その後も納税者の権利の実現に向けた改正が繰り返されている。そこでここでは，韓国の憲章制定から最近までの納税者の権利保護に向けた動向の概要を報告してみることとする。

　本稿の作成にあたっては，李信愛韓国税務士に多大なるアドバイスをいただいた。報告を始めるに当たり，李税務士に感謝申し上げる。

II　納税者権利憲章の制定

　韓国の場合，租税手続法である国税基本法（以下，「法」という。）には，わが国の国税通則法と同様，事後的な権利救済制度しか規定されていなかった。しかし，1996 年 12 月改正法において，「第 7 章の 2　納税者の権利」なる章が新設された。同章ではまず「納税者権利憲章の制定及び交付」を規定した（国基法 81 の 2）。憲章は，この規定に基づき制定・告示され，翌 1997 年 7 月に公表された。[1]これは宣言的な意味の憲章の制定だけに留まらず，憲章に明示された納税者の権利の法的根拠が必要であることからのものである。ただしここでいう「納税者の権利」とは，あくまで税務調査過程における事前手続としての納税者の権利をいい，同時にそこでの課税庁の義務であり，憲章もその範囲のものとなっている。

第 81 条の 2　「納税者権利憲章の制定及び交付」（2018 年 12 月改正後）[2]

①国税庁長官は，第 81 条の 3 から第 81 条の 16 まで，第 81 条の 18 及び 19 に規定された事項及びその他納税者の権利保護に関する事項を含む

納税者権利憲章を制定して告示しなければならない。

②税務公務員は，次の各号のいずれかに該当する場合には，第1項に規定
　する納税者権利憲章の内容が収録された文書を納税者に交付しなければ
　ならない。

1．国税の課税標準及び税額を決定又は更正する目的で質問をし，当該帳
　簿・書類又はその他の物件を検査・調査し，その提出を命ずる場合（…
　以下，筆者略…）

2．削除

3．事業者登録証を発行する場合

4．その他大統領令で定める場合

③税務公務員は税務調査を開始するに当たり，調査員証を納税者又は関係
　者に提示した後，納税者権利憲章を交付してその要旨を直接朗読し，調
　査理由，調査期間，第81条の18第1項に規定する納税者保護委員会に
　対する審議要請・手続及び権利救済手続などを説明しなければならない。

　なお，憲章制定までの社会的背景としては，「国民の権利意識の向上」，
「OECD加盟のための国際的な規範の必要性」などがいわれるが，憲章の制定
はもとより，法における「納税者の権利」規定の創設が，政府主導でなされて
きた点は注目に値する。さらに後に確認することになるが，法をはじめ憲章が，
更なる納税者の権利向上を具体的な目標に逐次改正がなされている。その大き
な理由の一つに韓国の場合，「大統領制」が採られていることが挙げられよう。
わが国の「議院内閣制」と異なり，韓国では，行政府の長たる大統領は直接選
挙により選出される。それゆえ大統領は，ことさらその任期中，国民・納税者
の動向を注視しなければならない。大統領が国民・納税者と直接繋がりがある
ということも，納税者の権利向上施策の実現のための要因となっている。現地
税務士によれば，憲章が公表される前と後では，税務行政そのものが大きく変
わったという。具体的には，公表前は「役所主役」の税務行政であり，その分，
納税者との間でのトラブルも多かった。しかし，公表後は「市民・納税者が主
役でお客様」と変容を遂げ，納税者の権利の実現に向けた施策が，トラブル回

避へと繋がっているという。同時に韓国政府は,「効率的な政府」実現へと大きく舵をきったということができよう。中小零細企業・個人事業者ではなく多国籍企業・大企業に目を向け,重点を置く方が税収規模からも効率的であるという,課税庁の姿勢の方向転換である。例えば法において,多国籍企業・大企業と中小零細企業に差異を設けていることからもこのことが分かる（例えば,国基法81の6⑤,81の8②,81の18など）。

しかし同時に,この憲章の制定と改訂,さらにはその法的根拠となる法の制定と改訂が,政府主導でなされてきたところに一定の限界があるということも現地ではいわれている。

Ⅲ　納税者権利憲章とその改訂

◎ 1997年制定時の納税者権利憲章（国税庁告示1997-16号）

納税者権利憲章

納税者の権利は,憲法と法律の定めるところにより尊重され,かつ保障されなければなりません。

このため国税公務員は,納税者が神聖な納税義務を信義に基づいて誠実に履行するように,必要な情報と便益を最大限提供しなければならず,納税者の権利が保護され実現できるように最善を尽くして協力する義務があります。

この憲章は,納税者に保障される権利を具体的に知らせるため制定されたものです。

・あなたは,記帳・申告等納税協力義務を履行していない場合か,具体的な脱税の疑い等がない限り誠実であり,あなたが提出した税務資料は,真実なものと推定されます。

・あなたには,法令に定める場合を除いて,税務調査の事前通知と調査結果の通知を受ける権利があり,やむを得ない理由がある場合には,調査の延期を申請し,その結果の通知を受ける権利があります。

> ・あなたには，税務調査の際，租税専門家の援助を受ける権利があり，法令が定める特別な理由がない限り重複調査を受けない権利があります。
>
> ・あなたには，自分の課税情報について秘密として保護を受ける権利があります。
>
> ・あなたには，権利の行使に必要な情報を，迅速に提供される権利があります。
>
> ・あなたには，あなたが違法または不当な処分を受け，または必要な処分を受けなかったことによって，権利若しくは利益が侵害された場合には，適法かつ迅速な救済を受ける権利があります。
>
> ・あなたには，国税公務員からいつでも公正な待遇を受ける権利があります。
>
> 国税庁長官

　憲章が制定されて10年が経過した2007年3月，憲章の第1次改訂が行われた。その背景には，1999年8月の法改正において「課税適否審査」制度（国基法81の15）が導入されたこと，2006年12月の法改正により税務調査関連規定の改正がなされたことがある（具体的には，憲章に4.と8.が追加された）。また納税者の権利をより具体的かつ分かりやすくするため，それぞれ主語を「あなた」から「納税者」としたところ，さらに番号を付しているところにその特徴が見受けられる。

◎ 2007 年改正納税者権利憲章（国税庁告示 2007-06 号）

> 納税者権利憲章
>
> 納税者の権利は，憲法と法律の定めるところにより尊重され，かつ保障されなければなりません。
>
> このため国税公務員は，納税者が神聖な納税義務を信義に基づいて誠実に履行するように，必要な情報と便益を最大限提供しなければならず，納税者の権利が保護され実現できるように最善を尽くして協力する義務があります。
>
> この憲章は，納税者に保障される権利を具体的に知らせるため制定された

ものです。

1. 納税者は，記帳・申告等納税協力義務を履行していない場合か，具体的な脱税の疑い等がない限り誠実であり，納税者が提出した税務資料は，真実なものと推定されます。
2. 納税者には，法令に定める場合を除いて，税務調査の事前通知と調査結果の通知を受ける権利があり，やむを得ない理由がある場合には，調査の延期を申請し，その結果の通知を受ける権利があります。
3. 納税者には，税務調査の際，租税専門家の援助を受ける権利があり，法令が定める特別な理由がない限り重複調査を受けない権利があります。
4. 納税者には，法令が定めるところにより税務調査期間が延長される場合に，その理由と期間を文書によって通知を受ける権利があります。
5. 納税者には，自分の課税情報について秘密として保護を受ける権利があります。
6. 納税者には，権利の行使に必要な情報を，迅速に提供される権利があります。
7. 納税者には，違法または不当な処分を受け，または必要な処分を受けなかったことによって，権利若しくは利益が侵害された場合には，適法かつ迅速な救済を受ける権利があります。
8. 納税者には，違法または不当な処分によって，権利若しくは利益が侵害される恐れがある場合にはその処分を受ける前に，適法かつ迅速な救済を受ける権利があります。
9. 納税者には，国税公務員からいつでも公正な待遇を受ける権利があります。

国税庁長官

2007年の改正から11年目の2018年2月，憲章は大幅に改正された。これは，納税者権利に対する国民意識の変化，2010年以降の法改正の内容等を反映し，

憲章を改正することによって納税者の権利意識を高め，納税者の権益保護に寄与すべきであるという理由による。

◎ 2018 年改正納税者権利憲章（国税庁告示 2018-01 号）

納税者権利憲章

納税者の権利は，憲法と法律により尊重されかつ保障されます。

納税者には，申告等の協力義務を履行しなかった場合や，具体的な脱税の疑いがない限り誠実であると推定され，法令によってのみ税務調査対象として選定され，公正な課税のために必要な最小限の期間と範囲において調査を受ける権利があります。

納税者には，証拠隠滅の恐れなどがない限り，一つの税務調査についてその期間と理由に関して事前に通知を受け，事業上のやむを得ない理由がある場合には調査の延期を要求し，その結果の通知を受ける権利があります。

納税者には，税務代理人の援助を受け，明白な脱税の疑いなどがない限り，重複して調査を受けない権利があり，帳簿書類は，脱税の疑いがあると認められる場合に，納税者の同意のもと，税務官署に一時保管されることがあります。

納税者には，税務調査の期間が延長または中止される場合，調査範囲が拡大される場合，または調査が終了した場合には，その理由と結果を書面による通知を受ける権利があります。

納税者には，違法・不当な処分又は手続きによって権利が侵害された場合や，侵害される恐れがあると認められる場合には，その処分の適法性に対し不服申立て提起し，救済を受け，納税者保護担当官と納税者保護委員会を通じて正当な権益の保護を受ける権利があります。

納税者には，自己の税務情報について秘密として保護を受け，権利行使の
ために必要な情報の提供を速やかに受ける権利があり，国税公務員からい
つでも公正な待遇を受ける権利があります。

国税庁長官

Ⅳ　韓国国税基本法第7章の2「納税者の権利」

1　国税基本法第7章の2「納税者の権利」の創設とその変遷

　繰り返しになるが，韓国における憲章の制定と告示の法的根拠は，法81の
2「納税者の権利憲章の制定及び交付」規定となる。韓国の場合，法に第7章
の2「納税者の権利」の規定をおく。憲章は，この「納税者の権利」の章に規
定された条文を，納税者に分かりやすく，そして簡潔に，1枚のペーパーにま
とめたものということができる。ここでは，この第7章の2「納税者の権利」
の内容を概観してみる。

　①　1996年12月新設時の第7章の2「納税者の権利」規定

　1996年12月，法の改正により「納税者の権利」の章が新設された。それは
8つの条文から構成され，その内容は納税者権利憲章に記載されたものとほぼ
同様のものとなっている。

第81条の2【納税者権利憲章の制定及び交付】

第81条の3【重複調査の禁止】

第81条の4【税務調査時に援助を受ける権利】

第81条の5【納税者の誠実性の推定】

第81条の6【税務調査の事前通知と延期申請】

第81条の7【税務調査における結果通知】

第81条の8【秘密保持】

第81条の9【情報の提供】

---

　②　2018年12月改正第7章の2「納税者の権利」規定

　1996年12月に新設された「納税者の権利」規定ではあるが，その後，数次

の改正を加え 2018 年 12 月に更なる改正が加えられた。ここではこの改正後の同章を概観してみる。[3)]

◎ **2018 年 12 月改正後国税基本法第 7 章の 2 「納税者の権利」の概要**

第 81 条の 2 【納税者権利憲章の制定及び交付】

第 81 条の 3 【納税者の誠実性の推定】

第 81 条の 4 【税務調査権濫用禁止】

第 81 条の 5 【税務調査時に援助を受ける権利】

第 81 条の 6 【税務調査管轄および対象者選定】

第 81 条の 7 【税務調査の事前通知と延期申請】

第 81 条の 8 【税務調査期間】

第 81 条の 9 【税務調査範囲拡大の制限】

第 81 条の 10 【帳簿等保管禁止】

第 81 条の 11 【統合調査の原則】

第 81 条の 12 【税務調査の結果通知】

第 81 条の 13 【秘密保持】

第 81 条の 14 【情報提供】

第 81 条の 15 【課税前適否審査】

第 81 条の 16 【国税庁長官の納税者権利保護】

第 81 条の 17 【納税者の協力義務】

第 81 条の 18 【納税者保護委員会】

第 81 条の 19 【納税者保護委員会に対する納税者の審議要請及び結果通知等】

---

2 国税基本法における納税者の権利規定

2007 年 3 月,憲章の第 1 次改訂が行われた。その背景には,1999 年 8 月の法改正において「課税適否審査」制度(国基法 81 の 15)の導入がいわれる。ここではこの「課税適否審査」制度を概観することとする。[4)]

① 課税前適否審査(国基法 81 の 15)

2018 年 12 月現在の当該制度についての条文は以下のとおりである(以下,

法条文はいずれも 2018 年 12 月現在のものである)。

第 81 条の 15 【課税前適否審査】

①次の各号のいずれかに該当する通知を受けた者は，その通知を受けた日から 30 日以内に通知をした税務署長又は地方国税庁長に対して，通知内容の適法性に関する審査（以下この条で「課税前適否審査」という）を請求することができる。ただし，法令と関連し国税庁長官の有権解釈を変更すべきである場合，新しい解釈が必要な場合など大統領令に定める場合には，国税庁長官に請求することができる。

1．第 81 条の 12 に規定する税務調査結果に対する書面通知

2．その他大統領令に定める課税予告通知

②次の各号のいずれかに該当する場合には第 1 項を適用しない。

1．「国税徴収法」第 14 条規定する納期前徴収の事由があるか，税法に規定する随時賦課の事由に該当する場合

2．「租税犯処罰法」違反により告発又は通告処分をする場合

3．税務調査結果通知及び課税予告通知をする日から国税賦課除斥期間の満了日までの期間が 3 ヶ月以下である場合

4．その他大統領令に定める場合

③課税前適否審査請求書を受理した税務署長，地方国税庁長又は国税庁長官は，それぞれ国税審査委員会の審査を経て決定し，その結果を請求を受理した日から 30 日以内に請求人に通知しなければならない。

④課税前適否審査に対する決定は次の各号の区分による。

1．請求が理由ないと認められる場合：採択しない決定

2．請求が理由あると認められる場合：採択する若しくは一部採択の決定。ただし，具体的の採択の範囲を定めるため事実関係等について更に調査が必要な場合には，第 1 項各号の通知をした税務署長や地方国税庁長は，その調査結果に基づき当初の通知内容を修正し通知する，再調査決定をすることができる。

 3．請求期間が経過した，補正期間内に補正をしない場合：審査をしない
　決定

⑤　…（筆者略）…

⑥　…（筆者略）…

⑦第1項各号のいずれかに該当する通知を受けた者は，課税前適否審査の
　請求を経ず，通知をした税務署長や地方国税庁長に通知された内容の全
　部または一部について，課税標準及び税額を早期に確定し，更正決定す
　ることを申し出ることができる。この場合，当該税務署長又は地方国税
　庁長はその申請を受けた内容に従い，直ちに確定又は更正決定をしなけ
　ればならない。

⑧課税前適否審査の申請，方法，その他に必要な事項は大統領令に定める。

　税務調査が終了すると，課税庁は調査対象者に対して，「税務調査結果通知
書」を送付する。この通知書を受け取った納税者は，通知書に記載された税務
調査の結果に対して不服がある場合，二つの選択肢のもと救済を受けることが
可能である。一つは，この事前救済制度である課税適否審査であり，もう一つ
が，事後救済制度としての異議申立，審査請求及び審判請求である。

　納税者が，課税適否審査を選択する場合，税務調査結果通知書を受け取った
日から30日以内に課税適否審査請求書を提出しなければならない。その提出
先は，税務調査を実施した税務署長若しくは所轄地方国税庁長（日本における
国税局長）である。ただし，請求内容が国税庁長官の有権解釈を変更するなど
の場合には国税庁長官となる。また，この課税適否審査は納税者保護担当官が
その任に当たる。

　なお，この請求書の提出がない場合，課税庁は税務調査結果通知書に従い，
更正処分を行う（韓国の場合，税務調査において非違が発覚した場合の修正申告は
ない）。

　課税前適否審査請求書が受理されると，課税庁では，民間人（税務士，公認会
計士，弁護士）と課税庁の課長級事務官（当該調査担当事務官は除かれる。）で構
成される課税前適否審査委員会を設置し，その請求内容を審議する。その結果

は，請求内容の審議から30日以内に決定しなければならない。ただし，以下に掲げる事案については，この課税適否審査制度は利用することができない（国基法81の15②）。

① 国税徴収法第14条に規定する納期前徴収の事由があるか，税法に規定する随時賦課の事由に該当する場合
② 租税犯処罰法違反により告発又は通告処分をする場合
③ 税務調査結果通知及び課税予告通知をする日から国税賦課除斥期間の満了日までの期間が3ヶ月以下である場合
④ 租税条約を締結した相手国が相互協議手続きの開始を要請した場合
近年の年度別課税前適否審査の処理実績は以下の通りとなっている。

●年度別課税前適否審査の処理実績

年度	課税予告通知件数	処理対象件数	処理件数					処理税額（百万ウォン）
			合計	採択	不採択等	審査除外	採択率	
2012	189,342	5,389	4,863	1,567	2,920	376	32.2%	2,386,513
2013	243,498	5,740	4,976	1096	3,297	583	22.0%	2,762,534
2014	346,537	4,481	3.825	953	2,425	447	24.9%	1,555,794
2015	177,662	3,347	2,901	776	1,791	334	26.7%	1,968,648
2016	266,072	3,191	2,864	720	1,814	330	25.1%	1,481,771

＊李信愛税務士調べ

　なお，課税予告通知とは，税務調査の結果以外，すなわち① 課税庁の業務監査による課税処分，②税務調査で確認された納税者以外の者に対する課税資料に基づきなされる課税庁の課税処分，③納税告知による税額が100万ウォン以上の課税処分について課税庁が納税者に通知する場合，になされる課税を予告する通知書である。税務調査においては「税務調査結果通知書」が送付されるが，これらの場合には課税予告通知によることになるのである。これを明らかにするため2018年12月の法改正において，法81条の15第1項が1号と2号に区分された。

② 納税者保護担当官（国基法81の16②）
納税者保護担当官とは，税の賦課徴収又は税務調査の過程で，納税者の権利[5]が侵害された場合又は侵害されるおそれがある場合に，納税者の立場から積極的に納税者からの苦情を解決するために設けられた機関であり，制度である。納税者担当官の業務は，課税前適否審査だけに留まらず，既に課税済みの案件に対する見直しも含まれている。
　納税者保護担当官は，現在，全国に128名おり，国税庁に1名，地方国税庁

に6名，そして全国121の税務署に内部機関として設置されている。なお，納税者保護担当官を総括させるため，国税庁に，民間人からの登用である「納税者保護官」を1名置いている。

　しかし，この納税者保護担当官は，あくまでも国税庁組織内部の機関であり，常に税務署長等の指揮監督下にあるのも事実であるためその独立性が問題視されてきた。

　③　納税者保護官（国基法81の16②）

　国税庁は，納税者の権利保護機能強化を目的に納税者保護官を創設した。2009年8月，国税庁の職制改編として新設された職位である。

　納税者保護官の職務は，①納税者の権利保護及び苦情の処理，②苦情処理制度の改善，③内国税に関する審査，④課税前適否審査，⑤零細納税者支援団の運営及び⑤国選代理人制度の運営などが挙げられる。また，地方国税庁や税務署の納税者担当官を直接指揮・統率することにより，納税者保護担当官の独立性の確保を目指すとともに，権利侵害の重大性の観点から，①税務調査の一時中止，②調査担当官の交替，③職員の懲戒要求などの権限が認められており，納税者の権益を実質的に保護する役割を果たすことが期待されている。

　④　納税者保護委員会（国基法81の18）

　㋑　納税者保護委員会とは

　韓国国税庁は，納税者保護担当官を創設したもののその独立性を問題視し，その独立性強化を目的に，法81条の18を新設し，納税者保護委員会を設置した。なお，納税者保護委員会の職務は，納税者の権利保護のため，①納税者の苦情処理，②納税者の権利保護要請，③税務調査の期間延長及び調査範囲の拡大についての適法性の可否などを審議する。

　さらに全国地方国税庁と税務署に納税者保護委員会を設置し，運営を開始した。また国税庁にも納税者保護委員会を設置した。これは，納税者の権利保護のため，地方国税庁又は税務署における審議結果について再審議をするためのものである。

　㋺　納税者保護委員会の構成（国基令63の16）

　納税者保護委員会の構成は，独立性と公正性を確保する観点から，納税者保

護担当官を除き，国税内部の公務員は排除されている。例えば，国税庁設置の納税者保護委員会の場合，内部委員として国税庁の納税者保護官1名，外部委員として，国税庁長官が推薦する弁護士・税務士・教授等であって，法律・会計に関する学識と経験の豊富な者のうち，企画財政部長官（日本における財務大臣）が委嘱する15名で構成されている。

⑤　納税者権利保護要請制度の導入及び実施（国基法81の19）

また納税者保護官の創設にあわせ，税務調査を含めた税務行政の執行過程において，国税公務員による不当な納税者の権利への侵害がある場合，納税者保護担当官に権利保護を要請する権利保護要請制度が導入された。

● 2016年における権利保護要請処理実績　　　　　　　　　　　　　　（単位：件）

総計			権利保護要請（調査）			権利保護要請（一般）		
是正	是正不可	小計	是正	是正不可	小計	是正	是正不可	小計
1,505	100	1,605	37	48	85	1,468	52	1,520

＊李信愛税務士調べ

そのうえで納税者権利要請制度の早期定着のため，税務調査開始前に，税務調査と納税者権利を分かりやすく説明した「Green Book」を配布し，さらに税務調査終了後には「Happy Call」と題したアンケート調査を実施している。[6]

3　国税庁による納税者の権利保護政策

憲章の制定を契機に，韓国国税庁は，税務行政改革に取り組むこととした。その成果として，1999年に「納税者保護担当官」を創設し，また「国税行政サービス憲章」を制定した。さらに，2008年4月に「納税者保護委員会」を設置し，2009年9月には，「納税者保護官」の導入など，納税者の権利保護に向けて改革を行っている。ただし，これらの改革にも法的根拠が必要となる。そのため2010年1月，法に「国税庁長官の納税者権利保護」（国基法81の16）を新設した。

第81条の16【国税庁長官の納税者権利保護】

①国税庁長官は，職務を執行するに当たり，納税者の権利が保護され，実

現されるように誠実に努力しなければならない。

②納税者の権利保護のために国税庁に納税者権利保護業務を総括する納税者保護官を置き，税務署及び地方国税庁に納税者権利保護業務を遂行する担当官をそれぞれ1名置く。

③国税庁長官は，納税者権利保護業務の推進実績等の資料を第85条の6第2項に規定するところに従い，国民に対し定期的に公開しなければならない。

④納税者保護官及び担当官の資格・職務・権限など納税者保護官制度の運営に必要な事項については大統領令で定める。

① 国税庁「税務行政サービス憲章」(1999年9月公表，2004年1月改正)

韓国国税庁は，憲章を制定・公表し，これを単なる宣言的なものとしないため，これに法的根拠を付与した。韓国国税庁は，これに留まらず，憲章に保障されている納税者の権利を現実のものとするため，自らの行動指針として「税務行政サービス憲章」を制定し公表する。

● 「税務行政サービス憲章」(2004年1月改正)

税務行政サービス憲章

納税者は税務行政の同伴者であり，お客様であると考えるわが国税庁は，納税者を中心に税務行政を実施することによって，国民から愛と信頼が得られるサービス機関として生まれ変わろうとしています。そのため，ここに納税者の権利が実質的に保障されるよう国税行政サービスの履行標準を設定．公表して，これを実践するために次のことを誓います。

● われわれは，納税者の権利保護こそが，われわれの義務であることを心に銘じて，納税者の権利が侵害されないように，細心の注意のもと業務を遂行します。

● われわれは，新たな制度，新たな手続を作成しそれを執行する場合には，常に納税者の立場を優先して税務行政を実践します。

● われわれは，納税者が要求する事柄と満足度を周期的に把握し，これを積極的に反映することによって，民主的で科学的なサービスに基づく

税務行政を具体的に実現します。

● われわれは，誤ったサービスの提供により納税者に不便かけた場合には，これを積極的に是正していきます。

● われわれは，税務行政の執行過程とその内容をすべての国民に広く知らせ，透明かつ開かれた税務行政を広げていきます。

● われわれは，納税者が感動するほどの最大限のサービスを提供し，税務行政に対する自発的な協力を導き出すことによって，納税者と共にする税務行政の実現に努力します。

国税庁長官

これまでみた憲章そしてその法的根拠となる法規定，これらはいずれも税務調査手続におけるものであった。一方でこの「税務行政サービス憲章」は，税務行政全般にわたるサービス憲章である。ここには公務員は実質的な「一般市民への奉仕者」であるという認識がみてとれる。このような認識は韓国に限ったことではない。例えば 1991 年イギリス政府による「市民憲章（Citizen's Charter)」の公布がある。この憲章は，市民に対する中央政府の行政サービスの質を改善するための QC（質的管理）基準を表したものであり，究極的な目的は「効率的な政府」の実現である[7]。この憲章の策定・公布は，韓国政府が「効率的な政府」へ向け，多く舵をきった現れということもできよう。

② 零細事業者支援団運営

課税処分前，いわば事前に納税者の権利を保護することを前提とすれば，また，法第81条の5に規定する「税務調査時に援助を受ける権利」を現実のものとするためには，税務代理人の選任が必要であり，選任できない零細事業者は，韓国国税庁が掲げる税務行政における納税者の権利の実現政策から外れてしまうことにもなる。そのため韓国国税庁は，2009 年 5 月から，これら零細事業者に対して，全国の税務署に外部委員として税務士・公認会計士と内部委員としての税務公務員で構成された「零細事業者支援団」を設け，運営する。

この制度に基づく最近の支援実績は公表されていないが，2013 年実績として，385,217 名が利用したという報道資料があるようだ。なお外部委員の任期は 2

年であり，あくまでも彼らのボランティアにより運営されている。そして 2018
年 6 月現在，1,704 名がこの任にあたっているとのことである。

第 81 条の 5 【税務調査時に援助を受ける権利】

納税者は，税務調査を受ける場合に，弁護士，公認会計士，税務士に対し
て調査に参加するよう求め，また意見を述べるように求めることができる。

---

③ 零細事業者に向けた国選代理人制度

同様に韓国国税庁は，経済的の事情等で税務代理人を選任することができな
い零細事業者が，請求税額 3 千万ウォン以下の異議申立・審査請求をする場合，
無料で税務士・公認会計士・弁護士といった税務代理人にその支援をさせる
「国選代理人」制度を運営している。なおこの国選代理人は無報酬である。

●最近の国選代理人の運営現況 (単位：件)

年度別	処理対象件数			処理件数				認容率
	前年繰越	当年受付	小計	却下	棄却	認容	小計	
2014	276	0	276	49	124	76	249	30.5%
2015	275	348	375	74	183	101	358	28.2%
2016	17	290	307	49	153	92	294	31.3%

＊李信愛税務士調べ

V むすびに代えて

ここでは韓国における納税者保護の動向を概観してみた。ここでは報告でき
なかったが 2019 年に法 81 条の 15 に「課税予告通知義務」が明文化され，
2020 年には法 81 条の 12 で「税務調査結果通知」の見直しがなされている。ほ
かにも関連大統領令などの改正により，毎年，納税者保護規定の手直しを行っ
ている。また世界に目を転じてみると，OECD 加盟国はもとより，各国が競い
合うように憲章を制定している[8]。その大きな理由の一つに「効率的な政府」の
実現がいわれる。天文学的な債務を抱えるわが国の場合，「効率的な政府」の
実現は急務である（昨今の新型コロナウイルス対策としての給付金申請手続におい
ても政府の非効率性が露呈してしまった感は否めない）。そしてこの債務は，結局

のところ，「税」により返済しなければならない。そのためには「課税庁対納税者」の構図を改め，課税庁と納税者が手をとり合って，この難局に立ち向かわなければならないはずである。韓国国税庁のいう「納税者は税務行政の同伴者」でなければならない。これには国家権力の一端を担う課税庁からの意識改革がなければ実現しない。われわれはこの事実を韓国から学ばなければならない。そして韓国では，「国民の権利意識の向上」が，今日の税務行政スタイルを築き上げたという事実をわれわれは忘れてはならない。

注

1) 韓国納税者権利憲章を紹介するものは多数ある。代表的なものとして例えば，辻村祥造「韓国の納税者権利憲章」『税制研究№ 37』（税制経営研究所，1998 年）所収。韓国における納税者保護規定全般を紹介するものとして例えば，長谷川博「韓国の納税者保護制度の現状」『税制研究№ 45』（税制経営研究所，2004 年）所収。さらに韓国税務行政の状況を報告するものとして，一山梢「韓国の税務行政の概要」『税大ジャーナル 30』（2019 年）所収

2) ここで示した法文・憲章の日本語訳は，すべて筆者による仮訳である。

3) 詳細については，拙稿「大韓民国国税基本法第 7 章の 2 納税者の権利の概要」『日本法学 80 巻 4 号』所収

4) 「課税適否審査」制度を紹介するものとして，長谷川博「韓国の『課税前適否審査』制度」『租税訴訟 No. 4』（租税訴訟学会，2010 年）所収

5) 権利憲章と納税者保護担当官を紹介するものとして，例えば長谷川博・前掲注(1)所収，同「韓国の『納税者保護担当官』制度―納税者権利保護法を担保する制度の強化―」『租税訴訟 No. 4』（税務訴訟学会，2010 年）所収

6) 「Green Book」の概要については，拙稿「韓国国税庁『Green Book 2013』にみる税務調査手続の概要」『関東学院法学 23 巻 3 号』所収

7) 石村耕治編『現代税法入門塾（第 10 版）』75 頁 石村担当（清文社 2020 年）

8) 国際的な納税者権利憲章の動向については，石村耕治『先進諸国の納税者権利憲章（第 2 版）』（中央経済社，1996 年），湖東京至編著『世界の納税者権利憲章』（中小商工業研究所，2002 年），望月爾「納税者権利憲章をめぐる最近の国際的状況」『税制研究№ 76』（税制経営研究所，2019 年），同「納税者権利憲章の国際的展開―国際的税務専門家団体によるモデル憲章の紹介を中心に―」『立命館法学 2013 年 6 号（352 号）』所収ほか

東アジアの儒教的経営と不正会計

髙 沢 修 一
（大東文化大学経営学部）

I 研究目的

　近年，儒教と経営の関係性について着目した研究成果も多く，論語を座右の銘とする経営者も増えている。儒教は，倫理・道徳性と宗教性という二面性を有する思想体系であり，特に，朱熹（朱子）の登場により昇華されるが，儒教思想に基づく経営のことを「儒教的経営」と称する。本来，「仁徳」に根ざし「愛」と「正義」を原理とする儒教思想に基づく経営が展開されたならば，「不正会計」が発生する余地は生まれないはずである。

　しかし，現実的には不正会計が根絶する兆しは見えない。不正会計の予防策としては，①内部統制制度の整備，②会計監査制度の強化，③課徴・制裁金の賦課という方法が提案されるが，如何に法制度を整備し罰則規定を強化しても不正会計が発生し効果には限界がある[1]。

　本研究では，儒教的経営と不正会計の関係性を明らかにすることを研究目的としているが，儒教的経営が不正会計を抑制するのではなく，逆に，儒教的経営が不正会計を生起させているのではないかという仮説に基づいている。

　近現代史において，中華人民共和国（以下,「中国」とする）の経済成長が著しいが，中国を追随し“四匹の小龍”と称された大韓民国（以下,「韓国」とする）や中華民国（以下,「台湾」とする）の経済・経営の発展が儒教の影響下にあることは周知の事実である[2]。勿論，四匹の小龍には，韓国や台湾の他に香港やシンガポールも数えられる。そして，イギリスの資本主義が新教の影響を受けた“新教資本主義”とするならば，東アジアの資本主義は“儒教資本主義”と評することができ，この儒教資本主義の影響下で強く儒教思想を承継している

地域が，東アジアに属する韓国，台湾及び日本である[3]。

　よって，本報告では，儒教思想が倫理・道徳や宗教の面から広範の支持を受け，企業経営でも影響を受けた東アジア諸国の儒教的経営と不正会計の関係について検証したい。

Ⅱ　東アジアの儒教文化圏と不正会計の概念

　儒教は，遡ること東周の春秋戦国期の魯国の孔子によって体系化された社会規範及び倫理道徳のことであり，南北朝時代の南宋代において朱熹（朱子）が現れ，「大学」と「中庸」を「礼記」から独立させて『朱子学』を提唱した。その後，朱子学は，元帝国において，国家教学として採用され「科挙」（官吏登用試験）においても重視される。しかし，儒教の発祥の地である中国では，最近になり儒教を再評価する動きもみられるが，「文化大革命運動」を通じ陳腐な封建的思想であると蔑視され衰退していた。

　本来，儒教では，『中庸』に示されているように心の乱れを除き「中」の概念を重んじ，政治理念としては"徳治主義"を心がけているが，儒教における「徳治」とは，『論語』為政論に「子曰，為政以徳，譬如北辰居其所，而衆星共之」と記されているように，「政治は徳に基づいて行われるべきである」という考え方である[4]。

　しかしながら，わが国の朱子学は，中国から伝播されて以来，独自の発達を遂げて「日本型朱子学」と評される内容に変容している。例えば，儒教は，「孝道＝孝は徳の元なり」を重んじるのに対して，林羅山の教え（京師朱子学派）では，孝道とは異なり「孝（行）」よりも「忠（義）」を重んじている。つまり，日本的経営は，この日本型朱子学の考え方を前提とする経営システムのことであり，士族階級における"君主（主君）への忠義"は，企業経営における"上司（上長）への忠誠"との類似性が強く，「上下定分の理」を有している。そのため，本研究では，日本的経営を「日本型朱子学経営」と称することにしたい。

　また，韓国では，「孝」の延長上に存在する「家族＝（イエ）」の概念が発達し，韓国企業を代表する存在である韓国財閥において，「儒教的経営」が浸透し，血縁，婚縁（婚脈），学縁（学閥），地縁という「縁」を重視した家族的経営（フ

ァミリービジネス）が発展した。

　一方，台湾の華人型儒教的経営では，企業経営の主体が，人脈を重んじながらも「個」を拠りどころとする「儒教的経営」に置かれている。

　つまり，儒教資本主義下の三国であるが，図表1に示すように，日本型朱子学経営，韓国型儒教的経営，華人型儒教的経営というように若干，様相が異なるのである。

　また，会計監査上の分類において，「不正会計」と「不適切な会計」は混同されがちであるが，不正会計に関して明確な定義は存在しない。例えば，Dechow and Skinner は，「GAAP（Generally Accepted Accounting Principles）の範囲を逸脱するような経営者の財務上の選択を不正会計とする[5]」と定義づけている。

　そして，米国公認会計士協会（AICPA：American Institute of Certified Public Accountants）が公表した監査基準（SAS：Statement on Auditing Standards）第99号「財務諸表監査における不正の検討：AICPA」（2002）は，「不正会計とは，決算書の記入に際して意図的な操作や行動を行うことである」と定義する。

　つまり，不適切な会計と不正会計は，図表2に示すように，「財務情報の入手や財務諸表の作成において誤謬（意図的でない誤り）があった会計処理が不適切な会計であり，逆に，粉飾決算のように財務情報の入手や財務諸表の作成において意図的な（故意の）誤りがあった会計処理が不正会計である」と区分できる。

【図表1】東アジアの儒教文化圏

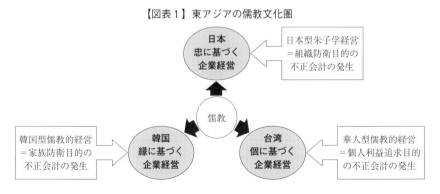

【図表2】不正会計の概念

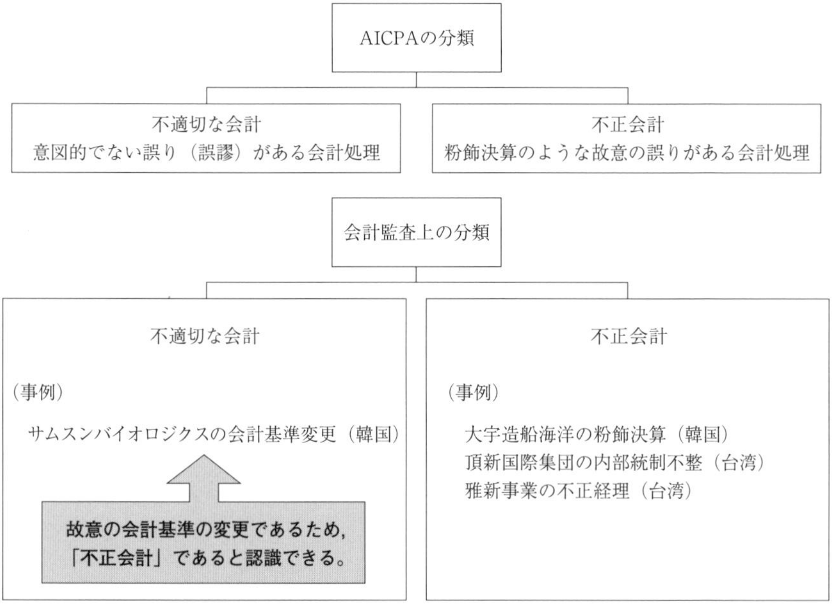

```
                    ┌──────────────────┐
                    │   AICPAの分類      │
                    └──────────────────┘
           ┌─────────────────┴─────────────────┐
┌──────────────────────────┐      ┌──────────────────────────────┐
│      不適切な会計            │      │       不正会計                  │
│ 意図的でない誤り（誤謬）がある会計処理│      │ 粉飾決算のような故意の誤りがある会計処理  │
└──────────────────────────┘      └──────────────────────────────┘

                    ┌──────────────────┐
                    │  会計監査上の分類    │
                    └──────────────────┘
```

不適切な会計	不正会計
（事例）	（事例）
サムスンバイオロジクスの会計基準変更（韓国）	大宇造船海洋の粉飾決算（韓国） 頂新国際集団の内部統制不整（台湾） 雅新事業の不正経理（台湾）
故意の会計基準の変更であるため，「不正会計」であると認識できる。	

（参考）2017 年度・日本上場企業の不正会計開示 14 件。

Ⅲ　儒教・朱子学の日本伝播と日本型朱子学への変容

　一般的に，儒教と儒学という表現が混同されがちであるが，「儒教」と称されるようになるのは漢代を迎えてからであり，史料上に『儒教』という用語が表出するのも西暦 5 世紀頃である[6]。

　わが国には，応神天皇の御代に朝鮮半島の百済国から阿直岐（阿知吉師）により儒教の経典が伝えられ，翌年，百済国から王仁博士が来日し，『論語』十巻と『千字文』一巻が朝廷に献上されている。その後，南淵請安，高向玄理，僧旻等の遣隋使や吉備真備等の遣唐使の帰朝に伴い，天文学，軍事学，哲学，歴史学などと共に，「漢唐訓詁学」も伝入された。そして，朱子学は，道元や円爾などの留学僧の手により朱熹（朱子）の『四書集注』が伝入され，五山の禅僧であった藤原惺窩が徳川家康に対して『貞観政要』を講じた縁により，徳川幕藩体制下で朱子学が国教として受容され，惺窩の弟子である林羅山が家康に重

用され「朱子学＝官学」として認知されるのである。

　しかし，林羅山の学説は，中国で生まれた本来の朱子学の学説とは必ずしも同一視できず，「日本型朱子学」として認識するべきである。儒教思想では，『孝経』において「孝道（孝は徳の元なり）」と記され「孝」の概念が強調され，孝の拡大として「家族」の概念が重んじられる[7]。例えば，儒教における「五品」とは，父・母・兄・弟・子のことであり，「五教」とは，義・慈・友・恭・孝のことを指すが，これらの因子に基づいて父子・君臣・夫婦・長幼・朋友という家族が形成されると説く。そして，儒教では，忠（義）は，孝（行）という家庭内の道徳概念が構築されれば自ずと身につくものであると説く。つまり，儒教では，忠（義）よりも，孝（行）を重んじているのである。

　しかし，林羅山の教え（京師朱子学派）は，「理気合一」，「忠孝合一」，「神儒合一」を唱え，「忠臣は孝子の門から求めるのであり，忠臣と孝子の二つを分けることはできないが，二つを兼ねることができない場合には，軽い方（孝）を捨てて，重い方（忠）を取るべきである[8]」として「孝」よりも「忠」に重きを置いている。

　すなわち，本来の儒教では「孝」を強調するのに対して，京師朱子学派では，「孝」よりも「忠」を重んじる。そのため，京師朱子学派は，君臣身分の上下関係（上下定分の理）を重んじる徳川幕藩体制下で支配イデオロギーとして重用されるのである。

　勿論，朱子学には，林羅山の流れを汲む京師朱子学派以外にも，「垂加神道（朱子学と神道の折衷）」を唱えた山崎闇斎の「海南学派」や三宅石庵が提唱した「大坂朱子学派（朱子学に陽明学などの他学派の考え方も摂取・融合した学派）」も存在する。

　しかしながら，朱子学諸派のなかでも京師朱子学派は，徳川政権の思想統制の一翼を担う存在として成長し，五代将軍（徳川綱吉）の治世において湯島聖堂が建設され隆盛を迎える。その後，八代将軍（徳川吉宗）の時代には，実学が奨励され朱子学が軽視されたが，寛政年間に松平定信が老中職に就くと，「寛政異学の禁」が発令され，湯島聖堂学問所での講義や幕府官吏登用試験において朱子学が登用されたのである。

一方，中国では，明代を迎えると，「陽明学」を提唱する王陽明が現れ，中華王朝で権力と一体化した「朱子学」を批判したが，同様に，わが国においても，幕末期に藩政改革を担った佐藤一斎や，一斎の弟子であり備中松山藩の藩政改革を担当した山田方谷と，方谷の教えを受け長岡藩の藩政改革に活躍した河井継之助などの陽明学者が登場する[9]。

　しかし，明治維新期を迎えると，儒教が否定されることになる。例えば，幕末維新期の陽明学者としては，佐藤一斎，大塩平八郎，吉村秋陽，林　良斎，春日潜庵，池田草庵，吉村斐山などが名高いが，彼らは，明治維新以後に廃藩置県が実施されると，概ね嘗てのような活躍の舞台を失った。その後，明治政府内に欧化主義傾斜に対する反省の空気が生まれ，臣民教化のための道徳教育としても儒教思想が再評価され，教育勅語に「君（天皇）には忠義を尽くし，親には孝行を尽くす」と記され復権を果たす。これら儒教再評価の流れは，「儒教の世俗化」と評される動きであるが，日清戦争（明治27年—28年）と日露戦争（明治37年—38年）を経て儒教の地位は高まるのである[10]。

Ⅳ　日本的経営（日本型朱子学経営）と韓国儒教的経営の相違点

　一般的に，現代の儒教的経営といえば，韓国の「家族経営＝ファミリービジネス」のことをイメージするが，日本的儒教経営とも評すべき「日本的経営」の源流が「日本型朱子学」にあるのは衆目の一致するところであり，日本的経営ではなく，「日本型朱子学経営」と称することが妥当である。実際に，両者は，図表３に示すように，類似性（縦型の労使関係）を有しているが，日本型朱子学経営は，明治維新後の西欧型経営の流入に際しても揺らぐことなく支持された。

　また，近代経営における日本的経営の始祖は，渋沢栄一であることは言うまでもなく，渋沢の経営理念は，儒教思想の根幹を成す「中庸」及び「徳治」に基づく経営哲学を実践することにある。つまり，中庸・徳治の精神に基づく日本的経営は，江戸期以来，国内で醸成された御恩（慈愛）と奉公（忠義）を前提とする公私関係に合致したものであったため，わが国の財界において受け入れやすい経営（労使）システムであった[11]。

　一方，韓国は，日本とは異なり本来の儒教の正当な承継国である。なぜなら

【図表3】 日本的経営（日本型朱子学経営）システム

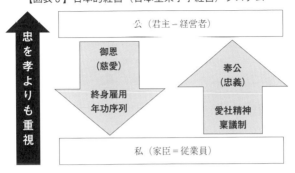

ば，中国で発祥した儒教は，形而上的であり国家への「忠（義）」よりも「孝（行）」が重んじられるが，"小中華"を模倣し中国王朝に倣って儒教を導入した韓国では，「孝」が重んじられるあまり「イエ＝家族」に対する強い思いが国家への忠誠よりも上回っているからである。

つまり，韓国では，本来の儒教思想を継承することにより「孝」の概念が強調され，その「孝」の延長上に「家族」関係を重んじるという考え方が社会に定着したのである。

そして，韓国の儒教的経営とは，家父長制と男系長子相続を前提とする儒教に基づく経営手法のことであるが，欧米から韓国国内に移植された「企業」は，図表4に示すように，「イエ」と，それが拡大解釈された「国家」の中間に位置しており，換言すれば，『イエ』の延長上に家族（血族集団）の運命共同体として企業が存在する[12]。

また，韓国企業は，創業家を中核とする血族集団として「財閥化」し，韓国の経済・財政において重要な位置を占めている。例えば，韓国財閥（Korean Chaebol）は，韓国GDB（国内総生産）の4分の3を占め，さらに，サムスン，現代自動車，LG，SKの四大財閥で韓国GDBの約60％を担っている[13]。そして，韓国企業（韓国財閥）が家族経営（ファミリービジネス）であると評される所以は，図表5に示すように，韓国企業（韓国財閥）が血縁，婚縁（婚脈），学縁（学閥），地縁というインフォーマル・ネットにより結びついている点が挙げられる。しかし，このような韓国企業（韓国財閥）と大統領（政権）との親密関係は，「政

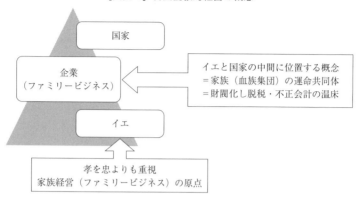

【図表4】韓国儒教的経営の概念

【図表5】韓国財閥のインフォーマル・ネットワークと政経癒着問題

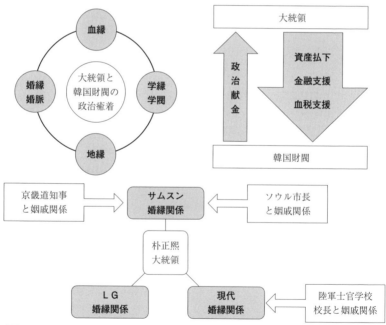

（注）1991 年当時の婚縁ネットワーク

（出所）髙沢修一著，『ファミリービジネスの承継と税務』（森山書店，2016 年）129 頁。

【図表6】 韓国財閥の循環出資 （サムスングループのケース）

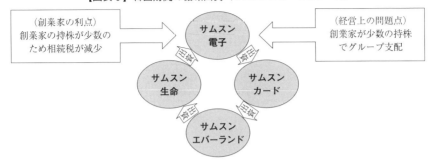

経癒着問題」を発生させ，脱税事件や不正会計の温床を形成することになる。

　つまり，外需依存型の経済構造下において韓国財閥の経済支配が伸長する過程で，韓国財閥と大統領（政権）の行き過ぎた結びつきの強さが，「政経癒着問題」を発生させ，韓国財閥のファミリービジネスに対しては様々な金融支援（追加融資・金利減免）や血税支援（税金の投入）が投じられており，本来ならば倒産すべき企業が「ゾンビ化」して再生した。しかし，既述のような企業経営に対する国家権力の過度な介入は，企業の再生力や自助力を喪失させると共に国際的信用力を低下させる可能性を有する。

　また，循環出資とは，図表6・図表7に示すように，創業家が少ない持ち株でグループ全体を支配する構造のことであるが，相続税の税負担を軽減する効果も期待できる。

　しかし，循環出資が生起した韓国企業の「財閥化」が，韓国経済の発展を妨げたのも事実である。そのため，韓国では，創業家の大株主による経営支配の排除と，一般株主の権利保護に伴う少数株主の権限強化を目的としてコーポレートガバナンス改革が断行された。

V　韓国の韓国型儒教的経営と不正会計

　一般的に，韓国の企業経営は，韓国型儒教的経営と評されるが，韓国型儒教的経営とは，"縁" に基づくファミリービジネスであり，家族（創業家）防衛を目的とする財閥企業の経営のことである。

【図表7】循環出資を用いた財閥支配（2013年）

企業名	オーナー家族	系列企業	その他	合計
サムスン	0.99%	41.97%	2.70%	45.66%
現代（ヒュンダイ）自動車	3.75%	44.43%	1.01%	49.19%
SK	0.79%	62.56%	1.27%	64.62%
LG	3.89%	34.66%	5.72%	44.27%
ロッテ	2.24%	56.87%	0.34%	59.45%
現代（ヒュンダイ）重工業	1.49%	68.98%	3.10%	73.57%
GS	16.25%	41.99%	0.53%	58.77%
韓進（ハンジン）	6.33%	37.91%	5.67%	49.91%
韓火（ハンファ）	1.97%	54.20%	0.80%	56.97%
斗山（ドゥサン・トゥサン）	3.55%	49.33%	5.83%	58.71%
錦湖（クムホ）アシアナ	1.67%	36.85%	1.99%	40.51%
STX	3.28%	53.62%	2.40%	59.30%
LS	4.53%	63.98%	3.91%	72.42%
CJ	7.73%	60.13%	3.43%	71.29%
新世界（シンセゲ）	16.82%	37.03%	0.03%	53.88%

（出所）日本貿易振興機構（ジェトロ）アジア経済研究所編、「『経済民主化』で注目される財閥オーナーの裁判」（2013年）3頁。

　そして，韓国型儒教的経営を営む韓国財閥の代表的な存在であるサムスングループは，李秉喆（イ・ビョンチョル）が1938年に大邱において資本金3万円で創業した三星商会を端緒とする。

　その後，サムスングループは，1948年に李承晩（イ・スンマン）大統領の知遇を受けながらソウルにおいて株式会社三星物産公司を設立し，朴正熙（パク・チョンヒ）政権下の1969年にサムスングループの中核企業となる三星電子工業株式会社（サムスン電子）を設立して電子工業分野にも進出する。

　また，サムスングループは，旧三越百貨店京城店を継承し新世界百貨店を開業し流通業界に進出し，韓国財閥を代表する企業集団に成長する。

　そして，このサムスングループの系列化にあるサムスンバイオロジクスにおいて会計基準の変更が行われたのである。例えば，2015年，サムスンバイオロジクスは，図表8に示すように，サムスンバイオエピスを子会社から関連会社

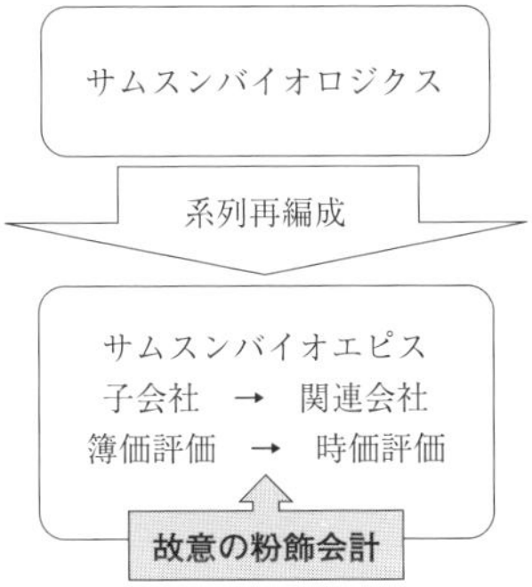

に変更したことに伴い，同社を連結対象から外すと共に，会計基準も簿価評価から時価評価に変更した。その結果，サムスンバイオロジクスが保有していた会社株式は，3,300億ウォンから4兆8,000億ウォンに評価替えされ資産価値が高騰した。

　本来，子会社を関係会社に変更して評価替えを行うか否かの判断は，あくまでも当該企業の任意性に委ねられるべき性格のものであるが，このケースでは，会計基準の変更における妥当性（正当性）が問われたのである。

【図表8】故意の粉飾会計

サムスンバイオロジクス

系列再編成

サムスンバイオエピス
子会社　→　関連会社
簿価評価　→　時価評価

故意の粉飾会計

　また，韓国証券先物取引委員会は，「会計基準の変更に妥当性（正当性）が乏しく意図的である」と判断し，“故意の粉飾会計”として，韓国金融監督院の要求を受け入れて同社を検察に告訴した。本件が，「故意の粉飾会計」と断じられたのは，グループ会社の会計基準を操作し，サムスングループの事業承継の手段として用いられた可能性を有するからである。

　ところで，サムスングループは，図表9に示すように，病床にある2代目の李健熙（イゴンヒ）から3代目の李在鎔（イジェヨン）への事業承継（財閥総帥の座の世襲）を進めた。つまり，創業家は，グループの中核会社である「サムスン電子」の経営権を握ることを目的として，創業家の資産管理会社である「第一毛織」と「サムスン物産」の合併を模索した。そして，両社の合併に際して，第一毛織の合併比率がサムスン物産の合併比率を上回るように操作するためには，第一毛織の資産価値を高める必要があり，第一毛織の子会社であるサムスンバイオロジクスの株価を上昇させれば，必然的に，第一毛織の資産価値も高まると考え会計基準の変更を行ったのではないかと疑われた。そして，永年，欠損会社であるサムスンバイオロジクスの資産が，業績の裏付けがなく評価替えで膨れたことは，「会計基準の変更に正当性がなく故意の粉飾決算である」と判断されたのである。

　つまり，サムスンバイオロジクスの会計基準の変更には，財閥の事業承継問

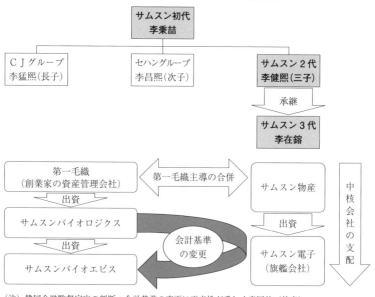

【図表9】 サムスングループの事業承継

(注) 韓国金融監督官庁の判断：会計基準の変更に正当性が乏しく意図的（故意）

題も絡んでおり，ファミリービジネスという韓国儒教的経営の悪弊が現れた事例である。なお，2015年，第一毛織とサムスン物産が合併し，「サムスンC&T」が誕生する。

　また，サムスングループのような大手韓国財閥グループだけではなく，化学・繊維業を営む暁星（ヒョソン）グループのような財閥ランキング30位前後の韓国中堅財閥でも不正会計が疑われている。例えば，暁星グループは，海外に設立した法人名義で巨額の資金を借り入れ，これをペーパーカンパニーに貸し出し，「回収不能債権」として不正会計処理し，捻出した資金を株式取引に転用したと疑われたが，株式取引により得た資金は，相続・事業継承のための資金であると推測できる。なお，暁星グループは，李明博（イ・ミュンバク）元大統領の娘と婚姻関係を結び「婚縁」というインフォーマル・ネットワークをビジネスに活用している。

Ⅵ　台湾の華人型儒教的経営と不正会計

　華人とは，移民国で国籍を取得した中国系住民のことであり，華人経営者が数多く分布している地域としては，台湾，香港，シンガポール，インドネシア，マレーシア，タイなどが挙げられるが，台湾では，中小企業と家族企業の割合が高い（全企業数の約98％以上を中小企業が占め，家族経営の企業が占める割合も約75％以上と高い）。

　また，台湾の華人型儒教的経営は，儒教文化や儒教倫理に基づいた経営構造の上に成立し，戦略性，意思決定，組織編成，財務構造において，図表10に示すような特徴を有する。例えば，台湾の華人型儒教的経営の特徴としては，①事後調査を重視した戦略性，②トップダウン型の意思決定，③人脈や血縁者を重視した組織編成，④血縁者からの融資を重視した保守性の強い財務構造が挙げられる。逆に，日本型朱子学経営（日本的経営）では，①事前調査を重視した戦略性，②稟議制に基づくボトムアップ型の意思決定，③終身雇用や年功序列を重視した組織編成，④金融機関からの間接融資を重視した財務構造が特徴として挙げられ，中国から伝播された儒教を手本としながらも，両者は相反する関係にある。

　また，華人型儒教的経営は，儒教文化を前提として成立しているのにもかかわらず，「個」としての創業者の利得を優先する場合が多く，必ずしも儒教文

【図表10】台湾の華人型経営の経営構造

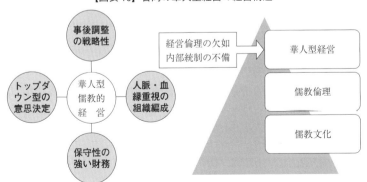

化で重んじられ「仁」の精神と「愛」と「正義」の原理が浸透しているとはいえない。逆に，「個」の精神に基づく「創業者の利得」が優先されていると推察できる。例えば，華人経営を巡る不祥事としては，頂新国際集団が起こした「頂新国際廃油ラード不正事件」が有名である。

　頂新国際集団とは，創業家の魏一族（台湾富豪番付第3位）が経営支配する企業集団のことであり，「康師傅（カンシーフー）」や「味全」を系列化に置く台湾を代表する食品会社グループであるが，傘下企業の「正義公司」が飼料用油を混入させた食用ラード（豚脂）を食品業者や飲食業者230社以上に販売していた事実が発覚する。そして，食用ラード市場は，頂新国際集団傘下の「正義公司」と同容疑（廃油ラード事件）で摘発を受けた「強冠」の二社で市場シェアの多数を占めているため社会問題化した。

　また，華人経営において経済不祥事が発生する理由としては，「経営倫理の欠如」という経営上の問題点があることは間違いないが，「内部統制の不備」も指摘できる。しかし，組織行動よりも「個」の存在を重視する台湾ビジネスの企業風土を考慮したならば，現実的に厳格な「内部統制制度」を設けることも難しいのである。[15]

　一方，雅新（ヤーシン）実業は，プリント基板，通信機器，DVDプレーヤー等を生産している回路基板メーカーであるが2006年に不正経理が発覚し，検察により黄恒俊董事長とその配偶者が起訴された。雅新実業は，財務調整を行い「本来ならば，本社に計上すべき売掛金を子会社に計上し利益操作により株価を調整した」ことが訴追対象となったのである。さらに，検察は，雅新実業が海外関連企業を用いて，雅新実業の株価を上昇させた後で，自社株を売却させて利得とした行為をインサイダー取引に当たるとして，黄恒俊董事長を訴追した（インサイダー取引は無罪判決）。

　つまり，雅新実業の不正会計は，単なる簿記処理上の誤謬ではなく，意図的なものであり，「個」の利益を重んじる華人型儒教的経営の弊害が生じさせた不正会計であるといえる。

Ⅶ　結

東アジアの企業経営と経営者が，「儒教」の影響を受けていることに異論を挟む者は少ない。しかし，東アジア諸国において儒教と経営の合体が生み出した現象には差異がみられる。例えば，日本の企業経営では，儒教が中国から日本に伝播するなかで「朱子学」の影響を受けて「日本型朱子学経営」と評することができる「日本的経営」が誕生した。そして，日本型朱子学経営では，中国や韓国とは異なり「孝」の概念ではなく「忠」の概念が重んじられたため，公（君主＝経営者）と私（家臣＝従業員）の間で御恩（慈愛）と奉公（忠義）の関係が結ばれ，年功序列や終身雇用制を前提とする縦型の労使関係が形成され，「組織を守る」という行動が不正会計を生み出す風土を醸成したのである。

一方，儒教思想の強い韓国の儒教的経営では，儒教本来の「孝」の精神が重んじられたため，韓国財閥に代表されるように「家族経営＝ファミリービジネス」が隆盛となったが，韓国型儒教的経営では，血縁，婚縁（婚脈），学縁（学閥），地縁という「縁」を重視した家族的経営を重視したため，政経癒着や循環出資などの経営上の弊害も生み出し「家族（＝ファミリー）」の利益を追求するあまり不正会計が生まれた。そして，台湾の企業経営においても，儒教の影響下で，韓国と同様に人脈を重んじる点は変わらないのであるが，台湾の方が「個」の利得を重視する傾向が強く，「個人＝創業者」の利得を優先し不正会計が生じたのである。

つまり，東アジアの企業経営における「儒教」の影響力の強さが，日本，韓国，台湾において独自の企業文化を生み出し，「不正会計」発生の原因となっている可能性を有する。

また，不正会計の発生は，経営者（従業員も含む）の責任に負うところが大きく，不正会計の動機については，Donald Cressy が提唱した「不正のトライアングル」というフレームワークを利用されることが多い。[16] 例えば，企業経営者は，図表11に示すように，機会，動機，正当化の三つの要因が揃うことにより不正を行う。すなわち，企業経営者は，コーポレートガバナンス（会計監査）の低下時に，企業業績が悪化するか余剰金が発生した際に企業利益の向上や維持

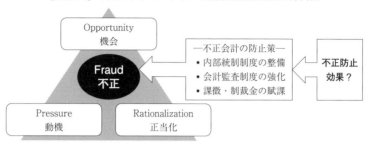

【図表11】不正のトライアングルと儒教的経営の負の方向性

を動機として経営方針を正当化するために不正を行うのである。

　本来，儒教とは，「仁徳」を根源とし，「愛」と「正義」を原理とする社会規範及び倫理道徳のことであるが，儒教の精神は変容し，付随して儒教的経営では，組織（＝上司），家族（＝ファミリー），個（＝経営者）を対象とし，組織防衛，家族防衛，利益追求を目的とする不正会計が生じている。そして，不正会計では，経営者の存在が大きく，不正のトライアングルに拠れば，「経営者は，不正を実行する機会，不正を実行する動機，不正行為に対する正当化という三つの要因が揃うことにより不正を行う」と説明される。従って，不正会計を防ぐためには，経営者が企業経営を行う際に，機会，動機，正当化の三要因に影響されないような社会環境や経営環境を整備することが求められるのである。

　現実的に，不正会計を防ぐためには，経営者や会計人が倫理・道徳観を高めることが求められ，大学の「会計倫理教育」がその役割を果たすことは1890年代から提唱されている[17]。

　つまり，大学教育において，学部や大学院のカリキュラムに如何に「会計倫理教育」を組み込むかが問題となるが，具体的には，①既存の会計科目の中に「会計倫理教育」を組み込む方法と，②新たな独立科目として「会計倫理教育」を設けることの二つの方法が想定できる。

　しかし，何れの方法にも問題点を指摘することができ，例えば，財務会計論や会計監査論のなかに，「会計倫理教育」を組み込んだ場合には，会計倫理教育が馴染まない危惧があり，独立科目として存在した場合には，倫理教育が会計士の倫理規定の学習に限定されてしまう可能性がある[18]。そのため，①と②を

併用した方法として，「サンドウイッチ・アプローチ（sandwich approach）」が提案された。サンドウイッチ・アプローチとは，一般科目の哲学や倫理学と専門課程の会計学のなかで会計倫理教育を行い，さらに最上級生を対象とした独立科目として「会計倫理系科目」を設けて受講させる会計学の学習法のことである[19]。

　すなわち，不正会計を防ぐためには，会計倫理教育を充実させることが求められるのである。

追記：

　なお，本研究は，「文部科学省　私立大学研究ブランディング事業：経営と道の研究」の研究成果の一部である。

注

1)　日本公認会計士協会，「上場会社の不正調査に関する公表事例の分析」経営研究調査会研究報告第 40 号（2010 年）10-11 頁。

2)　Adrian Chan., (1996), "Coufucianism and Development in East Asia" *Journal of Contemporary Asia*, Vol.26 No.1, pp.28-29.

3)　森嶋通夫著，『続イギリスと日本―その国民性と社会』（岩波書店，1978 年）186-187 頁。

4)　金　日坤著，『東アジアの経済発展と儒教文化』（大州館書店，1992 年）77・156-157 頁。

5)　Dechow, P. M. and D. J. Shinner., (2000), Earnings management: Reconciling the Views ofAccounting Academics, Practitioners. and Regulators, *Accounting Horizons* 14-, 2. pp.235-250.

6)　小島　毅稿，「日本の朱子学・陽明学受容」『東洋学術研究』通巻 175 号（54 巻 2 号）（公益財団法人東洋哲学研究所，2015 年）249 頁。

7)　なお，儒教の教えでは，五常とは，「仁・義・礼・智・信」のことであり，五論とは，「父子・君臣・夫婦・長幼・朋友」のことである。

8)　林羅山著，「惺窩問答」『日本思想体系 28　藤原惺窩　林羅山』（岩波書店，1975 年）228 頁，及び林羅山著，『林羅山文集　下』第 67 巻（ぺりかん社，1979 年）832 頁。

9)　髙沢修一稿，「幕末期における陽明学者の行財政改革」『経営論集』（大東文化大学経営学会，2019 年）に詳しい。

10)　吉田公平稿，「日本近代―明治大正期の陽明学運動」『国際哲学研究』（東洋大学，2018 年）182-183 頁。

11)　近代日本経営史に大きな足跡を残した経営学者としては，石田梅岩や福沢諭吉の名前も挙げられる。

12)　金，前掲書，156-157 頁。

13)　髙沢修一著，『韓国財閥のファミリービジネス』（財経詳報社，2020 年）1 頁。

14)　王効平・尹大栄・米山茂美共著，『日中韓企業の経営比較』（税務経理協会，2005 年）70 頁，王効平稿，「華人系企業の経営構造に対する一考察― EMS フォックスコンの事例研究を通して―」『北九州発アジア情報』26（2015 年）2 - 3 頁。

15)　勤業衆信聯合会計事務所（白石常介）稿，「台湾ビジネスにおける実務の基本」（KAIKYO MESSE SHIMONOSEKI，一般財団法人山口県国際総合センター）1 頁。

16)　Association of Certified Fraud Examiners websaite に詳しい。

17)　Merino, B, D（2006），Financial Scandals:Another Clarion Call for Educational Reform-A Historical Perspective, *Issues in Accounting Education*, 21(4), p.364.

18)　原田保秀稿，「会計カリキュラムにおける倫理教育の位置づけと構成内容」『同志社商学』67（同志社大学，2016 年）74 頁に詳しい。

19)　Armstrong, M. B.,（1993）Ethics and Professionalism in Accounting Education: A Sample Course, *Journal of Accounting Education*, 11, pp.88-89.

参考文献

岩本康志 他編著，『現代経済学の潮流』（東洋経済新報社，2006 年）

王家華著，『日中儒教の比較』（六興出版，1988 年）

王効平著，『華人系資本の企業経営』（日本経済評論社，2001 年）

王効平・尹大栄・米山茂美共著，『日中韓企業の経営比較』（税務経理協会，2005 年）

梶原弘和著，『アジアの発展戦略』（東洋経済新報社，1995 年）

金 日坤著，『東アジアの経済発展と儒教文化』（大州館書店，1992 年）

渋沢栄一著，『論語講義』（二松学舎大学出版社，1972 年）

杉原四郎著，『日本の経済思想四百年』（日本経済評論社，1990 年）

首藤昭信著，『日本企業の利益調整―理論と実証』（中央経済社，2010 年）

関 宏著，『日本的経営の系譜』（文眞堂，1990 年）

髙沢修一著，『韓国財閥のファミリービジネス』（財経詳報社，2020 年）

髙沢修一著，『ファミリービジネスの承継と税務』（森山書店，2016 年）

辻 正雄著，『会計基準と経営者行動―会計政策の理論と実証分析』（中央経済社，2015 年）

日本公認会計士協会編著，「監査業務と不正等に関する実態調査」（2013 年）

戸川芳郎著，『儒教史』（山川出版社，1987 年）

長谷川啓之著，『アジアの経済発展と政府の役割』（文眞堂，1995 年）

服部民夫著，『韓国の経営発展』（文眞堂，1998 年）

服部民夫・佐藤幸人編著，『韓国・台湾の発展メカニズム』（アジア経済研究所，1996 年）

堀江保蔵著，『日本経営史における「家」の研究』（臨川書店，1984 年）

森嶋通夫著，『続イギリスと日本―その国民性と社会』（岩波書店，1978 年）

葉聰明著，『台湾のコーポレートガバナンスと企業価値』（白桃書房，2008 年）

日本租税理論学会規約

（1989年12月 9 日　制定）
（2002年11月16日　改正）
（2011年11月12日　改正）
（2019年12月 7 日　改正）

第 1 章　総　則

第 1 条　本会は、日本租税理論学会（Japan Association of Science of Taxation）と称する。

第 2 条　本会及び事務局は、日本国内に置く。

第 2 章　目的及び事業

第 3 条　本会は、租税民主主義の理念に立脚し、租税問題を関連諸科学の協力を得て総合的・科学的に研究することを目的とする。

第 4 条　本会は、前条の目的を達成するために、左の事業を行う。

1　研究者の連絡及び協力促進
2　研究会、講演会及び講習会の開催
3　機関誌その他図書の刊行
4　外国の学会との連絡及び協力
5　その他理事会において適当と認めた事業

第 3 章　会員及び総会

第 5 条　本会は、租税問題の研究にたずさわる者によって組織される。

第 6 条　会員になろうとする者は、会員 2 人の推薦を得て理事会の承認を受けなければならない。

第 7 条　会員は、総会の定めるところにより、会費を納めなければならない。 3 年の期間を超えて会費を納めない場合は、当該会員は退会したものとみなす。

第 8 条　本会は、会員によって構成され、少なくとも毎年 1 回総会を開催する。

第 4 章　理事会等

第 9 条　本会の運営及び会務の執行のために、理事会を置く。

理事会は、理事長及び若干人の理事をもって構成する。

第 10 条　理事長は、理事会において互選する。

　理事は、総会において互選する。

第 11 条　理事長及び理事の任期は、3 年とする。但し、再任を妨げない。

第 12 条　理事長は、会務を総理し、本会を代表する。

第 12 条の 2　理事会内に若干人の常任理事で構成する常任理事会を置く。任期は 3 年とする。但し、再任を妨げない。

第 13 条　本会に、事務局長を置く。

　事務局長は、理事長が委嘱する。

第 14 条　本会に、会計及び会務執行の状況を監査するために、若干人の監事を置く。

　監事は、総会において互選し、任期は 3 年とする。但し、再任を妨げない。

第 14 条の 2　理事会は、本会のために顕著な業績のあった者を顧問、名誉会員とすることができる。

第 5 章　会　計

第 15 条　本会の会計年度は、毎年 1 月 1 日に始まり、その年の 12 月 311 日に終わるものとする。

第 16 条　理事長は、毎会計年度の終了後遅滞なく決算報告書を作り、監事の監査を経て総会に提出して、その承認を得なければならない。

第 6 章　改　正

第 17 条　本規約を改正するには、総会出席者の 3 分の 2 以上の同意を得なければならない。

附　則

第 1 条　本規約は、1989 年 12 月 9 日から施行する。

日本租税理論学会理事名簿

日本租税理論学会事務局　〒 323-8586　栃木県小山市駅東通り 2-2-2
白鷗大学法学部 伊藤悟研究室内
日本租税理論学会
（郵便振替　00110-9-543581　日本租税理論学会）

租税理論研究叢書 30

令和2年11月28日　初版第1刷発行

租 税 上 の 先 端 課 題 へ の 挑 戦

編　者　日 本 租 税 理 論 学 会

発行者　日 本 租 税 理 論 学 会

　　　　〒323-8586　栃木県小山市駅東通り2-2-2
　　　　　　　　　　白鷗大学法学部 伊藤悟研究室内

発売所　株式会社　財経詳報社

　　　　〒103-0013　東京都中央区日本橋人形町1-7-10
　　　　電　話　03（3661）5266（代）
　　　　ＦＡＸ　03（3661）5268
　　　　http://www.zaik.jp

落丁・乱丁はお取り替えいたします。　　　印刷・製本　創栄図書印刷
©2020　　　　　　　　　　　　　　　　　Printed in Japan 2020
　　　　　　　ISBN　978-4-88177-475-5

租税理論研究叢書

日本租税理論学会編　　　　　　　　　　　各 A 5 判・150〜250頁

24　格差是正と税制　　　　　● 4500円

世界各国における所得格差の拡大と貧困の累積についての実態が明らかにされるなか，その是正に果たす税制の役割について検討。諸氏の問題提起論文と討論を収録。

25　国際課税の新展開　　　　　● 2800円

リーマン・ショック後の国際課税制度，居住地国課税原則をめぐる社会変化，電子商取引と国際二重課税，租税条約適用の問題点，グローバル化の中での我が国の対応，通商的側面からの消費税，BEPS と国際課税原則などを掲載。

26　中小企業課税　　　　　● 2800円

中小企業の課税状況の現状と今後の課題から，アメリカの法人税改革Ｓ法人課税，外形標準課税の中小企業への拡充問題，中小企業会計基準の複線化に伴う公正処理基準などを取り上げ，討論や一般報告も収録。

27　消費課税の国際比較　　　　　● 2800円

わが国における消費税引上げに伴う一連の展開を受けて，英国，ドイツ，カナダ，EU など諸外国の消費税についての研究報告を中心に，消費税の国際比較に関する討論や税理士のあり方，英国の高額所得課税などの研究報告も掲載。

28　所得概念の再検討　　　　　● 2800円

イギリス型の支出税構想，ドイツの市場所得概念から，わが国の法人税法上の課税所得概念のあり方に至るまで，所得概念に関する研究報告を踏まえて，研究者と実務家が一体となって，多角的に討論を展開する。

29　税制改革の今日的課題　　　　　● 2800円

所得税，法人税，相続税の現状，トランプ税制改革から英国税制，ドイツの企業税改革などの研究報告とともに，シンポジウムでは，日・米・英・独など税制改革の今日的な課題について議論が展開される。

表示価格は本体（税別）価格です　　　　10号〜23号のバックナンバーもございます